JN116462

地 方 財 政

李　熙錫
小島照男［著］
別府俊行

創 成 社

はじめに

本書は地方財政を総覧的に学ぶためのテキストとして企画制作された。

地方財政は国家財政の下部形態で従属的システムに過ぎないという狭小な認識があったが，今日では，国家財政の基盤的部分として主導的なシステムの一部であると認識されるようになった。Regionalismによる地域経済への関心が必然的に地方財政の議論を呼び起こしたと考えられる。

このような関心の高揚にもかかわらず，地方財政は難攻不落のテーマになっている。地方財政に関わる制度的な枠組みが，時代の諸要請を受けて変化し，社会的制度として定着する間もなく変化を繰り返すからである。地方財政を学ぶ時の第一の障害がこのような目まぐるしい制度変化である。この部分を辛抱強く追いかけ続ける執着心がなければ，地方財政の鳥瞰図を目にして充分な理解を得ることは恐らくできない。

第二の障害は，地方財政の主要構造である歳入・歳出に関する詳細を把握する困難である。歳入を構成する税目や税率，歳出の支出項目と経費分担とは多様に分裂し，同一視点を取りにくいことである。一つ一つの租税や支出を丹念に押えていく周到性がないとすぐに挫折してしまう。

第三の障害は，新規の課税の登場と租税変質とが関連性をもたずに参入することである。知識を常に刷新する時事性を強力に維持し続ける情報通でなければ，議論からは弾き出されてしまう。古い体系では対応不能になる。

本書はこのような幾重もの困難を想定した上で，地方財政分野の修得と理解に貢献できるように最新の情報を集め，地方財政の詳細を犠牲にすることなく解説を進め，変化の方向性とあり得べき改正についてまで言及したテキストになるように努力した。

著者たちは，それぞれ活動の地と専門分野を異にしているが，経済・経営分野に広範囲に散在する様々な学際的問題について議論をぶつけ合ってきた30年来の研究仲間であり，初めての共著である。

著者たちは，現代問題の中で最重要テーマが地方財政であるという認識に立って独自の視点を確立した上で，果敢な挑戦を展開した。16 の章のすべてに各人が自由に加筆補整を施し，その意味ですべての章に，全員が責任をもつスタイルになった。

執筆は，先学の様々な研究に触発され，また多くを学びながらの行程になった。読者諸賢には，参考文献に連ねた書物も系統的に読み広げて地方財政に関する更なる知識獲得に努めていただきたいと希望している。総務省の地方財政関連データも紙幅を惜しまずに投入して分析しているので，実証的にも満足な分析が本書から得られるものと自負している。

毎年の税制改正が繰り返される中で，本書の陳腐化も早いかもしれない。その動向を追跡しながら，本書も改定のスピードを上げていきたいと検討している。読者諸賢にも，弛むことのない継続的な関心の持続をお願いしておきたい。

本書の上梓については，創成社の西田徹氏と中川史郎氏のご尽力を賜った。ここに記して御礼申し上げ，著者の緒言とする。

令和 2 年 4 月

著者代表

目　次

第1章　地方自治と地方財政

1．国と地方自治

国については，各学問分野で把握が異なる。経済学では，国家とは貨幣大権であると定義する。したがって，法貨発行権による貨幣制度の成立をもって独立の近代国家と見なす。政治学では，国家とは権力団体であると定義される。権力（political power）とは「意図した効果をつくり出す力」である。これはB. ラッセル『権力—その歴史と心理』（1938）による定義である。支配と服従，肯定と否定が素朴な原初的権力関係と認められる。この定義は社会の存在を前提にしなければならない。社会学では，領土・国民・統治権である主権（sovereignty）の3要素から構成される統治組織を国家と定義する。現代国家は法治国家であるので，法による統治が基本となる。法学では，国家は意思をもって権利と義務とを行使する法人であると定義する国家法人説が中心である。現行の日本国憲法のもとでは，立憲民主制の基本として主権在民が規定されているので，地方政府の国からの自律性と，主権者である地域住民の自己決定と自己統治が地方自治の原理となる。

歴史的に，大日本帝国憲法の下では，官治・集権構造の中で実質的な地方自治は規定さえなかった。いわゆる三新法体制が，明治11年（1878年）にようやく郡区町村編成法，府県会規則，地方税規則の三法によって施行された。この体制はそれまでの大区・小区制を廃して府県会の設置，地方税の財源の明確化により，町村を自治体として認めた。明治政府初の統一的地方制度である。この地方自治制度は，1888年の市制・町村制，1890年の府県制・郡制の施行により廃止された。この時代の地方自治は自治能力がほとんどなく，選挙権制限・国税納入額による等級選挙制で地主優遇の郡制のもと，地方議会の設立を見たが，市長の執行権限は議会の議決権をしのぐものであった。大正10年

（1921 年）に郡制が廃止され，昭和 4 年（1929 年）に至って，府県に条例等規則の制定権が与えられ自治権の拡大を見た。戦時体制に入ると国民統制が強化されて自治権は縮小されていった。第 2 次大戦後もこのような構造が継続されたが，昭和 22 年（1947 年）に地方自治法の制定によって民主的自治の確立が図られた。しかし，昭和 27 年（1952 年）の講和後は，地方自治拡大よりも中央集権化復活の方向性が強く，平成 12 年（2000 年）の地方分権一括法の実施，及び平成 23 年（2011 年）8 月の第 2 次地方分権一括法の成立により，中央政府と地方政府とは対等・協力の関係とされ，本格的な地方自治の確立期をようやく迎えようとしている。

しかしながら，実態に鑑みれば，能力的にも資金的にも，また政策面にあっても地方自治の自律性は実現困難で，地方の中央依存や国家高権を否定できない。今後，更に国から地方への権限委譲と財源移譲が進展しなければ，地方自治の進展は期待できない。

イギリスの政治学者 J. ブライス（James Braise）は「地方自治（local self-government）は民主主義の最良の学校」と述べて，住民生活密着型の諸問題の解決に不可欠な地方自治こそ民主主義の土台であると考えた。

日本国憲法では，第 8 章に地方自治の規定がある。第 92 条で地方自治の組織及び運営に関して法律を定める旨を宣言し，第 93 条には首長，議員，吏員[1)]の直接選挙による住民自治，第 94 条で地方公共団体の財産管理，事務処理，行政執行，条例制定が自律性を保障されていること，第 95 条ではある地方団体だけに適用される特定的・例外的法律である特別法の制定に住民投票の必要を規定している。

これらの地方自治の理念は基本法としての地方自治法を昭和 22 年（1947 年）4 月に制定して細則を規定している。地方自治の本旨は団体自治と住民自治である。地方自治法に続いて，地方関連法案として，地方財政法，地方税法，地方交付税法，地方公営企業法，地方公務員法，住民基本台帳法，地方教育行政の組織及び運営に関する法などが制定されている。

法律用語として，地方自治法，地方公務員法，地方企業法では地方公共団体を用い，地方税法，地方交付税法などでは地方団体と表現している。具体的な内容の相違はない。

2．地方財政と地方自治

財政は budget や public finance の訳語である。原義的には予算を編成することや公共金融の意味である。公共のために，地方自治の理念に立脚して各種の行政機能を果たす行為であるが，私的行為との相違は強制力を伴う点である。私経済が「入を計って出を制する」であるのに対し，財政は「出を計って入を制する」因果となる。また私経済が継起的な長期的視野の中で勘案されるのに対して，財政は原則的に単年度視野で展開される。したがって，収入を歳入，支出を歳出と呼んでいる。

要するに，行政行為のための資金を課税によって強制的に徴収し，予算措置を経て，適切に，効率的に，合法的に支出するという資金循環の遣り繰りが財政であり，public finance である。地方財政は Local public finance である。

地方自治にとって地方財政は支持基盤であり，理想的な地方自治には独立した自律的地方財政が必要である。この要件は現在ほとんど実現できていない。国から地方への財政トランスファーがなければ地方財政そのものが成り立たない。中央政府から地方への移転支出に強く依存する地方自治である。

地方公共団体（地方団体）は地方自治の要諦である。地方自治法は公法人として普通地方公共団体と特別地方公共団体を認めている。前者は都道府県および市町村であり，後者は，特別区，地方公共団体の組合，財産区，地方開発事業団である。財産区は市町村及び特別区の一部で，土地などの普通財産あるいは公共施設を設けている。明治 22 年（1889 年）の市制・町村制施行時から存在するものもある。都道府県は市町村を包括する広域的地方公共団体であり，市町村は基礎的地方公共団体である。両者は法的に対等であるが，実態としての従属的関係が存在する。

3．地方財政

地方財政は地方財政法上「地方公共団体の財政」と規定されているが，令和元年（2019 年）5 月 1 日現在で，47 都道府県，792 市，743 町，183 村，1,572

一部事務組合，115広域連合の財政を総称したものである。それぞれの地方において規模，権能，経済条件，歴史的条件の相違は大きく，膨大な多様性に満ちている。地方財政計画のような総額でのマクロ的把握では，個々の地方公共団体のミクロ的地方財政を議論することはできない。制度的欠陥の一因がここにある。

地方財政の運営の基本は地方財政法で規定されている。社会福祉，保健衛生，教育，警察，消防，電気・ガス・水道のライフラインなど，生活基盤全般の整備・維持・管理は住民の日常生活に不可欠な行政サービスである。最終支出主体としての地方公共団体の歳出はGDE（国内総支出）の10%以上を占めている。国民生活の向上はまさに地方財政の貢献である。

地方財政法第2条では，地方公共団体が地方財政の健全な運営に努め，国や他の地方公共団体の財政を脅かす施策を禁じ，国も地方財政の自主的な健全運営を助長し，その自律性を損なう施策や負担を転嫁する施策を戒めている。財政の健全な運営とは，予算の編成と執行とが法令規定に適合して合理的かつ的確に遂行されることで，収支均衡，適正な行政水準，弾力的な財政構造が確保されていなければならない。そのために，地方自主財源の増強，経費負担関係の適正化，国庫補助負担制度の合理化などの一層の推進が必要となる。

4．地方財政史

戦後の地方財政は，制度改正 → 財政再建 → 地域開発 → 地域づくり → 低成長期 → 債務超過という変遷史を辿っている。

❶ 制度改正時代

昭和20年代（1945年～1954年）に地方行財政制度は全般にわたり改正された。シャウプ勧告・神戸勧告にしたがって民主主義体制を基盤的に支える地方自治制度の確立期を迎えた。地方自治制度の朝令暮改的改正は，地方行政分野の膨張により財政需要を急増させ，昭和28年（1953年）以降，赤字地方団体は増加の一途をたどった。

❷ 財政再建時代

昭和 29 年度末に府県 46 のうち 36，市町村 4,668 のうち 1,500 以上が赤字団体であり，当時の金額で地方の赤字総額は 649 億円に達した。昭和 30 年には「地方財政再建促進特別措置法」が制定され，国の地方支援のもとに財政再建に取り組まれた。この時期の日本経済は高度経済成長を実現し，驚異的発展の中で税収の伸長が財政再建を促進させた。昭和 35 年度末には赤字団体は 386 に，累積赤字額も 100 億円ほどに減じた。

❸ 地域開発時代

臨海部の工業部門の躍進に支えられた高度経済成長の後，昭和 30 年代後半の 5 年間は，都市の過密化と農村部の過疎を是正するために，拠点開発主義による全国総合開発計画が策定され，地域開発は本格的に進展した。15 の新産業都市と 6 の工業整備特別地域が指定され，これらの拠点と 4 大工業地帯を結ぶ道路網，鉄道網の整備充実が優先された。

❹ 地域づくり時代

昭和 41 年から 48 年末（1966 年～ 1973 年末）の期間，社会資本の整備の遅れが顕著になり，過疎・過密の弊害は深刻化した。昭和 41 年から国の公共投資が急増し，景気対策を図るとともに国債発行が国の財政維持に必要となった。昭和 43 年から本格的な「地域づくり・街づくり」が始まった。48 年末のオイルショックは時代の転轍期となり高度経済成長の終わりを画し，安定的低成長・成熟経済へと強制着陸させた。

❺ 低成長時代

低成長期に入り，国，地方ともに財政欠陥は恒常化した。地方財政は景気対策と国の減税政策による財政逼迫を補填するために地方債に頼り，借入金急増を招いた。平成 22 年末（2010 年末）には地方債残高と交付税特別会計借入金残高の総計が 200 兆円を超した。個々の地方団体の財政状態は，全体の 60％以上の 1,000 団体が公債費負担比率で 15％以上になっている。財政硬直化と将来負担の膨張が危険視された。

❻ 債務超過時代

平成時代が終わる平成 31 年まで，日本経済の低迷は「失われた 20 年」を継続し，デフレ経済に苦悩する時代であった。資源エネルギーの制約，大規模災害の頻発，少子高齢化の進展，地域社会の構造変化，など地方財政の対応課題が大膨張し，地域住民の行政要望は更に高次化している。地方財政の適切な機能発揮には，プライマリー・バランスを早期に回復し，地方債借入金の償還を可能にする地方財政健全化に取り組まなければならない。

5．地方自治の法的性質

地方自治の性質については 2 種の考え方がある。一方は，国家以前の固有の権利であるとする固有権説である。日本では憲法 92 条の規定があるためこの説は矛盾する。地方公共団体の固有権は国家の固有権と衝突し整合性がない。他方は，伝来説である。伝来説の中の承認説では地方自治が国から代々伝わってきたもので国の与える範囲の権能でしかないと考える。伝来説には他により有力な考え方があり，それが制度的保障説で通説である。すなわち，地方自治は国家から伝来したもので憲法の規定により，理念的な制度を保障されていると考える。この考え方では地方自治権の最低限度の保障はなされるが，法律による制約が認められる。自治権そのものは不可侵の権利である。

近年の米軍基地の移転に関する国と地方との係争を見ると，日本における地方自治は，制度的保障説の範疇を超えるものではない。地方自治が住民自治と地方団体自治の両輪で成り立つ原理であり，国と地方が対等関係であれば，伝来説で捉えることは難しい。日本のように歴史の浅い，未成熟な民主主義制度のもとでは地方自治の本旨を明確にすることが未だに不充分である。

住民自治の権利として，住民発案（条例の制定・改廃請求，事務の監査請求），リコール（議会解散請求・議員解職請求・首長解職請求）及び役員（副知事・助役・出納長・収入役・選挙管理委員・監査委員・公安委員）解職請求，住民監査請求が地方自治法に規定されている。

6．地方税の経済分析

色々な性質の租税がある。地方税の基幹税である住民税について，租税特性を明確化するために，いくつかの事例研究を提示しよう。租税のもつ様々な帰結を推定しながら経済分析を進める。

❶ 住民税が比例税である事例

住民税は現在，定額税（lump-sum tax）と累進的所得課税（progressive tax）とで構成されている。累進の税率上昇度は段階的に少しずつ累進する段階累進で，個々の段階では比例税構造になっているが実効税率は連続的上昇型になる。

簡明単純ケースとして，課税客体である所得が増減しても税率が一定である比例税（proportional tax）の事例について第１－１図を用いて検討しよう。

所得は労働によって稼得されるので人々の選択は所得か余暇かになる。一日の 24 時間内の選択であり，フルタイムを労働に充てるときの日額所得を B 点

第１－１図　住民税が比例税である場合

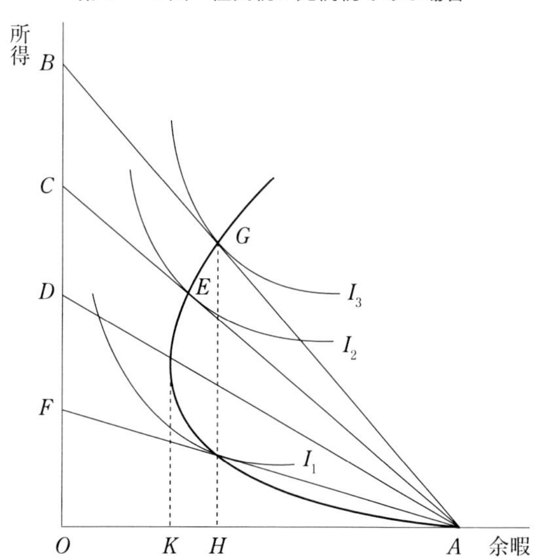

出所：筆者作成。

で示す。休日はすべて余暇に使えるので，所得がゼロの A 点で示される。どれだけの所得を得てどれほどの余暇をもつかは個人的な効用関数 I で示される。この関数は無差別曲線で，原点に凸形である。I 関数上は同一の効用を得られるので，どのような組み合わせも無差別である。賃金率が最も高いケースが AB 線で示される。このとき均衡選択点は G になる。無差別曲線はどこにでも設定できるので，選択範囲内の最も原点から遠い位置の無差別曲線によって個人の効用は極大化する。

住民税が比例税であれば，税引き後の賃金線は AC 線のようなところに示すことができる。AB と AC の垂直距離が税負担である。到達可能な I 曲線は I_3 から I_2 になり個人の効用は減少する。図上では課税後の新均衡選択点は E になる。つまり，課税後は余暇を切り詰めて，より多くの労働を選択したことになる。色々な作図が可能なので，E が G の右下になったり左下になったりするケースも描ける。この図で例示される事例は，比例税率を少しずつ上昇させて増税していくと，個人的選択が $G \rightarrow E \rightarrow A$ のような軌跡の取引曲線に沿って推移することが示される。ある税率（AF）までは税負担をカバーするために労働に励んで所得を得ようとするが，税負担が過重になると急速に労働意欲を失い，余暇にふけるようになる。住民税が過重な負担になると地方税収は急減し，税率の高さに見合う税収にはならない。

❷ 住民税が累進税である事例

累進税のケースでは，24 時間余暇の A 点から所得軸に向かって原点の方向に動くと，次第に労働時間が増えるので所得が漸次増大する。このとき，比例税ではなく累進税なので AB 線との垂直距離は開いていく。例示として新しい賃金線は AR のように設定できる。作図によって色々な均衡点を描けるが，右図の分析では取引線は $C \rightarrow M$ の軌跡を辿る。比例税のケースの取引線よりも M を通る取引線は上に位置する。累進税のために労働を断念して所得を減らし，労働意欲の減退は比例税の場合よりも大きいことになる。

すなわち，累進住民税は余暇選好を強め，比例税のときの税収 SK をもたらす同じ労働時間で，税収 VK を実現できるので税収は増える。賃金率（時給）が低く最低賃金というセーフティーネットも伸び悩んで低水準にある日本社会

第１－２図　累進住民税の場合

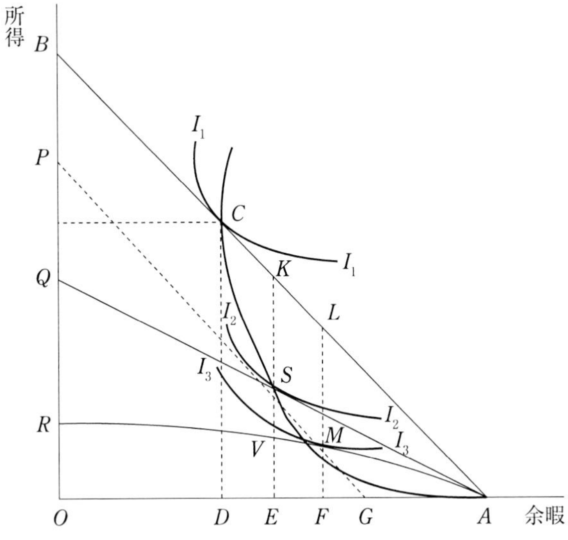

出所：筆者作成。

では，累進課税により人々は労働意欲を失い課税を忌避する選好を示す。勤労を尊(とうと)ばず納税の義務を嫌い生活保護に頼ろうとする安易な生き方が横溢する。憲法が謳う３大義務である教育を受け誠実に働き納税の責務を果たす国民はいなくなる。

租税は中立性をもつことが理想であるが，このような単純な経済分析によって直ちに分かるように中立性の租税原則は成立し難い。特に地方税は生活密着型で基本的な生活様式にも影響する。built-in stabilizer として有効に機能する累進課税も，インフレーション期には bracket creep（所得区分からの忍び足の這い出し）を引き起こす。物価上昇により所得が名目値で増加し所得税の段階累進の区分が昇階すると所得税の税率が上がり，税負担が増える。実質的には税負担が増加する部分が所得減になり生活は苦しくなる。勤労所得の物価調整の遅れやフィスカル・ドラッグの弊害は，もっと深刻な生活苦を招きかねない。

フィスカル・ドラッグ（fiscal drag）は租税の増収が経済にもたらす負の効果であり，財政が引っ張り出す重荷である。ブラケット・クリープが起こると可処分所得の低下から消費もやがて低下し，経済は縮小する。

❸ 住民税が定額税である事例

現行の地方個人住民税収の一部分は，均等割つまり定額税である。労働時間が制度的に一定の場合は賃金率が減少し，定額税は直接的に生活水準を下げる。定額税の増税は，特に年金受給者である高齢者の生活苦に繋がる。

しかしながら，一般的には労働供給は弾力的で，余暇と所得の選択に委ねられる。第１－３図はこのケースを描いている。

原初の賃金線 AB に定額税が課税されると可処分所得は DC 線に減少し，個人の均衡は $E \rightarrow F$ に変わる。余暇を減らし，より少なくなった賃金の下でより多くの労働へと移行しなければ税負担をカバーできない。いわゆる所得効果だけが作用し，貧しくなったという実感が労働に駆り立てる。過酷な税である。通常では，労働所得の余剰から，働き方改革によって余暇を多く選択する代替効果が作用するが，定額税の場合にはこうした代替効果が出てくる余地がない。少額であるからと言っても高齢の親世代４人を抱える 61 歳夫婦の負担は年額で 16,000 円，平均余命の 20 年で 32 万円に上る。定年後の貧困，特に年金開始年齢までの無収入時期の困窮からは逃げ切れない。

第１－３図　住民税が定額税の場合

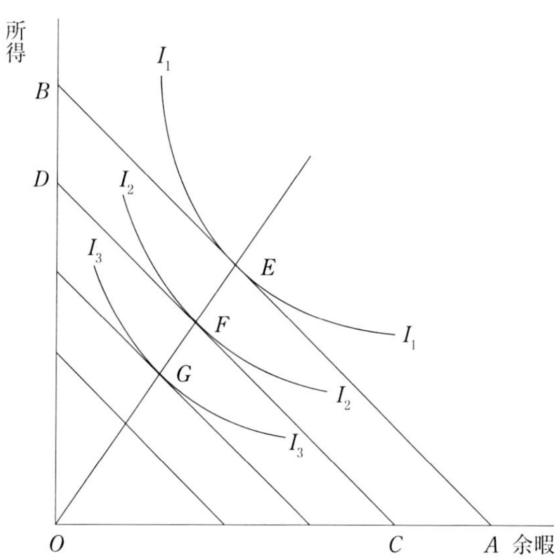

出所：筆者作成。

近年，能力不足の地方公共団体は，定額税の人頭税的住民税を増税している。東京都は 1,000 円 → 1,500 円という横暴な 50％増を実施している。オリンピックや防災施策の財源確保のため令和５年（2023 年）まで継続させる。一日 2.7 円から 4.1 円に増税しただけだと軽視する。過酷な痛税であるという感覚がない。これに東京都に属する 23 区も市町村も呼応的に均等割住民税を増税した。したがって老後夫婦 20 年を襲う税負担はこの部分だけで 20 万円に上る。こうした税収極大化だけを目指すリバイアサン政府[2)] は消滅させなければならない。

７．地方公共団体の分類

地方自治法の規定に則して地方公共団体を分類している。普通地方公共団体は一般的な組織，事務，権能をもつ自治体で都道府県，政令指定都市，中核市，施行時特例市，市町村である。特別地方公共団体は，東京都 23 区，地方公共団体の組合，財産区および特定目的のために設置される地方開発事業団である。

これらの市の中には，平成 26 年度から展開されている「連携中枢都市圏構想」に基づく連携中枢都市圏に含まれる宣言連携中枢都市 32 市もある。

８．地方財政の財政調整モデル

国と地方の財政調整関係として地方交付税システムがある。残念ながら経年疲労のため，このシステムはほぼ崩壊破綻状態にある。国の手厚い地方支援システムであるが地方の甘えの構造の元凶にもなっている。早急な改善プログラムの必要に迫られていることは，国の累積債務残高の膨大な積み上がりを見れば明らかであり，破綻の証左と見なければならない。以下で簡単な改善プログラムのモデルを提示しよう。

モデルにおける地方公共団体は４種で，富裕団体，順調団体，低調団体，極貧団体である。それぞれの，財政支出，地方税収入，充足率，実質調整，国税，国の実質支出を第１－４表のように設定する。

日本の現在の地方団体に当てはめると，富裕団体は，東京都や愛知県のような不交付団体であり，政令指定都市 20 市のような大規模都市は順調団体と区

第１－４表　財政調整モデル

地方団体	財政支出	地方税収	充足率（%）	国税収入	実質調整	国の支出
富裕団体	600	600	100		0	
順調団体	500	300	60		200	
低調団体	300	90	30		210	
極貧団体	100	50	20		50	
総　　計	1,500	1,040	69.3	1,000	460	540

出所：筆者作成。

分できる。地方の中心都市は低調団体であり，その他の市町村は大部分，極貧団体とみることができる。

全体の充足率は世界的な標準水準を想定している。国税収入は全体の租税収入 2500 のうち 40%，地方税収は 60%である。このモデルが成果として良ければ税源配分は地方税 60%に向かって改正していくことが望ましい。地方の財政需要が満たされないので，国による財政調整の一般補助金のような支援が必要になる。中央政府支出の 46%を地方に回すと財政調整は充足される。中央政府の国税収入の 54%を国の財政出動に使える。政府支出は地方 73.5%，国 26.5%の比率になる。所轄事務などはこの比率にしたがって配分を変更し再編成していくことになる。

単純なモデルではあるが，数値変更は簡単にできる。税源配分，事務分掌，税体系の改定，地方交付税制度の抜本的見直しなど，財政制度全般に亘る税制改革，事業仕分け，規制仕分けなどの方向性を与えることのできるモデル分析として有効である。

９．初めに事務配分がある

日本の地方自治制度の特徴は，基礎自治体の市町村に１パック型のフルセット行政事務を担わせることである。住民生活に密着した市町村の地方行政にこそ可能な限りの行政任務を負わせようとする。そこで基礎自治体の住民一人当たりの公務員数は規模が小さくなるにしたがって逓増する。

地方自治体の事務として，戸籍，住民票，防災，小学校の設置・運営が明治時代に設定され，太平洋戦争以後の戦後改革により，中学校が加わり，警察，健康保険，福祉，保健，医療，水道，下水道，産業振興，まちづくり，環境，人権保護，生活保護と拡大深化してきた。

国は国民の担税力に見合う行政サービスを設定する。地方財政は，まず事務配分から始まり，その配分に適用する財源配分が成立する。財源はまず地方税，次いで特定目的を規定された補助金としての国庫支出金，加えて，事務配分相当の必要額を算定した後の地方交付税で保障する。

地方自治の構造がこのような事務配分からスタートしていると理解すれば，地方財政の現状が掴みやすい。国の事務配分について財源保障をすることは当然であり，法律にも多くの規定がある。

・地方自治法第232条第2項（経費の支弁等）

法律又はこれに基づく政令により普通地方公共団体に対し事務の処理を義務付ける場合においては，国は，そのために要する経費の財源につき必要な措置を講じなければならない。

・地方財政法第13条（新たな事務に伴う財源措置）

地方公共団体又はその経費を地方公共団体が負担する国の機関が法律又は政令に基づいて新たな事務を行う義務を負う場合においては，国は，そのために要する財源について必要な措置を講じなければならない。

さらに，地方交付税法では，地方自治の本旨に基づく財源保障が規定されている。

・地方交付税法第1条（この法律の目的）

この法律は，地方団体が自主的にその財産を管理し，事務を処理し，及び行政を執行する権能をそこなわずに，その財源の均衡化を図り，及び地方交付税の交付の基準の設定を通じて地方行政の計画的な運営を保障することによつて，地方自治の本旨の実現に資するとともに，地方団体の独立性を強化することを目的とする。

国が義務付けていない行政サービスの供与についても，地方自治の本旨に基づいて財源保障をすることが，まさに地方自治の大原則でなければならないが，法律で謳われている状況の確立はまだまだ時をまたなければならない。

日本は世界各国と比較してみると，地方への事務配分が極めて多いシステムの地方自治である。交付税は「衡平に配分する」とされているが，衡平配分では格差是正には届かない。事務配分の量的拡大は財源保障の複雑化と多様化を意味する。地方財政の経路的混乱は不可避な現象となる。

10. 民主主義は second best system

K. アロー（Kenneth Joseph Arrow）は『社会的選択と個人的評価』（1951 年）においていわゆる不可能性定理（Arrow Impossible theorem）を主張し，集団的意思決定は公正でも合理的でもなく完璧ではないことを数学的に証明した。

下掲の第1－5表のオストロゴルスキー・パラドックスも多数決原理に基づく民主主義の意思決定方法が不完全で，反映されない個人的な意思（死票）が多く最善のシステムではないことを指摘した。現下のところ多数決決定方式に代わり得る有効な決定システムがないので，次善的に多数決原理で処理している。

第1－5表

有権者	財政	外交	環境	支持者
1	A	A	B	A
2	A	B	A	A
3	B	A	A	A
4	B	B	B	B
5	B	B	B	B
多数決	B	B	B	A

出所：筆者作成。

【注】

1）旧教育委員などの公共団体の職員であるが，現在の選挙制度では存在しない。

2）イギリスの政治哲学者 Thomas Hobbes が，専制君主制擁護のため 1651 年に著した『リバイアサン』に由来する。ホッブズの国家論は *Bellum omnium contra omnes*（万人の万人に対する闘い）を規制する国家で，旧約聖書に出てくる海獣リバイアサンに統治の全権を依頼したため王の専制は当然視できると説いている。

練習問題

1．経費配分を 35：65，税源配分 50：50 の財政調整モデルを作り数値例で調整を確かめなさい。
2．所得控除が適用されない低額所得者を救済する給付付き税額控除について，アメリカの EITC 導入などを参考にして説明しなさい。
3．これまでの十数次の地方自治法改正は，どのような財政的方向性をもって進められてきたか鳥瞰的に述べなさい。

参考文献

〔1〕小西砂千夫『地方財政』学陽書房，2009 年。
〔2〕佐藤主光『地方財政論入門』新世社，2009 年。
〔3〕長沼進一『テキスト地方財政論』勁草書房，2011 年。
〔4〕内山昭編著『財政とは何か』税務経理協会，平成 29 年。

第2章　国と地方の財政関係

地方公共団体は，一定の地域を基礎とし，その地域内の住民を人的構成要素として，その地域内において日本国憲法が保障する自治権を行使して行政を行うことを目的とする法人である。地方自治法第1条3により法人格を認められた公法人で，都道府県及び市町村の普通地方公共団体と，特別区，地方公共団体の組合，財産区，地方開発事業団の特別地方公共団体とがある。都道府県は，市町村を包括する広域的な地方公共団体であり，市町村は，基礎的な公共サービスの提供に責任をもつ基礎的地方公共団体である。都道府県と市町村とは，法律上において対等の関係である。

地方公共団体は，その存立または住民の福祉を増進するために必要とされる自治事務と本来，国の役割に係るものであるが，国においてその適正な処理を，特に確保する必要がある事務として法令で定める法定受託事務を処理する。

ここで国と地方の財政関係は，国と地方との財政資金授受であり，財政力格差や財源保障，国の政策の実施などに関わる国から地方への財源トランスファーである。

1．地域間格差

地方公共団体は，国内地域間にみられる所得水準，生活水準，消費水準，福祉水準などの格差に直面する。資本主義の経済発展過程において経済活動の諸主体は，私的所有に基づく私的分業単位の自然発生的な競争関係に基盤を置くために，部門間での経済発展に不均等が生じやすい。また，産業資本は生産活動に有利な地点を目指して外部経済の優位な地域に集中・集積する傾向がある。これらの結果として地域間の格差が発生する。

地方公共団体が立脚する地域経済力は，所得，消費，資産等の税源の格差が初期条件として存在する。税源格差は，地方税収の格差につながり，その結果として財政力格差が惹き起こされる。地域においては，地方税収が少なく公共サービスの給付コストが高い地域になることもある。そのような地方公共団体は，財政力の弱い団体である。各行政区域においては，給付される公共サービスの社会的限界便益と，その供給コストである社会的限界費用が一致する財政均衡が理想ではあるが，現実は公共サービスの社会的限界費用の方が大きい。その不均衡を埋めるため，国から交付される地方交付税や国庫支出金，国庫補助金などの財源移転が行われる。

地方行財政制度は，国によって構築され，全国については画一的である。47都道府県，792市，926町村など，1,718の市町村（2019年5月1日現在）が存在し，北海道から沖縄県まで，それぞれ地方公共団体の自然的・歴史的・経済的条件，人口規模等の社会的条件は変化に富んでいる。人口は，47都道府県（2018年10月1日現在）でみると，東京都が最も多く1,384万人であり，最も少ない鳥取県では56万人で約25倍の開きがある。面積（2018年10月1日現在）は，最大の北海道が7万8,420km^{2}であるが，最小の香川県は1,877km^{2}となり，42倍の差がある。人口密度については，第1位が東京都（6,309.78人／km^2）で，第47位の北海道（67.40人／km^2）は約1／94である。市町村では，人口最少の団体が東京都の青ヶ島村の169人であり，最大の横浜市は374万人である。

また，人口増加率，人口1人当たり地方税収入額，そして財政力等にも大きな差異がある。都道府県の人口増加率（2010～2015年）をみると，増加したのは東京都，埼玉県，千葉県，神奈川県など8団体のみである。特に，東京都を中心とした関東圏への人口流入が著しい。財政力の弱い地方圏の人口減少は急激になっており，地域経済や地方財政などに対する影響は大きい。

次に示す第2－1図の増田リストは，深刻な地域間格差の発生を予想している。このリストは，日本創成会議（座長・増田寛也 現 日本郵政社長）が地方自治体についての将来展望をまとめたものであり，地方自治体の半数を消滅可能性都市として公表している。増田リストによると，今後30年間で若年女性が半減するという試算結果が示され，令和22年（2040年）には896自治体が消滅危機に陥ると指摘した。さらに人口減少の影響は都心23区部にも及び，東京都豊島区50.8％減，足立区44.6％減，杉並区43.5％減などが予想されている。このような人口減少は地方財政にとって極めて深刻な「存立基盤の喪失」を意

第２－１図　増田リスト

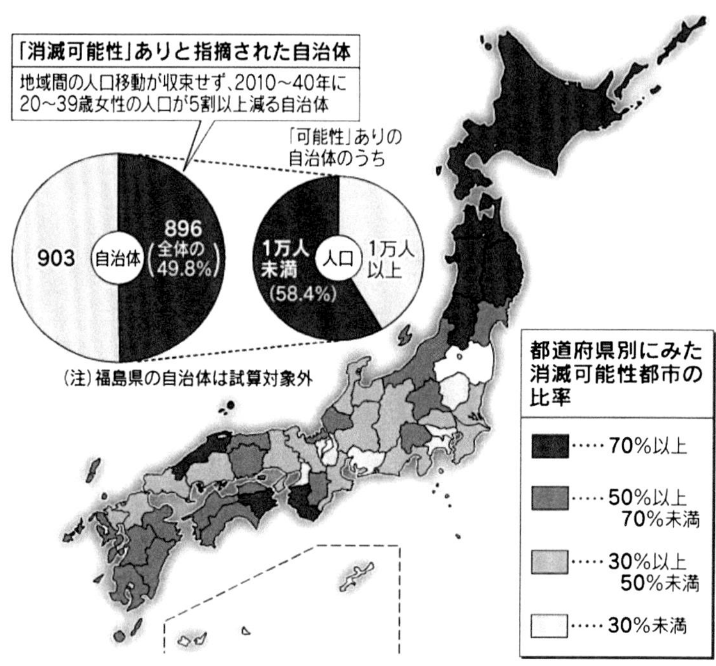

出所：『日本経済新聞』2014 年 5 月 19 日（朝刊）。

味する。

2016 年度における人口 1 人当たり地方税収額の全国平均（全国平均を 100 とした場合）を上回った都道府県は，東京都，神奈川県，静岡県，愛知県，大阪府の 5 都府県であり，残り 42 の道府県は全国平均以下である。また，人口 1 人当たり地方税収が最も多い東京都と最も少ない沖縄県を比較すると，東京都は沖縄県に比べ 2.4 倍の租税収入がある。

他方，東京，大阪，名古屋の三大都市圏及びその周辺の地方公共団体は，地域経済が活性化しており，税源にも恵まれているので，財政力は強い。逆に，人口減少の著しい地方圏の地方公共団体は税源確保が厳しくなっている。地方公共団体の税収は，所得，資本，消費などの税源の賦存量に依存しているが，税源の乏しい地方公共団体は公共サービスの供給費用負担が高い自治体になる。このような財政力の弱い自治体は，地方交付税や国庫支出金などの国による財源補填がなければ，地方財政は維持できない状況である。

２．大都市圏と地方圏の財政力格差

財政力指数とは，地方公共団体の財政力を示す指数で，基準財政収入額を基準財政需要額で除して得た数値の過去３年間の平均値をいう。財政力指数が高いほど自主財源の割合が高く，財政力が強い団体ということになる。1.0を超える団体は，普通地方交付税の交付を受けない不交付団体とされる。その超えた分だけ標準的な行政水準を上回る行政サービスを提供できる財源がある。また，1.0未満の地方公共団体は普通交付税の交付団体である。

第２－２表は，2017年度決算に基づき，財政力指数の類型化を都道府県データで示している。財政力指数が1.0以上は，最大の財政力をもつ東京都の１団体のみである。0.5～1.0未満のグループは，３大都市圏や地方の核都市を抱える神奈川県，千葉県，埼玉県，大阪府，兵庫県，広島県，福岡県，宮城県などが入り，21府県である。0.4～0.5未満のグループは，香川県，富山県など10県が入り，0.3～0.4未満のグループは大分県，岩手県，山梨県，佐賀県など12県が入る。そして0.3未満のグループは，鳥取県，高知県，島根県の３県のみである。

財政力指数が高くなるのは，人口規模が大きくなるにつれ経済力が強くな

第２－２表　財政力指数の類型化（2017年度決算）

グループ	財政力指数	都道府県名	団体数
A	1.0以上	東京都	1
B	0.5～1.0未満	愛知県，神奈川県，千葉県，埼玉県，大阪府，静岡県，栃木県，茨城県，福岡県，兵庫県，群馬県，宮城県，広島県，三重県，京都府，滋賀県，岐阜県，福島県，岡山県，長野県，石川県	21
C	0.4～0.5未満	香川県，富山県，新潟県，山口県，北海道，愛媛県，奈良県，熊本県，山梨県，福井県	10
D	0.3～0.4未満	大分県，岩手県，山形県，佐賀県，青森県，鹿児島県，宮崎県，沖縄県，徳島県，和歌山県，長崎県，秋田県	12
E	0.3未満	鳥取県，高知県，島根県	3

出所：総務省HP（http://www.soumu.go.jp）資料より作成。

り，人口１人当たりの基準財政収入額が多くなるからである。しかし，規模の経済性も働き，基準財政需要額は小さくなる。財政力指数が0.3未満であることは，その地方公共団体は国が定める全国一律の標準行政を実施するための財源として自らの税収等で充当予定とされるものの３割未満しか賄えない財政力であることを意味している。

地方税は，三大都市圏の地方公共団体において多く収納され，財政力指数Ｅグループの３県を初めとする地方圏の自治体では税源自体が乏しい。人口１人当たり所得と人口１人当たりの地方税には高い相関関係が見られる。

地方税と地方交付税などを加えた人口１人当たりの一般財源をみると，財政需要の多い地方圏が全国平均より高い値を示しており，三大都市圏などの地方公共団体は低い値である。つまり，地方交付税が地方税の代替財源としての性格をもっているためである。

さらに，人口１人当たり歳入額（2016年度決算）をみると，町村（人口１万人未満）が多く，中核市や中都市は町村の半分以下である。地方圏と大都市圏の相対的な差はさらに大きくなる。特定財源補填の国庫支出金は，地方交付税と同様に財政力の弱い地方公共団体に傾斜的に配分されている。

地方公共団体には，国からの財源が補填され，一定水準の公共サービスの給付を実現できるようになる。過疎が進んでいる地域の地方公共団体は，地理的条件や地域属性の差などにより人口１人当たりの財政規模が大きく，公共サービスの供給コストが高くなる。

国と地方の財政関係は，労働や資本などの資源の効率的な配分に資するよりは，むしろ公正性に重きを置いたシステムであるといえる。国民経済において，効率性と公平性のバランスをどのように取るのかは大きな課題である。ただ，地域経済の主役は，家計や企業の民間部門の経済活動であり，財政の役割はその補完にすぎないことを銘記すべきである。

3．国と地方の税財源配分

日本の地方財政は，地方歳入に占める自主財源の割合が低い。主な自主財源である地方税や税外収入だけでは地方が自由に使える財源が不足している。それを埋めるため，国税にリンクして総額が決定される地方交付税と，特定の事務事業に対して交付される国庫支出金が，国から地方への膨大な財政のトランスファーとして実施されている。

第2－3図の「国と地方間の税財源配分」は，2016年度における国税59兆円，地方税38.6兆円であり，国税と地方税を合計した国民の租税負担総額は97.5兆円である。その内訳は，国税が60.5％であり，地方税が39.5％である。国税と地方税は概ね3対2であるが，国と地方の重複を控除した最終支出（純計ベース）でみると，国の純計歳出額は71.1兆円であり，地方の純計歳出額は97.3兆円である。国と地方の財政規模の比率は概ね2対3となる。すなわち，国の財政が最終支出ベースにおける国と地方の比率と，国民が負担する租税収入の配分における国と地方の比率とが逆転しており，両者の間に大きな乖離が存在する。税源は，国に多く配分されているが，国から地方公共団体に対する地方交付税，地方譲与税，国庫支出金などの財源移譲が行われるためである。2016年における地方歳入決算の内訳をみると，全体の地方歳入のうち，依存財源である地方譲与税，地方特例交付税，地方交付税，国庫支出金の割合は，34.8％

第２－３図　国と地方間の税財源配分（2016年度）

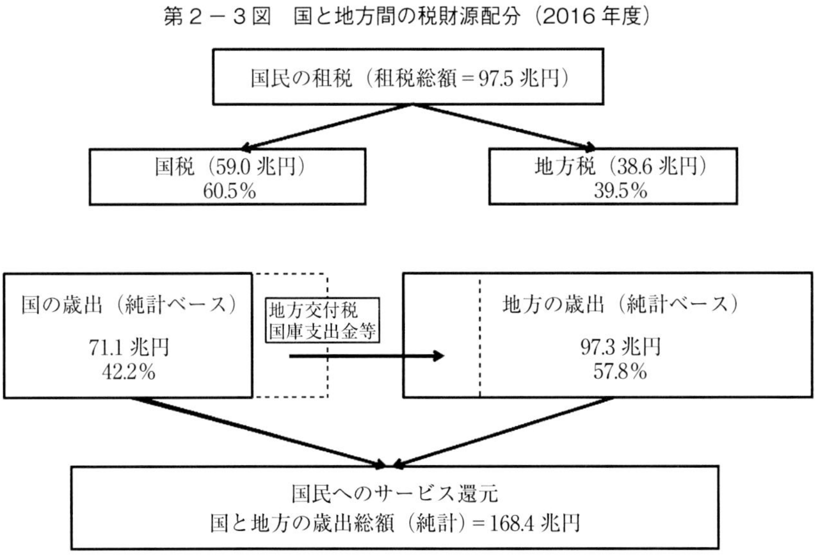

出所：地方交付税制度研究会編『平成30年度　地方交付税のあらまし』一般財団法人地方財務協会，2018年，p.4。

である。そのため，地方財政は，国家財政の1.5倍の規模に膨らむ。

警察，消防，教育，福祉，道路，河川などに関する公共サービスの大きな割合は，都道府県と市町村を通じて供給されている。そのため，地方財政の規模が大きくなる。これは，地方公共団体に対する事務配分は非常に大きいが，それに対する税源配分は少なく，国と地方の財政的連帯が密接であることを意味している。国と地方の役割分担の大幅な見直しと，併せて地方が自由に使える財源を拡充するという観点から，国と地方間の税財源の配分のあり方を見直すことが必要である。

他方，国の責任で実施すべき社会保障や義務教育などの公共サービスの給付を直接的に国が実施すれば，地方財政の規模は少なくなり，地方歳入に占める地方税を中心とした自主財源の割合は高くなる。税収における国と地方の配分比率と純計歳出額の比率との乖離をかなり是正することが可能となり，地方分権にも資する改革となる。

このような依存財源は，国と地方間の関係が垂直的な関係にあることを強制し，地方財政は依存財源なしでは財政運営が厳しい状態におかれる。また，国は，調整，指導，監督という名目で様々な干渉を行ない，財源の自主性が保たれないという弊害を招く。本来，地方自治体は，公共サービスを提供するための財源の大部分を地方税などの自主財源で賄うべきであるが，税源が国に集中しているためにそれは叶わない。また地域間の税源の不均衡もあり，地方自治体が必要とする財源を自らの地方税収入で賄うことは日本の地方の現状を考えると不可能である。

4．地方財政計画による地方財源の保障

地方財政計画とは，地方交付税法第７条に規定されている毎年度の地方団体の歳入歳出総額の見込額に関する書類である。地方財政計画は，毎年度国の予算編成にあわせて総務省によって作成され，財務省との折衝を経て閣議決定され，国会に提出される。この計画の根拠法は，地方交付税法であり，翌年度に必要とされる地方交付税の総額を算定するための基本資料として作成される。

地方財源保障は，法律で規定されている。①事務の処理を義務付ける場合の

財源措置義務があり，法律又はこれに基づく政令により普通地方公共団体に対し事務の処理を義務付ける場合においては，国はそのために要する経費の財源につき必要な措置を講じなければならない。②地方行政の計画的な運営のための財源保障であり，地方行政の計画的な運営を保障する目的としている（地方交付税第１条）。また地方団体は，その行政について，合理的，且つ，妥当な水準を維持するように努め，少なくとも法律又はこれに基づく政令により義務づけられた規模と内容を備えるようにしなければならない（地方交付税法第３条）。そして国庫負担金事業の地方負担についての財源保障について，地方公共団体が負担すべき部分は地方交付税法の定めるところにより，地方公共団体に交付すべき地方交付税額の算定に用いる財政需要額に参入させるものとする，と定められている。

地方財政計画は，国の地方公共団体全体に対する財源保障の役割を有しているが，その歳出・歳入は地方財政の実際の収支を推計するものではなく標準的なあるべき収支を示している。地方財政計画は，地方財政の収支についての翌年度の見込額であり，実際の地方財政決算額とは異なるが，事実上その指針となるなど大きな影響力をもつものとなっている。計画は，通常の妥当な水準における歳入と歳出のみが計上され，各地方公共団体の独自の事情に基づく収支は除外される。

仮に，地方財政のマクロの収支見込みに過不足が生じた場合，その乖離を埋めるために地方財政対策が実施される。マクロの財源保障とは，地方財政計画の歳出と歳入が等しくなるように地方交付税によって調整することを意味する。マクロの地方財源の枠組が先に決定され，総額と整合性をもつようにミクロの基準財政需要額が算定される。

なお，地方財政計画は，国の経済見通しや予算編成などを受けており，地方財政と国家財政や国民経済との関わりが反映される。地方交付税や国庫支出金などの補填財源や地方債に関する国の翌年度の方針も明らかにされるため，地方団体の財政運営の指針となる。このように，地方財政計画は翌年度が国が地方に対する施策やそれに対応した地方行財政の運営についての目標を示しており，国の財政運営の方針を地方団体に伝達する役割を担っている。

他方，地方公共団体から国への財源トランスファーとして，国直轄事業負担金がある。国が直接実施する道路や河川，港湾などの整備事業費や維持管理費の一定割合を都道府県が負担することを道路法や河川法などにより義務づけている。都道府県は普通建設事業費の一部として計上しており，2016年度は7,143億円で都道府県の普通建設事業費の10.0%を占めている。

5．国と地方の税財関係の問題

国と地方間では，極めて密接な関係を結んでいるが，国は地方公共団体に，2つの方法で影響を及ぼしている。第一に，国から地方への財源トランスファーである地方交付税は，地方公共団体間の財政力格差を調整するために交付され，使途が特定されていない一般補助金であるが，地方財政の枢要な財源となる。第二に，地方交付税と並んで補助金である国庫支出金は，形式的な法制度や監督権よりも地方財政へのコントロールの程度が大きい補助金である。地方財政当局の予算査定の姿勢と関連している。

国庫支出金を獲得するか否かは，予算査定に少なからぬ影響を及ぼす。補助金自体は，補助事業費の一部を賄うに過ぎないが，残りの地方負担分には通常の場合，起債が認められる。したがって補助金がつけば予算措置がなされやすく，補助金がつかない単独事業には，厳しい予算査定が加えられる。このように補助金獲得行動を通じて事業に関する国の優先順位に地方は従わなければならない。

このような中央集権型財政システムには問題がある。日本は，戦後の経済成長期において福祉国家の建設やナショナル・ミニマムの確保などの国家目標を達成するため中央集権システムに基づいた画一的な行財政運営を行ってきた。このシステムは，その後さまざまな側面で弊害をもたらした。特に，画一的な公共サービスの提供による住民の厚生ロスは，住民のニーズや選好に対応せず，画一的に行ったことで発生した。日本は，高度経済成長のため公共サービスを画一的に供給することにより，サービスの供給コストを削減することもできた。しかし，オーツ（W. E. Oates）の地方分権定理によると，地方公共財・サービスは，その便益の及ぶ範囲が地理的に限定されている公共財・サービスであり，本来，地方公共財・サービスについては，地方公共団体がその支出についての決定権を持つべきであるとしている。国が画一的に供給量を決定すると，厚生ロスが生じやすい。他方，行政の画一化によって需要する住民の自由が厳しく制限されると，供給する地方公共団体の自己改革意欲が失われ，サービスの質や行政効率が低下する可能性がある。補助金によって地方の予算編成が歪められ，補助金の交付によって地方は事業の細かい部分まで干渉され，地域の特殊性が事業に反映されることがなく，資源の浪費は益々大きくなる。

地方財政の仕事の範囲が拡大している中で，公共部門と民間部門の役割負担が明確にされなければならない。資本主義経済は，基本的に市場メカニズムによって運営されるが，市場メカニズムは万能ではなく市場の失敗が発生する。財政の役割は，市場メカニズムがうまく機能しない分野を補完することである。

国と地方の負担区分は，地方が公共財・サービスを供給する上で必要な地方の負担額を決定するが，これは同時に国と地方の税源配分との関連のなかで国と地方の財政関係という重要な課題を提起する。中央集権から地方分権という財政システムの転換は，地方公共団体が地域住民の福祉を最大にするという意味での地方公共財の最適供給を実現するために必要な条件である。そのためには，住民の選好に合った公共財・サービスの種類と水準を，最も効率的な手段を用いて供給することが必要である。

このように，国家財政と地方財政とは密接な財政的連携の下で，国民の享受する公共サービスを供給している。国から地方への財源トランスファーは，地方交付税と国庫支出金を中心に実施されているが，財政力の弱い地方公共団体ではこうした国による財源補填なしでは一定水準の行財政の実施が不可能な状況にある。したがって，国と地方の財政関係は国民福祉の維持向上の観点から再構築することが重要であり，経済社会情勢の変化を見据えつつ，持続可能性の視点からデザインする必要がある。

練習問題

1．国と地方の財政関係を改革する方向性についてまとめなさい。
2．地方財政計画による国の地方財政コントロールの弊害は何か。

参考文献

〔1〕池宮城秀正他『財政学』ミネルヴァ書房，2019年。
〔2〕兼子良夫『地方財政』八千代出版，2013年。
〔3〕地方交付税制度研究会編『平成30年度　地方交付税のあらまし』一般財団法人地方財務協会，2018年。
〔4〕林宜嗣『地方財政』有斐閣，1999年。

第 3 章　地方税の租税原則

1．租税原則

国または地方公共団体が賦課徴税する場合に，どのような理念に基づくべきかに関する基準を租税原則と呼ぶ。一般的には，公平・中立・簡素の 3 原則を基本としている。「公平」は個々の担税力に応じて租税負担をすることであり，「中立」は課税による経済活動への影響を発生させないことであり，「簡素」は納税者にとって簡単明瞭な税制で理解しやすいことを意味する。

歴史的に，このような議論は A. スミスの『諸国民の富』（1776 年）の 4 原則，A. H. G. ワーグナーの『財政理論』（1883 年）の 4 分類 9 原則，R. A. マスグレイブの『財政学』（1959 年）の 4 原則などを背景に深化発展されて，現代の 3 原則に集約された。これらの原則はさまざまな経済的・社会的環境を反映して変遷し，地方税の租税原則は，またこれらの原則を敷衍（ふえん）した内容になっている。

2．アダム・スミス（Adam Smith）の租税原則

アダム・スミスは経済学の父であり，イギリス古典学派の始祖である。政治学あるいは法学の一分野であった経済論を体系化し，経済学の独自分野を確立した。労働価値説，自由放任主義，自然調和観，夜警国家論などを理論的基盤として価値価格理論を展開した。近代国家成立期・市民革命期の租税思想の典型として，次の 4 原則を提唱した。

①公平の原則（税負担は各人の能力に比例すべきこと），②明確の原則（租税はその支払期日，金額，方法が明確かつ平易でなければならないこと），③便宜の原則（納税方法と時期は，納税者にとって最も便宜でなければならないこと），④最小徴税費の原則（徴税費を最小に抑え国庫に帰す純収入を最大化すべきこと）である。

これらの租税原則論は *An Inquiry into the Nature and Causes of the Wealth of Nations*, 1776, 5th ed., 1789.（大内兵衛・松川七郎訳『諸国民の富』岩波書店，昭和35年）のキャナン版ではof taxの章で展開されている。スミスの租税原則論の背景にある自由放任主義については次のような言及がある。

> 政治家や企業者は人間を政治的技術の素材とみなしている。しかし一国を富裕に導くために必要なものは，平和と軽い税とある程度の正義の維持だけであり，他の一切は事物の成り行きによってもたらされる。この自然の成行きに干渉し，ある点を助長し，ある点をチェックしようとする一切の統制は自然に反しそれ自身を維持せんがために必然に抑圧的専制となる。
> （laissez-faire, laissez-passer 自由放任主義）

３．アドルフ・ワーグナー（Adolph H. G. Wagner）の４大原則・９原則

アドルフ・ワーグナーは19世紀末のドイツ財政学者であり有機的国家観に立脚してスミス以来の租税原則論を総合した。国民生活において国家の果たす重要な責務と国家の優越的地位を認め，国家独自の機能を行使するための財政収入確保を優先し，他方で，租税負担による国民経済の発展阻害にも言及した。労作Adolph Heinrich Gotthilf Wagner, *Finanzwissenschaft*, 4Bde., 1877-1901.（滝本美夫解説『ワーグナー氏財政学』同文館，明治37年）において4大原則9原則を提唱した。

(1) 財政政策上の原則（財政収入確保の要請）

①十分の原則（収入が十分であること），②弾力性の原則（収入が可動的であること）

(2) 国民経済上の原則（課税が国民経済の発展を阻害しないこと）

③税源選択の原則（税源の選択を適切にすること），④税種選択の原則（租税の種類の選択を誤らないこと）

(3) 公正の原則

⑤普遍性の原則（租税負担は広く一般市民に配分されること），⑥公平の原則（担税力に応じて租税負担を公平に配分されること）

(4)　税務行政上の原則

⑦確定の原則（租税は明確であること），⑧便宜の原則（手続きが便宜であること），⑨最小徴税費の原則（徴税費の最小化を図ること）

ワーグナーの財政学はその後の各国の租税政策に大きな影響を及ぼした。また，ワーグナーの法則として知られている国家経費膨張の法則は経験則としての重要性が認められている。それは1893年の『経済学原理第Ⅰ部』でも説明されているが，『財政学』の記述は以下の通りである。

> 生産の無政府状態を排除し，労働者階級その他の下層階級にも生産力増大による物質的成果および文化財享受の機会を与え，大経営化傾向にある産業部門を速やかに公共の経営に移管し，自由交換により生じる所得と財産の不当な不平等を修正するよう租税政策を通じて干渉する社会改良が必要である。これらは法治・権力目的を追求する文化・福祉国家によって遂行され，このような国家目的の拡大は国家経費の膨張を要求し，分配規制手段としての累進的所得税の採用を妥当にする。

４．マスグレイブ（Richard Abel Musgrave）の租税原則

現代の租税原則はマスグレイブの議論にしたがっている。マスグレイブの *The Theory of Public Finance*, McGraw-Hill Book Company, Inc., 1959.（木下和夫監修『財政理論Ⅰ・Ⅱ・Ⅲ』有斐閣，昭和48年）は政府の財政機能の体系化を実現した大著で，財政学は初めて科学になった。マスグレイブは次のような７原則を提唱した。

①課税の中立性原則（市場経済への影響を最小化するように租税が選択されるべきこと），②経済の安定と成長への寄与の原則（マクロ経済への財政政策を実現できる租税構造であること），③公平原則（租税負担は公平に配分されるべきこと），④十分性原則（十分な租税収入が確保できること），⑤明確性原則（租税制度は公正な執行を可能にし，納税者に理解しやすいものであること），⑥費用最小の原則（納税費用，徴税費用を可能な限り最小化すべきこと），⑦負担者考慮の原則（租税負担者及び転嫁先への影響に配慮すべきこと）。

5．地方税の租税原則

地方公共団体にとって地方税の租税原則はスミス以来の租税原則論を敷衍したものになるが，地方財政に求められる機能や役割の違いに鑑み，また人口，面積，経済力に多様性のある地方財政の特質を考慮して，地方税固有の性質から要請される地方税原則が提唱されている。次の5大原則・15原則である。

(1) 租税負担の原則

①応益性の原則（負担は応益に応じて公正に配分されるべきこと），②普遍性の原則（いずれの地域にも課税対象が存在するべきこと），③負担分任の原則（租税負担は広く少額ずつ分担されるべきこと）

(2) 歳入原則

④安定性原則（経済状況に左右されずに安定的に徴税できること），⑤伸張性原則（社会経済の発展に伴う行政需要の拡大に対応可能な増収ができること），⑥十分性原則（行政需要を賄うために十分な税収があるべきこと）

(3) 地方自治上の原則

⑦課税の自主性原則（課税は自主性があり，独立税源を確保すべきこと），⑧住民の意向反映の原則（租税負担者である地域住民の意向を反映できる税であること）

(4) 税務行政上の原則

⑨確実性原則（滞納や不払いがなく徴税が確実に実行されるべきこと），⑩便宜性原則（納税者に便宜であるべきこと），⑪最小費用の原則（徴税費や納税協力費を可能な限り抑制すべきこと）

(5) 地方政策上の原則

⑫政策目的非妨害の原則（政策の補助的施策として税を用いるときに政策の主目的を阻害しないこと），⑬潜脱禁止の原則（強制的割り当てに近い寄付行為の禁止），⑭協調衡平の原則（各々の地方の行政的協調を図り，徴税の衡平を重視すべきこと），⑮環境共生性原則（生活環境や地球温暖化に対応すべきこと）

近年，独自のふるさと納税獲得のための暴策が横行し，地方相互の衡平や協調が乱されることは，地方財政全域の観点から戒められるべき状況である。選択的な納税誘導競争を激化させ，パフォーマンス比較を優位に展開しようとする歪んだ行政手法はトライバリズム（tribalism）[1]として断念されねばならない。さらに，地方税に求められる環境行政上の諸問題に対応した環境共生型への転換も必要になっている。道府県税の自動車税や市町村税の軽自動車税を政策の梃として用いることが環境対策に有効に影響できると考えられる。

なお，地方税の租税原則論を論じるときに，コンパクトに６原則を強調し，地方税のあるべき姿を求めることもある。その議論では，地方税の租税原則は，①負担分任性原則，②応益性原則，③伸長性原則，④伸縮性原則，⑤普遍性原則，⑥安定性原則，に集約される。

６．租税の根拠

国民あるいは住民が租税負担をしなければならない根拠として様々な議論がある。公需要説は公的需要を満たすためとし，交換説では国・地方政府の行政サービスを受ける代償と説く。国民・住民の生命，財産を保護する保険料が税であるとする保険説，公共活動の費用分担義務が税であるとする義務説もある。

国家有機体説によれば，国民経済は個々の経済主体の有機的組織であり，政府は有機体の意思と行動とを統一するための上位の保護機関である。国民は有機体成員の義務として税を支払わなければならない。人体の頭脳になぞらえて，その部分にエネルギーを回遊させて初めて一個体として行動ができるのであり，そのエネルギーが税金に当たると説明する。

財政学分野では，近代資本主義経済が成立すると，租税国家形態が定着すると考える。それ故に，近代国家の成立は課税権の成立過程に他ならない。国家の課税権あるいは財政権が国民の財産権と分離され，国家は無産化するために，主権者である国民の自由な経済活動に対する課税・徴税によって自立を図る租税国家になる。権利・義務の関係として租税を把握する。

限界革命以後の経済学は功利主義のもとに租税の利益説を提唱する。国家は社会の集合的欲望を充足させる主体であり，人々は国家からのサービス給付による受益の対価として税を支払うと説く。このような思潮は近代の自然法的な租税原理として形成された。

7．租税分類

租税は，税源（source of taxation）を想定して租税主体（担税者）を設定し，課税対象となる課税客体（tax objects）の具体的数量である課税標準（tax base）に賦課される。例えば，個人所得税の税源は個人所得であり，租税主体は国内の所得稼得者，課税客体は個人所得であり，この所得の中の課税標準として課税所得を算定し，それに所得税率を掛けて所得税負担額が決定される。

❶ 制度的な租税分類

直接税と間接税の区別がある。担税者と納税者が税法上同一である税が直接税であり，担税者と納税者が異なる税が間接税である。経済体制が中央集権的であれば間接税中心となり，分権的であれば直接税中心となる傾向があり，直間比率などで捉える。資本主義経済の発展過程における直間比率構造の変化についてはH.H.ハインリッヒの指摘があるし，地方税・国税比率についてはポーピッツ法則が認められている。

直接税は累進課税によって担税力の大きな高額所得者に重い負担を課すことで，租税負担の垂直的公平を図ることができる。課税による所得格差の是正機能があり，所得再分配機能にも貢献する。他方，所得の種類に応じた課税ベースの捕捉に限界があり，水平的公平を図ることは難しい。いわゆる「クロヨン問題」が指摘されているように，農業者，自営業者，勤労者などの職種により同じ所得水準にあっても租税負担に差異が生じる。例えば，自家消費額を捕え難い農業所得については捕捉率が4割になり，税負担も小さくなる。また，景気動向に影響されやすい給与所得は課税標準が変動しやすく，税収の安定的確保が難しい。さらに直接税に関わる各種の控除と例外規定が複雑になる傾向があり，平易簡明の原則からは遠ざかる。

間接税は消費税，たばこ税，酒税のように消費者が購入時点で負担するが，納税義務者は小売店のような販売者であり，納税期にまとめて税務署に納める。

間接税は水平的公平を図ることができる税で，負担分任がしやすく，景気動向にともなう税収変動が比較的小さい。他方，高額所得者も生活困窮者も無差別に課税されるので，垂直的公平を図りにくく，逆進的である。また，例えば，消費税の軽減税率のような控除の余地が少なく，個別的な事情も配慮しにくい。

その他に，人税，物税，行為税の区別がある。担税者の個人的税負担能力に賦課するものが人税であり，課税客体を物件，行為，外形標準（basis of business sizes）に求めて賦課されるものが物税である。所得税，相続税は人税であり，固定資産税，不動産税，営業税などは物税である。税負担の総合的な公平性を判断する場合に人税・物税・行為税分類を用いている。行為税は原則として納税者の個人的な事情を斟酌（しんしゃく）しないので物税に近いが，行為について課税する。市町村たばこ税，ゴルフ場利用税，印紙税，登録免許税などが行為税である。

物税には別に，従量税と従価税の区分がある。揮発油税のように生産量にしたがって賦課される税が従量税である。生産量 1 単位当たり何円と定めて賦課される。物価が上昇しても税収増加にはならないので，インフレ調整が必要となる。他方，消費税のように価格にしたがって賦課される税は従価税である。物価上昇とともに税収も増加するのでインフレ中立的租税である。

数量に対する賦課も価格に対する賦課もともに，非効率な経済状況を生み出す可能性がある。その時には消費者余剰や生産者余剰が損なわれ，いわゆる死重損失が発生する。経済効率に中立的で死重損失が発生しない租税形態は定額人頭税（一括税）であると言われる。1989 年～ 1993 年に 18 歳以上の成人 1 人に定額地方税を賦課したイギリスのサッチャー政権の課税例がある。国民の批判が大きく短命に終わり，次のメジャー政権が廃止した。共同体税の一種である。

❷　経済分析的分類

A. H. G. ワーグナーは経済循環のどの局面の租税がどのように経済に衝撃を与えるかという観点から，租税の分類を始めている。U. K. ヒックスは所得課税と支出課税を分けて分析し，R. A. マスグレイブの論考には市場取引上の税源に買手税や売手税，要素市場上で雇用税と所得税，法人税，配当税，流通市場上で使途税や源泉税などを分類し，租税の影響分析に言及している。

一般的には経済循環の生産 → 分配 → 支出の各過程に応じて，次のような3分類を用いる。

所得課税（直接税）

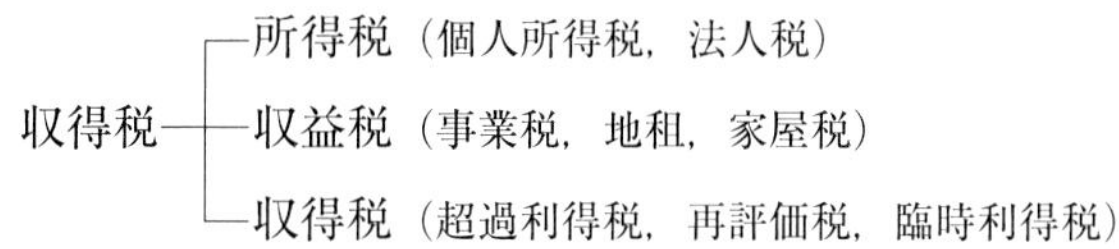

支出課税（間接税）

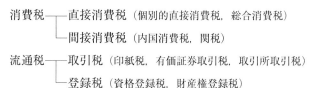

消費税——直接消費税（個別的直接消費税，総合消費税）
　　　　└間接消費税（内国消費税，関税）

流通税——取引税（印紙税，有価証券取引税，取引所取引税）
　　　　└登録税（資格登録税，財産権登録税）

資産課税（直接税）

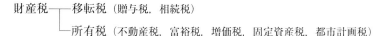

財産税——移転税（贈与税，相続税）
　　　　└所有税（不動産税，富裕税，増価税，固定資産税，都市計画税）

❸　その他の分類

税率構造の違いにより，比例税，累進税，逆進税，定額税，累退税などを区分できる。

比例税は法人税のように均一税率が課せられる租税である。課税ベースの増大に伴って租税負担率が上昇するものが累進税である。消費税のように貧富の格差によらずに定率が課税されると所得状況に応じて逆進的になるものが逆進税，である。低所得で平均税率が逓減するが高所得では一定の比例税率に漸近する課税は累退税で，都道府県民税のような定額の課税は定額税である。

税の使途が明確であるかどうかに応じて，普通税と目的税に区分する。使途の指定がなくどのようなことにも使える租税が普通税で，使途が明確に指定されているものは目的税である。また，病院関係というような，使途が広範囲に及んで指定されている場合は普通税とみなしている。

課税権の主体による区分が，国税と地方税である。国が課税するものが国税であり，地方公共団体が課税するものが地方税である。地方税は都道府県が課税する道府県税と市町村が課税する市町村税がある。東京都の都税は道府県税である。これまで，地方事業税の一部は国税として徴税され，国の地方格差是正調整によって再配分された。地方税であってもこのような国税の混入がある。近年の税制改革でこのような調整は解消された。また，消費税のように地方消費税分を含めて国税として一括徴税されるものもある。

地方税法に定められているかどうかに応じた区分がある。地方税法内の税目は法定税であり，規定のない税目が法定外税である。このうち使途を限定しないものを法定外普通税，使途を限定するものを法定外目的税と呼ぶ。地方公共団体の独自課税には法定外目的税が多い。例えば，東京都の宿泊税（ホテル税）は，道府県法定外目的税であり，国際都市東京の魅力を高め，観光振興を図る目的を指定している。

財産所有税である固定資産税は市町村税の普通税であり，特例分として東京都が徴税する道府県税の普通税でもあるが，都市計画税は市町村税の目的税である。流通税の印紙税は国税の普通税である。

8．税　率

課税標準１単位当たりの税額の比率が法定税率である。表面税率や税率とも呼ばれる。課税標準１単位は所得税の場合は金額であるが，含有量や取引数量のような技術的単位もある。

法定税率の中で，一般的に通常よるべき税率が標準税率である。地方独自の事情によってこの標準税率を超過して課税することもできる。この時の超過税率については上限を定めてあり，この範囲限界の税率が制限税率である。制限税率は近年次第に廃止される傾向がある。標準税率を下回る税率を適用して減税政策をとることもある。減税下限はないが，減税に対しては国からの交付金調整がなされるので，地方財政上は困難な財政欠陥を招きかねない。

地方税の税率は，地方税法第３条の規定にしたがい，地方公共団体の条例によって定めることができるが，地方税法は税目ごとに条例で定めるべき税率に規制を加えている。規制様態に応じて４種の税率がある。それらは標準税率，制限税率，一定税率，任意税率である。

標準税率は地方財政上特別な必要があれば採用する必要はない。総務大臣が地方交付税の額を定めるときに，基準財政収入額の算定に用いる基礎的な税率である。これは地方税法第1条Ⅰ⑤および地方交付税法第14条Ⅱの規定である。制限税率は地方公共団体が税率を定めるときにそれを超えることができない税率である。一定税率は地方公共団体の裁量を許さない税率である。任意税率は地方税法に規定がなく，地方公共団体の条例に任せる税率である。

地方税法の税率規制は，5様態である。それらは①標準税率のみ（道府県民税所得割，不動産取得税），②標準税率と制限税率（固定資産税），③制限税率のみ（都市計画税），④一定税率のみ（軽油取引税），⑤任意税率（水利地益税），である。

9．租税の転嫁

租税は納税義務者や賦課物件所有者の負担になるとは限らない。課税が開始された後，租税負担が他の経済主体に移転していく過程が租税転嫁である。この過程の最終段階で租税負担が配分されることが租税の帰着である。

租税転嫁には経済循環過程から見て，4種類の形態がある。①前方転嫁（生産者・売り手 → 消費者・買い手），②後方転嫁（消費者・買い手 → 生産者・売り手），③消転（生産者に課税されるが，課税分を技術革新や企業努力で吸収し，租税転嫁をしない），④更転（前転の場合も後転の場合も複数回にわたって転嫁が発生する）である。

これらの問題は，市場分析において需要曲線の価格弾力性や供給曲線の価格弾力性に訴えて，帰着の行方を分析する。消費税の増税が実施され，増税分の2%オフのような販売が禁止され，安易な消費者への転嫁が当然視されることは税の横暴と言わなければならない。原材料の高騰や人手不足を背景にした生産コストの上昇を理由にデフレ経済下の日本において，前方転嫁の値上げラッシュが襲っている。増税と物価上昇のWパンチで消費者の痛税感は租税転嫁の更転で相当な水準に達している。本来，消転で吸収すべき消費税の増税分が数字的なインフレ率捻出の道具になるような税制改革は慎まなければならない。

10．租税制度

地方税の租税原則を具体化し，制度化されたものが租税制度である。租税制度の根幹は，現実に機能する理論的・合理的な租税体系としての租税構造である。租税構造については，単税制か複税制かの長い論争が続いている。歴史的に，封建主義国家の税体系は雑税制でまとまりがなく，近世初頭の批判論が単税論として現れた。

社会契約論のもとに市民社会の成立を説明したT.ホッブズや『租税貢献論』で原理的考察を展開したW.ペティーは消費単税論，M.ディッカーやM.ポストレスウェイトの財産単税論，イギリス市民革命の思想的総括をし『人間悟性論』を著したJ.ロックの土地単税論などが提唱された。土地単税論は19世紀のアメリカの社会改革論者であるヘンリー・ジョージの『進歩と貧困』に連なり，自然法的共和国の理想として土地単税論であるヘンリー・ジョージの定理を生み出した。

A.スミスの親友で産業資本の立場から租税を論じた『政治論集』のD.ヒュームや最後の重商主義者Sir J. D.スチュアートの『経済学原理』からは，複数税種の複税制が支配的になり，税源の分化とともに単一税制の提唱は説得力を失った。しかしながら，F. J. G.ラッサールの『間接税と労働者階級』では所得単税論，ケインジアンのN.カルドアの『支出税』では総合消費税が主張され，現代税制の複雑化を批判する単税論が構想されている。現代では，基幹税として所得税・法人税に依拠して，他の諸税を補完的に配置する複税制が支持されている。

11．附加税と独立税

国や地方公共団体の賦課する税が他の税とは独立であるものが独立税であり，他の団体が課税した税を基準としてその上に附加して課税する税が附加税である。戦前の地方税は国税に附加する附加税が中心で，わずかな独立税を配していた。府県税には地租附加税，所得附加税があり，市町村税には府県税戸別割，府県税家屋割，府県税営業割，府県税地租割などがあった。

戦後昭和24年（1949年）のシャウプ勧告（The Shoup Mission, Report on Japanese Taxation）に基づく昭和25年の税制改革によって，すべての附加税が廃止され，地方税は独立税で構成する建前となった。税源分離を原則として，課税の自主性を強化し地方自治の充実を図ったが，課税ベースが同一で，税源が重複し，改革は大きな改善には届かず，C. S. シャウプの勧告の独立税主義は現在もなお十分な実現を果たしていない。

民主主義の定着には地方自治が重要であり，そのためには地方自治体の財産強化が必要である。シャウプ勧告は次の4項目を指摘した。①住民税の課税主体を市町村に限定し市町村民税総額を増大させること，②土地保有の市町村税として固定資産税を創設すること，③府県には事業税の代わりに付加価値税を設定すること，④地方財政の財源格差を是正するための平衡交付金制度を創設すること，である。

平衡交付金制度は1950年に創設され，1954年の改正で現行の地方交付税交付金制度に移行した。付加価値税は立法化されたが執行上の困難性を理由に廃止され，事業税が引き続き課税されている。

一時，シャウプ勧告に基づいてH. G. サイモンズ『個人所得税』（1938）の議論にしたがう包括的所得税制度が志向されたことがある。この包括的所得は「消費支出額＋資産の純増額」である。資産を維持しながらもその純増額を加えた所得は最大可能な消費支出額である。所得がどのような形態であっても，賃金，利子，利潤，地代，キャピタルゲインの別なく課税できる。この税は課税ベースが拡大するので同一の税収を徴取するのに低い税率で足りる。また担税力を公平にとらえられるので水平的公正が期待でき，課税の中立性や簡素化にも貢献できる。現行の所得税の基礎理論になっている。

12．実効税率

実際に計算された結果としての税率が実効税率である。法定税率で計算された表面税率ではない。

所得税で例示すると，総支払所得に対して基礎控除，配偶者控除，扶養控除，医療費控除などを適用し，累進税率で所得税額が算定される。このときの所得税額が総支払所得に占める割合が実効税率である。

法人税のケースでは，法人税，法人事業税，法人住民税の合計租税負担額が法人所得に占める割合が法人税の実効税率である。法人事業税は道府県税であり，法人住民税には法人道府県民税と法人市町村民税がある。特に，法人事業税は法人の企業会計上，損金算入ができるので，法人所得は事業税分が控除される。一般的に，法人の実効税率は次式になる。

実効税率＝{法人税率×（1＋法人住民税率）＋法人事業税率}÷
（1＋法人事業税率）

近年，法人税率，法人事業税率が引き下げられ，国際水準の実効税率35.64％になっている。

13. 租税特別措置

現行の国税は，各税目ごとに単独の法律で，課税物件，課税標準，税率，申告と納税の手続き，納税義務者などが規定されている。これらの単独法に対して特別法を制定し，特定の政策を実現するために，例外的に税の特恵的減免措置を定める。これが租税特別措置である。

企業関係の特別措置は，一度設定されると廃止が困難になり暫定的な措置であっても35年以上継続した事例がある。税収減が発生すると「隠れた歳出」にもなる。この意味で租税歳出と呼ぶことがある。

租税特別措置は租税の政策目標誘引機能を利用するもので，経済政策の一翼を担うものであるが，租税の中立性原則を損なう。既得権益化や慢性化は排除されなければならない。経済情勢に即応的な随時の流動的な改廃が望まれる。現在，租税特別措置法で環境改善，地域開発促進，技術振興，貯蓄奨励，内部留保充実，企業体質強化などの政策課題のために特別措置が定められている。

地方税に関する特別措置は租税特別措置法には規定されない。地方税法附則などに規定はあるものの，国税の特別措置が地方税にも自動的に影響することが十分にあるので，地方税特有の租税特別措置は必要性が薄いのかもしれない。

14. percentage philanthropy

納税者が，自己の所得税あるいは住民税の納税額の1%をどのような支出に使うかを指定できる制度をパーセント慈善，パーセント法と呼ぶ。これは1996年にハンガリーがNPO・NGO支援のために創始した方策で，アメリカではtax check offと呼ばれ，大統領選挙運動資金の供給にも用いられている。日本では千葉県市川市が「市川市の納税者が選択する市民活動団体への支援に関する条例」で実施している。ふるさと納税もこの一種である。

「税金の使途の民営化」とも考えられ，使途選択納税制の拡大は問題視されている。軍事費に過度の租税が支出されることを忌避する良心的な納税者を中心に制度導入を迫る世論もある。国民や住民の恣意的な使途干渉は，本来行政サービスが充実されなければならない部分への手厚い予算配分を妨げることがあり，必ずしも叡智（えいち）の産物をもたらすとは限らないが，「静かな納税者の反乱」は深く潜行しながら膨張し続けている。

15. national minimum

地方財政による地方公共団体の行政サービスによって，いわゆるナショナル・ミニマム（最低限度の行政水準）は現代の日本においては，どの都道府県・市町村においても達成できている。しかし，ナショナル・ミニマムの維持に必要な税収には地域格差が急速に拡大している。このために，国と地方との間の財政調整がますます必要性を高め，しかも軽減することが難しい。

このような財政調整制度は1980年代には世界的な規模で確立された。単純経済モデルで，地域間格差の存在原因を求めると，地域間に賃金水準や資本コストの格差があれば，地域間格差が拡大することが知られている。資本レンタル料と賃金率はトレードオフ関係にあり，特に賃金率の調整は遅れる傾向が強い。他方，生産資本設備の可逆性は低いので労働単位当たりの資本装備率，あるいは資本・労働比率の格差により，地域間格差は拡大せざるを得ない。近年の労働力不足の経済状況が今後，半世紀以上継続すると想定される中で，地方の資本設備の増強が難しければ，地域間格差が是正される期待はもてない。

都市経済圏を支える地方経済圏の低価格様式は，デフレ経済時代を通じて，都市経済圏の繁栄と都市税収の増強を支え続け，地方都市圏の税収減と低賃金構造を定着させた元凶である。中心地域と周辺地域の経済的諸関係が地域間格差を拡大し続ける。

ナショナル・ミニマムは達成できているとしても，現行のナショナル・ミニマムの維持は多大の財政出動を余儀なくし，国と地方の財政調整はますます重要になっている。地方経済圏の自立を促し，地方経済圏拡大のための行政システムである道州制への移行が急務になっている。

【注】

1）令和時代を迎える転換期に主に国際社会の自国主義をトライバリズムとして指摘することが多い。特にアメリカのトランプ大統領の施策は社会の共生をなくし，世界秩序を乱し，話し合いを軽視する部族主義の典型として批判されている。

練習問題

1．ヘンリー・ジョージの定理を説明しなさい。

2．アメリカで tax payer の反乱が発生しているが，どのような問題に異議を唱えているのか論じなさい。

参考文献

〔１〕長沼進一『テキスト地方財政論』勁草書房，2011 年。
〔２〕佐藤主光『地方財政論入門』新世社，2009 年。
〔３〕赤井伸郎・佐藤主光・山下耕治『地方交付税の経済学』有斐閣，2004 年。
〔４〕中位英雄・齊藤愼・堀場勇夫・戸谷裕之『新しい地方財政論』有斐閣，2010 年。

第 4 章　地方財政の機能

1．財政の機能

経済学では，資源の稀少性と個人の自己利益追求が大前提である。資源の稀少性の制約がなく，人々の欲望が完全に満たされているならば，経済学は必要ではない。現代の資本主義経済は，様々な経済活動が市場を通じて行われている。しかし，アダム・スミスが「見えざる手」にもたとえた市場は，万能でなく完全競争の要件が満たされないことがある。つまり，外部性，不確実性による市場の失敗が存在する。例えば，国防，警察，消防，外交，司法などのサービスや，道路，公園，ダムなどの公共施設は，国民が必要としても市場ではうまく供給できない。そのため政府が市場に代わって供給する必要がある。また，市場メカニズムに任せると所得や富の格差が必然的に発生し，政府は社会保障や税で望ましい所得分配状態を達成しようとする。さらに，需要と供給のアンバランスによって物価の上昇と失業が発生する。このような場合，政府は景気対策の役割を果たさなければならない。

このように効率，公平，安定に関する市場の失敗を是正するのが財政の役割であり，一般にそれぞれ資源配分機能，所得再分配機能，経済安定化機能とよび財政３機能としている。

日本においては，中央政府と地方政府が密接な財政的連携の下で財政の３機能が遂行されている。その３機能のうち，地方財政は資源配分の機能が最も大きな役割である。なぜならば，所得再分配機能や経済安定化機能は，中央政府によって実施されることがより効率的であり，地方財政は両機能について適切な役割を果たすことはできないと考えられるからである。資源配分機能は，一定の地域を管轄する地方政府の特質を考慮すると，地方公共財・サービスの効率的供給が実現可能である。地方政府によって提供される地方公共財・サービスは，それらの便益を受ける当該地域住民による租税負担によって賄うとすれば，地方公共財・サービスの受益と負担が一致することになり，地域住民は税負担の使い道により高い関心をもつことになる。それにより地方財政は，地方公共財・サービスの提供と住民のニーズに適切に対応できるようになり，地域住民は効率的な地方公共財・サービスの供給が実現されることを要求する。

中央政府が提供する地方公共財・サービスより，地方政府が提供する地方公共財・サービスの方が効率的である。地方財政の果たすべき機能は，基本的に地方公共財の最適供給と地域経済活性化のための資源配分機能であるが，近年，その他の所得再分配や経済安定化に関しても地方財政が関与する範囲が増大している。

所得再分配機能は，他地域への住民の移動が自由であることを考えると，地方政府が実施することは困難である。例えば，高所得者に地方税の高い税金を課税できる権限が地方政府にある場合は，積極的に所得再分配を行うことができる。それにより高所得の納税者は税負担が重くなり他地域に流出し，逆に低所得者が流入することが想定できる。つまり，再分配政策に必要な額は拡大していくが，そのための財源は減少していくことを意味している。そのため，地方財政は，そのような再分配政策を維持することは難しい。さらに，地域間格差の拡大，人口の集中，国土利用の偏在化を招く可能性がある。このような理由から，所得再分配機能は中央政府によって展開されるべきであり，画一的に実施されるべき機能であるとみなされる。

次に，経済安定化機能については，地方政府は貨幣供給量に直接的な影響を及ぼすことはできないため，総需要管理政策を整合的に発動することができない。地域経済という封鎖体系の下では，地方政府が実施する安定化政策の効果は他の地域に漏出する。また，景気変動等は経済全体の動向として発生するので，全国的な安定化政策の実施が適正である。このようなことから，経済安定化は中央政府に求められる機能と考えるべきである。

２．資源配分機能

パレート最適とは，厚生経済学の重要な命題であり，ある状態から誰かの便益を増やそうとすると，他の誰かの便益が犠牲になるような状態である。つまり，誰かの厚生水準を低下させることなしには，他の者の厚生水準を引き上げることができない状態であり，限られた資源を最も効率的に配分したことを意味する。

しかし，資源の効率的な配分において市場経済は万能とはいえない。市場での供給は，財・サービスの消費者の間に競合性（rivalness）が生じ，消費者に明確な利益があるものだけが実現される。また，そこでは対価を払わない人に受益できない排除性（excludability）をもつ。ところが，財・サービスの中にはこれらの特性を備えないものがある。例えば，灯台や一般の道路が挙げられる。灯台は，船の夜間航行には欠かせないものであるが，灯台の光に頼って対価を払わない船に対して通行を止めることはできない。また，ある船が灯台の光を利用したからといって，他の船が灯台を利用することは妨げられないので競合性もない。

また，一般道路は，利用料金を払わない者に対して利用を排除することは困難であり，たとえ排除できても，そのために多大な費用がかかる場合は実態上排除不可能である。また，一般的な状況の下では，他の者が道路を利用しても自らの道路利用が妨げられることはない。さらに，道路は利用者が１人，２人と増えていってもそれぞれ追加的なコストはかからない。つまり，多数の人が道路を利用する方が望ましいことになる。

このように，非排除性と非競合性という物理的な属性を備えた財は公共財・サービスと呼ばれ，一定の資源をその生産に振り向け，政府の手によって公的に供給する。一般的に公共財は，国防，外交，司法，警察，消防など，国の安全と社会生活の維持に必要なサービスの提供や道路，港湾といった社会資本（infrastructure）の整備である。

財・サービスの生産は，生産要素（労働，土地，資本）の資源を用いて行われる。私的財の場合，利潤を最大にしようとする企業と効用（満足）を最大にしようと行動する消費者が，価格を指標として行動することによって資源は適正に配分される。しかし，市場メカニズムが働かない公共財・サービスの場合，政府が国民から強制力をもって徴収した税で資源を獲得し，これらを供給することになる。

外部性とは，ある経済主体の意思決定（行為・経済活動）が他の経済主体の意思決定に影響を及ぼすことをいう。外部性には外部不経済と外部経済がある。例えば，近隣の皮革工場が強烈な悪臭と騒音をまき散らし，近隣住民が迷惑するような事例は外部不経済であり，近隣に大学が新設されて，文教地区となって環境が改善される場合は外部経済である。つまり，外部経済は，市場の中で行われる経済活動であっても市場の外側でお金を払うことなく他人にマイナスを与えたり，お金をもらうことなくプラスを与えたりすることである。多くの地域で問題化している外部不経済は，公害などの環境問題で，自動車による大気汚染，たばこの受動喫煙，工場廃水による川や海の汚染などである。他方，外部経済の例として頻発するのは，都市が発展し駅ができると，その付近の地価が上がり土地所有者が利益を得ることである。都市は外部経済の利益を求めて拡大し，伴って混雑，ゴミ，治安の悪化，衛生環境の劣化などの外部不経済が膨張することで都市問題が生じる。

また，市場において供給は可能であるが，政府の関与が必要なものがある。市場のみに供給を任せると，供給が社会的に見て過少になるからである。このような財・サービスを準公共財という。

R. A. マスグレイブ（R. A. Musgrave）の『財政の理論』（*The Theory of Public Finance*）によると，市場メカニズムによっては過少供給になるが，政府の判断で特定の財・サービスを価値あるものとして政府が供給する財・サービスがあり，それらを価値財（merit goods）という。日本の場合，義務教育，学校給食，公営住宅などが価値財に該当する。この価値財は，国民が価値財の存在を認めるとともに，政府が社会的に重要であるとみなし公的に供給する財・サービスである。この価値財が公共財である。

このように市場ではうまく供給できない財・サービスを最適供給することは，財政の資源配分機能という。公害（外部不経済）のように経済活動によって産まれた費用が市場を経由せずに社会にもたらされるような場合にも，政府は資源配分を調整する役割をもっている。

続いて公共財に関する資源配分上の市場の失敗を説明しよう。公共財は，公園，灯台，一般道路，警察，国防，外交，消防などを各個人が共同で消費し，対価を支払わない人を排除できず，ある人の消費によって他の人の消費を妨げない財・サービスである。経済学的には，公共財は供給されるものが多くの人にとって同時供給，且つ，同時消費され，しかも対価を支払えない人の利用を排除できない財・サービスである。これが非排除性・非競合性である。一方，私的財は，一人が消費すれば，他の人は消費することができず，対価を払えない人には供給されないという排除性をもっている。

上記の国防，外交などは，消費が競合することなく，その成果が全国民，旅行者，居住者などの広範に一様に及ぶ財・サービスで純粋公共財と呼ばれる。灯台や公共交通機関，水道，教育，保育サービス，医療のように，民間部門でも供給できるが，公平性や効率性の観点から政府部門も供給する財を準公共財と呼ぶ。道路，図書館，湾岸設備のように，同時使用者数が増加すると混雑をきたし，各消費者の実質的な消費が減る財を混雑性公共財と呼ぶこともある。

資源配分機能は，所得再分配機能や経済安定化機能と異なり，公共財の最適供給に関わっている。これは地方財政が中心的な役割を果たすべき機能である。

公共財の供給について，国と地方の役割分担の基準は，公共財から発生する便益の地域的な広がりである。便益の及ぶ範囲が世界全体である公共財は，国際公共財（international public goods）である。例えば，国際連合（UN）や世界貿易機関（WTO）などである。国際連合は，世界の平和と安全の維持，各国間の友好関係の促進，経済・社会・文化・人道上の問題について国際協力を達成するために設立された諸国家間の組織である。世界貿易機関は，世界貿易の自由化や秩序維持をめざす国際機関である。両方ともその活動の便益の及ぶ範囲が世界全体である。このように国際機関の活動の便益が及ぶ範囲はグローバルであるため，国際公共財と呼ばれる。

国家公共財（national public goods）は，国防や外交，司法のように，便益の地理的な広がりが一国全域に及んでいる公共財・サービスである。これは，全国民が同じように受益者である公共財・サービスを提供することであり，国による供給が最適である。

地理的な広がりを考えると，一国全域に便益が及ぶものはそれほど多くない。公共財が供給される地域は，その便益の及ぶ範囲が地理的に限定されたものが多い。例えば，ゴミ収集・処理，消防，公園などは，日常生活に密着した公共サービスであり，その便益は地理的な広がりが限定される。このように便益の広がりが限られたある地域内にとどまるような公共財を地方公共財（local public goods）あるいは地域公共財と呼ぶ。

換言すれば，地方公共財は便益が限られた地域内にのみ及ぶが，その地域の中では非競合性および排除不可能性を持つ財・サービスである。

第４－１図に示したように，すべての財・サービスを公共財と私的財に分類することは困難である。排除不可能性には，排除することができるか，排除するのにどのような費用がかかるかという問題がある。例えば，一般道路に料金を徴収することはできるが，徴収するためには莫大な費用がかかることになる。財貨・サービスは，排除するのに費用が高くなると公共財に近く，費用が低くなると私的財に近くなると言える。同様に，非競合性にも強度の相違があり，一般道路の場合のように混雑してくると非競合性は絶対的なものではなくなる。このように，公共財と私的財は完全に分類できるものではなく中間的な財が存在する。それが準公共財または混合財である。

地方公共財の供給においてその意思決定は，地域住民によって行なうことが

第４－１図　公共財

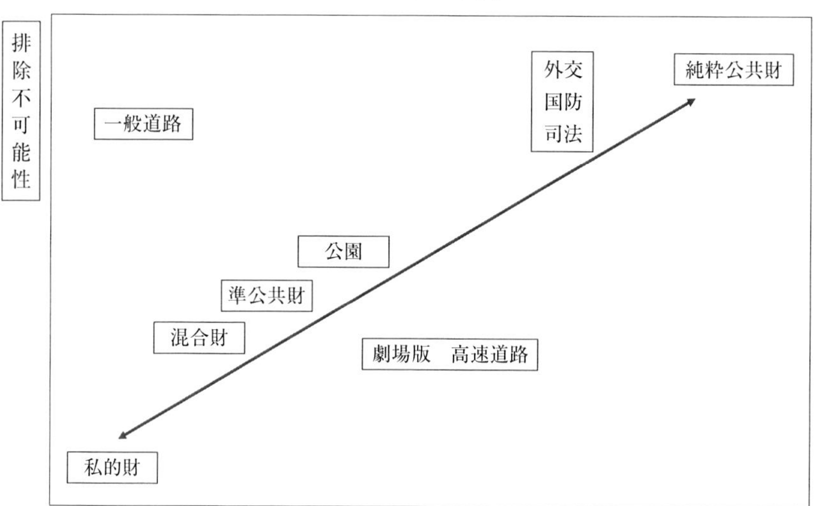

出所：筆者作成。

望ましいと考える。その基本となるのは，効率と公平の観点に立って公共財の最適量を供給することである。そのため地方公共財は，受益地域と負担地域の一致を図ることが求められる。例えば，①便益が及ばない地域住民に対して負担させることは不公平である。②他地域の住民によって公共財のコストの一部が賄われるとすれば，受益住民は公共財に対して過大な要求をすることになる。③非受益地域の住民は公共財の供給を減らそうと考える。このように，公共財の受益地域と負担地域を一致させ，負担との関連において公共財の供給水準を決定することが，経済学的解釈の地方自治（local autonomy）である。

資源配分機能の観点から国防，外交，司法のように，その便益が国家規模である場合，国が行うべきではあるが，公共サービスの供給に関する実験やイノベーション，地域情報，地域住民の満足度などは，国家規模で測ることは難しい。国が独占的に公共サービスを供給するよりも，多くの地方自治体の方がそれぞれの事情に沿って地域住民の満足度を最大限にしていくことを実現しやすい。国が行なった場合，画一的にすることによって厚生ロスが発生し，その結果，財政の無駄が生じる。すなわち，公共サービスの供給は，分権化されることによって地域住民の満足度がより多く得られる可能性がある。

中央集権的財政コントロールは，地方公共団体による放漫な財政運営や過度の財政支出に対する監視や管理の機能を果たしてきたが，地方分権は分権化された地方団体間の競争によって財政の肥大化を防ぐ手段になるという考え方である。地方分権のもとでは，国と地方が対等な関係であり，国から地方へのトップ・ダウン方式から，地方から国へのボトム・アップ方式に転換できる。政策は，地域住民の選好に応じた多様なものに変わり，財源は補助金に頼るのではなく地方が自立し自主財源で賄わなければならない。

3．所得再分配機能

所得再分配機能とは，市場メカニズムの下で実現される所得や富の分配について政府が介入し変更することである。市場で決定される所得分配は，基本的に生産への貢献度に応じている。しかし，勤労意欲はあっても保有する生産手段の質や量によって人々の間で必然的に所得格差が発生する。また，親からの相続や贈与によって資産量に格差があり，所得水準が低いために教育を受ける機会が妨げられ均等ではないこともある。社会的に許容できない所得や資産の格差は，社会の不安定や秩序の悪化をもたらすので是正する必要がある。財政による再分配政策の実施は，社会の安定性や国家としての求心力の維持の観点からも不可欠である。

財政における所得再分配の政策手段は，歳入面と歳出面によるものがある。歳入面における手段は，フローとストックに対する課税である。具体的に，所得課税と資産課税による再分配である。所得課税の面では，個人所得税における累進税率の適用や各種控除によって行う。資産課税の面では，相続税と贈与税によるものであり，いずれも累進税率と控除制度が設定されている。相続税とそれを補完する贈与税は，資産格差を是正し世代を超えた資産の再分配の手段として機能する。

歳出面では，一般会計における社会保障関係費などによる経済的弱者に関する移転支出がある。具体的に，母子家庭等対策費，生活保護等対策費，障害者福祉費などによる生活扶助等社会福祉費や雇用保険などの雇用労災対策費，それに就学援助や公営住宅供給などを通して経済的弱者に対する経費がある。

所得再分配政策は，住民の地域間移動等のため，地方政府が実施することは困難である。例えば，積極的に再分配政策を実施する地方団体があれば，高所得者は税金を逃れるため他の地方団体に流出する。逆に低い所得者はその地方団体に流入してくる。これにより地方団体では再分配政策に対するニーズが大きくなり，一方では再分配のために必要な財源は減少し，結局は再分配政策自体を維持することは難しくなる。また，地域間格差の拡大は，人口の集中，国土利用の偏在化を招く可能性がある。このように，所得再分配政策は，全国画一的に実施されるべき機能である。勿論，給付の窓口業務や受給資格の設定は地方が国に代わって行うことで行政効率を向上させる必要がある。

アメリカのマサチューセッツ州の事例がある。1960 年代後半に，この州はアメリカ全土の中でも最高水準の福祉状態を実現し，失業率はアメリカで最も低い高雇用を達成できていた。雇用の純増の 57％が CETA（総合雇用訓練法）にもとづく州の雇用促進政策の成果であった。1967 年以後の 10 年間に，マサチューセッツ州の人口は５％増加したに過ぎなかったが，州の予算は７億ドルから43億ドルへ実質で3倍近く増大した。

地方政府が，雇用創出に介入し，貧しい失業者に雇用を与えようとした救貧政策は，膨大な財政赤字の累積に直面して挫折し，最高水準の住民福祉の状態さえも破壊する結果となった。

同様に，大規模倒産を救済し，法人税収の維持増大によって，雇用安定と所得再分配を実効的に遂行しようとしたマサチューセッツ州の経済対策も，収益性のない衰退産業の延命を図っただけで州経済の疲弊を招くことになった。

租税を当てなければならない価値財が何であるかについて，地方政府が見誤ってしまい，問題の解消が問題の悪化に過ぎないこともあり得る。

税制と社会保障制度に関しては，高所得者から低所得者や社会的弱者に所得を再分配できる。個人の所得や富に関する税制は，所得税制と相続税制がある。これらの税体系は，所得や相続財産が高くなり，高い税率と累進税制が適用されることによって高所得者と資産保有者により重い税金が課される。これらの税収は，生活保護，医療保険，年金，失業保険等の社会保険制度を通して低所得者や社会的弱者に手当等の多様な所得移転に用いられる。また年金制度や高齢者に関する医療制度は，現役世代から老齢世代への世代間の所得再分配機能を有している。

他方，地方交付税制度等の大規模な財政調整制度は，地域間の所得格差を是正する機能をもっており，地域間の所得再分配機能を有している。財政調整制度は，社会の全構成員にその居住地の如何に関わらず，最低限の公共サービス水準を保証するための制度である。この水準はナショナル・ミニマムである。

国が公共サービスを提供する際，すべての国民は日本のどこに住んでいるかに関わりなく，日本国内であればその便益を享受することができる。地域の経済力は，その地域の自然的条件（天然資源の有無や地勢など），社会的条件（資本や労働力の集中度など）および歴史的条件（城下町か否かなど）から形成される経済基盤に依存する。経済力のある地域の地方公共団体は，豊かな税源に恵まれているので財政力が強い。他方，そうでない地域の地方公共団体は税源に乏しく財政力が弱い。このように地方公共団体間に財政力の格差があるため，それを何らかの手段で調整しなければ，財政力の弱い地方団体の住民は，財政力のある地域の住民に比べて，低い水準の公共サービスを受けることになる。

このような地域的な財政的不公平を是正し，財政活動が資源配分に及ぼす歪みを解消する必要がある。享受している公共サービス水準，所得額，資産額，扶養家族人数などに相違のある人々が，どの地域に住んでも財政的に等しく処遇されるように，すなわち個人レベルで見た水平的公平を達成するために，国による地域間再分配制度が必要となる。

４．経済安定化機能

資本主義経済の下では，しばしば市場経済システムによる資源配分がうまく機能せず，物価上昇や失業などの現象が発生する。財政に求められる機能として，経済の安定と成長への補完的な機能がある。景気の影響をできるだけ安定させ，雇用の確保，物価の安定，国際収支の均衡などを達成することで長期的には，経済成長に寄与しなければならない。経済安定化機能とは，物価や雇用などの安定を確保するため，総需要をコントロールすることで，財政によって景気の諸影響を調整することである。この機能には，財政制度自体に組み込まれている自動安定化機能（built-in stabilizer）と，景気の動向に応じて租税政策や公共支出政策により有効需要を操作する裁量的な財政政策（fiscal policy）の2手段がある。

まず，自動安定化機能は，財政制度である税体系や社会保障制度が景気状況に応じて自動的に作用して経済を安定化させることである。税体系として累進税率構造をもつ個人所得税や景気の変動に敏感に反応する法人所得にかかる法人税は，好況期に税収を自然に増加させ，個人の可処分所得や法人の税引き後利潤の伸びを抑制することを通して消費や投資の増加を抑制する。不況期には，税収が減少し，個人の可処分所得や法人利潤の落ち込みを緩やかにすることで消費や投資の減少を緩和する。

また，社会保障制度としての雇用保険等は，好況期には納付すべき保険料が増加し，社会保障給付が減少することで消費の増加を抑制する。不況期には，失業保険給付などの社会保障給付が増加することで消費の減少を緩和することが期待できる。このように財政制度に組み込まれている仕組みによって景気に対抗的な自動作用を及ぼすことで経済の安定化を図る。

裁量的な財政政策とは，景気の動向に応じて租税政策や公共支出政策により有効需要を操作する政策である。市場経済は，常に景気が上昇したり下落したりする短期的な変動を繰り返して不安定である。そこでは，需給のギャップが生じることによってインフレーションや失業などの現象が起こる。このような景気の変動による影響をできるだけ小さくするために租税や公共支出を動員し有効需要を拡大・縮小させることによって経済の安定化を図る。例えば，不況期には供給に比べて需要不足の状況になりやすいので，需要を喚起させるために公債を発行して公共事業を拡大することや，減税を行なって家計（住宅や自動車の購入など）と企業（設備投資や研究開発など）の経済活動を刺激する。

他方，供給より需要が過大な好況期には公共支出の抑制や増税によって有効需要を削減する政策を実施する。このような有効需要管理政策は，ケインズの有効需要原理にその理論的な基礎があるため，ケインズ政策ともいう。

裁量的な財政政策は，政策立案者が常に経済状況を的確に把握し，最適な財政政策を行うことが求められる。そのために，情報の確実性や各種のタイム・ラグをなくすことが重要であるが，これは非常に困難である。また，現実的に不況期における需要喚起政策は有権者の支持を得やすいが，好況期における需要抑制政策は有権者の支持を得難い傾向がある。そのため，政策当局は安易に公債発行による財源調達を選択する傾向に走りやすくなり，長期にわたる財政規律が緩み，今日の日本がその典型的な例のように公債残高の累増を招くことになる。

日本は，第1次石油ショック，円高不況，バブル経済の崩壊，金融危機，リーマン・ショックなど数次にわたって厳しい経済情勢に直面している。このような景気変動により，地方財政は景気と連動した経済動向による税収の変動の影響を直に受けやすい。地方財政は景気の諸影響を緩和するための手段としても用いられる。景気対策として，地方の公共事業である普通建設事業費は，景気が低迷している時に大幅に増加し，景気が回復基調に転じると普通建設事業費の伸び率が緩和するように運営されてきた。しかし，最近では，国の財政再建を目的とした公共事業の抑制が行われ，地方の普通建設事業費は大きく減少傾向にあり，公共事業を景気対策として用いるよりも財政再建が優先視されている。

地方の公共投資は，単独事業として地方が行うが，国の景気対策に影響されながら実施されるのが実情である。また，景気変動は一国経済全体の中で発生するものであり，特定地域に限定することは難しい。地域間が高度に開放された市場経済の下で，地方の限定的な安定化政策の効果はヒト・モノ・カネが行政区域を越えて自由に移動できる現状では希薄になり，地方が行なう減税，公共投資などを用いた景気政策の効果も他の地域に漏れてしまう。さらに，地方政府はマネー・ストックを操作できないので，総需要管理政策を整合的に発動することができない。国が進める政策目標から地方が逸脱した政策を展開すれば，国民経済に大きな成果をあげることは期待できない。そのため経済安定化機能という財政の機能は，地方公共団体よりもむしろ国の政策として実施される方が妥当であると考えられる。

地方財政の果たすべき機能は，基本的に地方公共財の供給と地域経済活性化に係る資源配分機能である。しかし，近年では所得再分配機能や経済安定化に関しても地方政府が関与する範囲が拡大している。

練習問題

1．経済安定化機能として，ポリシー・ミックスを用いる事例を探しなさい。
2．生活保護給付や子育て支援などは地方財政のどのような機能として解釈できるか説明しなさい。

参考文献

〔１〕兼子良夫『地方財政』八千代出版，2013年。
〔２〕林宜嗣『地方財政』有斐閣ブックス，2013年。
〔３〕林雅寿『租税論』有斐閣，2008年。
〔４〕池宮城秀正編『財政学』ミネルヴァ書房，2019年。

第 5 章　地方財政の歳入

1．地方財政の歳入

財政の年度内の収入が歳入である。歳入の基幹的な源泉は租税収入であり，国税と地方税（道府県税，市町村税）の構成は第５－１表に示すとおりである。

第５－１表　国・地方の主な税目及び税収配分の概要

（　）内は，平成29年度決算額。単位：兆円

		所得課税	消費課税	資産課税等	計
国		所得税 (18.9) 法人税 (12.0) 等 個人(30.9%)　法人(23.3%)	消費税 (17.5) 揮発油税 (2.4) 酒税 (1.3) たばこ税 (0.9) 自動車重量税 (0.4) 等	相続税 (2.3) 等	
		54.2% (33.8兆円)	40.5% (25.3兆円)	5.4% (3.3兆円)	100.0% (62.4兆円)
地方	道府県	法人事業税 (4.0) 個人道府県民税 (5.3) 法人道府県民税 (0.8) 道府県税利子割 (0.1) 個人事業税 (0.2) 個人(30.3%)　法人(25.8%)	地方消費税 (4.7) 自動車税 (1.5) 軽油引取税 (0.9) 自動車取得税 (0.2) 道府県たばこ税 (0.1) 等	不動産取得税 (0.4) 等	
		56.2% (10.3兆円)	41.3% (7.6兆円)	2.5% (0.5兆円)	100.0% (18.4兆円)
	市町村	個人市町村民税 (7.5) 法人市町村民税 (2.2) 個人(34.7%)　法人(10.3%)	市町村たばこ税 (0.9) 軽自動車税 (0.2) 等	固定資産税 (9.0) 都市計画税 (1.3) 事業所税 (0.4) 等	
		45.1% (9.7兆円)	5.3% (1.1兆円)	49.6% (10.7兆円)	100.0% (21.5兆円)
		50.2% (20.0兆円)	21.9% (8.7兆円)	27.9% (11.1兆円)	100.0% (39.9兆円)
計		52.6% (53.8兆円)	33.2% (34.0兆円)	14.2% (14.5兆円)	100.0% (102.3兆円)

出所：総務省ホームページ（www.soumu.go.jp）2019 年 8 月。

地方公共団体の歳入は，地方税，地方譲与税，地方特別交付金，地方交付税，分担金・負担金，国庫支出金，地方債，使用料・手数料，交通安全対策特別交付金，財産収入，寄付金，繰入金，繰越金，諸収入などから構成されている。

都道府県と市町村の重複を除いた地方歳入純計決算額を 2000 年度，2010 年度，2017 年度に関して示したものが第５－２表「地方歳入純計決算額」である。2017 年度の歳入合計額 101 兆 3,233 億円は，2000 年度から 1 兆 48 億円増加し，

第５－２表　地方歳入純計決算額

（億円，％）

	2000年度		2010年度		2017年度	
	金　額	構成比	金　額	構成比	金　額	構成比
地　方　税	355,464	35.4	343,163	35.2	399,044	39.4
地方交付税	217,764	21.7	171,936	17.6	167,680	16.5
国庫支出金	143,795	14.3	143,052	14.7	155,204	15.3
地　方　債	111,161	11.1	129,695	13.3	106,449	10.5
そ　の　他	174,567	17.4	187,269	19.2	184,856	18.3
合　計	1,002,751	100.0	975,115	100.0	1,013,233	100.0

（注）都道府県と都道府県の重複を除いた純計。
出所：総務省編『地方財政白書』2002年度版，2012年度版，2019年度版。

増加率は1.0%を示した。1990年代の地方歳入は増加傾向に推移し，1999年度に104兆65億円とピークになった。しかし，その後減少傾向に転じ2007年度は91兆1,814億円の底をうち，平成20年度（2008年度）からは概ね増加傾向を示している。

第５－２表にあるように，2000年度に対する2017年度の増加率は，地方税11.3%，国庫支出金7.0%，その他5.2%であったが，減少したのは地方交付税のマイナス24.0%，地方債のマイナス5.4%である。この17年間における地方税収の増加率はわずか11%程度にしか及ばず，バブル経済崩壊後の日本経済が如何に低迷したのかを物語る。

2．一般財源と特定財源

地方歳入を使途面から見ると，歳入科目は，一般財源と特定財源に区分される。一般財源は，使途が特定されていない財源であり，地方税，地方交付税，地方譲与税，地方特例交付金，一般寄付金，繰越財源，一部の使用料から構成される。特定財源は，その使途が特定されている財源であり，国庫支出金，都道府県支出金，地方債，分担金，使用料，手数料がある。このうち，国庫支出金は，国により特定の公共サービスに支出することを義務づけられている。地方自治のためには，地方公共団体が収入を自由に使用できる裁量権を持つことが重要であり，一般財源が歳入に占める割合が高いほど，地方公共団体の財政運営の自主性と独自性は高くなる。しかし，地方財政の歳入構成比に占める一般財源の割合は60％程度で少ないのが現状である。

2016年度における一般財源総額は59兆949億円であり，地方歳入に占める割合は58.2％である。これに一般財源の不足分を補うために特例として発行される臨時財政対策債3兆7,394億円を加えると，一般財源は歳入の61.9％になる。臨時財政対策費は，国の地方交付税特別会計の財源が不足し，地方交付税の交付額を減らして，その穴埋めとして該当する地方公共団体に地方債を発行させるための起債制度である。

3．地方財政の歳入構造

第5－3表には，2017年度における都道府県と市町村の歳入決算額とその構成比を示している。都道府県と市町村ともに多種多様な歳入項目によって歳入を構成している。主な歳入項目は，地方税，地方交付税，国庫支出金，地方債などである。

地方公共団体の歳入の特徴は，都道府県と市町村ともに地方税の割合がそれぞれ40.4％と32.4％しかないことである。使用料，手数料などの自主財源の割合が少なく，地方交付税，国庫支出金など国からの移転支出である依存財源の割合が大きいことが特徴である。また，財源として使途が特定されていない地方税，地方譲与税，地方交付税などの一般財源の割合が58.3％にとどまっていることも日本の特徴である。これは，経済力，財政力の脆弱な地方圏において一層顕著に現れる。近年の地方歳入の基盤には，以下のような課題がある。

第1に，地方公共団体の歳入基盤に関する課題である。地方自治の考え方では，地方公共団体の行政活動に要する経費の財源は，その地域の住民が負担する地方税収によって調達されることが望ましいと考えられている。しかし，現実には人口1,300万人を超える東京都から人口200人余りの東京都青ヶ島村まで，大小合わせておおよそ3,300の地方公共団体が存在し，その経済力格差も大きい。他方で，日本は，主として地方公共団体が公共サービスを提供し，その一部の実施について国が仕組みや基準を決めて，全国的に一定水準の行政サービスを提供している。また，国が国庫支出金（補助金等）を支出し，地方

第５－３表　都道府県と市町村の歳入決算額（2017 年度）

（単位：100万円，%）

	都道府県		市町村		純計額	
地方税	20,542,835	40.4	19,361,567	32.4	39,904,402	39.4
地方譲与税	1,990,889	3.9	414,335	0.7	2,405,224	2.4
地方特例交付金	47,258	0.1	85,542	0.1	132,800	0.1
地方交付税	8,659,264	17.0	8,108,742	13.6	16,768,005	16.5
市町村たばこ税都道府県交付金	1,014	0.0	—	—	—	—
利子割交付金	—	—	34,613	0.1	—	—
配当割交付金	—	—	104,334	0.2	—	—
株式等譲渡所得割交付金	—	—	108,193	0.2	—	—
分離課税所得割交付金	—	—	4,715	0.0	—	—
道府県民税所得割臨時交付金	—	—	557,545	0.9	—	—
地方消費税交付金	—	—	2,343,803	3.9	—	—
ゴルフ場利用税交付金	—	—	31,452	0.1	—	—
特別地方消費税交付金	—	—	1	0.0	—	—
自動車取得税交付金	—	—	135,472	0.2	—	—
軽油引取税交付金	—	—	128,804	0.2	—	—
小　計（一般財源）	31,241,260	61.4	31,419,116	52.5	59,210,431	58.4
分担金，負担金	250,573	0.5	665,304	1.1	586,655	0.6
使用料，手数料	866,263	1.7	1,373,830	2.3	2,240,092	2.2
国庫支出金	6,043,848	11.9	9,421,165	15.7	15,465,013	15.3
交通安全対策特別交付金	31,962	0.1	23,382	0.0	55,344	0.1
都道府県支出金	—	—	3,990,062	6.7	—	—
財産収入	212,139	0.4	398,367	0.7	610,506	0.6
寄附金	19,858	0.0	407,082	0.7	426,891	0.4
繰入金	1,388,426	2.7	2,143,986	3.6	3,532,413	3.5
繰越金	1,403,213	2.8	1,694,782	2.8	3,097,995	3.1
諸収入	3,915,356	7.7	2,161,396	3.6	5,453,083	5.4
地方債	5,516,607	10.8	5,152,008	8.6	10,644,892	10.5
特別区財政調整交付金	—	—	976,299	1.6	—	—
歳入合計	50,889,504	100.0	59,826,779	100.0	101,323,315	100.0

出所：総務省ホームページ（www.soumu.go.jp）2019 年 8 月。

交付税による財政調整を行い，どの地方公共団体に対しても行政の計画的な運営が可能となるように，地方の行政サービスの財源を保障するシステムを採用してきた。そのため，歳入基盤の脆弱な地方公共団体でも，他の地方公共団体とほぼ同様の行政サービスを提供することが可能となったが，全国の地方公共団体を特徴のない画一的な自治体にしてしまったことは否定できない。

第２に，国から地方への財政移転についての課題である。国から地方への財政移転は，国庫支出金（補助金等），地方交付税，地方特例交付金，地方譲与税等の制度を通じて行われる。その中で，国庫支出金は特定の事業を実施する際の費用の全額ないし，一部を国が補助または負担するものであり，行政項目の経費負担区分に基づき配分される。地方交付税は，地方公共団体の財源を保障するため，各地方公共団体について，合理的基準によって算定したあるべき一般財源所要額としての基準財政需要額が，同じくあるべき税収入としての基準財政収入額を超える額（財源不足額）を基礎として交付される。

このように国が地方公共団体の歳出に関与する一方で，地方財政の財源を保障するシステムは，経済力の地域間格差が拡大しても，全国一律の行政サービスの提供を可能にする。日本の行政サービス提供においては，大きな役割を果たしてきた。

しかし，近年，この財政移転システムについて，いくつかの問題点が指摘されている。第1は，地方公共団体・住民の双方にとって，負担意識を希薄化させる仕組みとなっており，財政規律が緩んでしまう欠点が指摘されている。その結果，膨張した地方財政の赤字についての責任も不明確になっている。第2に，地方公共団体が自らの財政支出・収入のあり方について主体的に判断し，住民ニーズに柔軟かつ的確に対応した施策を展開しにくくなっている状態を生んでいることである。こうした問題については，地方の固有の問題だけではなく，大量の国債を発行して景気対策を行ってきた国家財政についても，共通して生じ得ることに注意しなければならない。

4．自主財源

第5－3表「都道府県と市町村の歳入決算額（2017年度）」に示したように，自主財源は地方税，手数料，使用料，財産収入，寄附金などである。

地方税体系は，第5－4図「地方税体系」に示すように，多岐にわたっている。地方公共団体にとって最大かつ基幹的な歳入項目が地方税である。地方税は，各地方公共団体がそれぞれの地方行政活動に必要な財源を確保するために，その賦課徴収を自らの責任で行い，住民から強制的に徴収する自主財源の中心になる税である。所得，消費，資産を課税ベースとする様々な形の税目を組み合わせたタックス・ミックス体系であり，課税ベースが国税と重複する税目が多いことが日本の地方税体系の特徴である。

都道府県が課税する地方税は，道府県税がある。道府県税には，主な税目として道府県民税，事業税，地方消費税などがある。市町村が課税徴収する市町

第５－４図　地方税体系

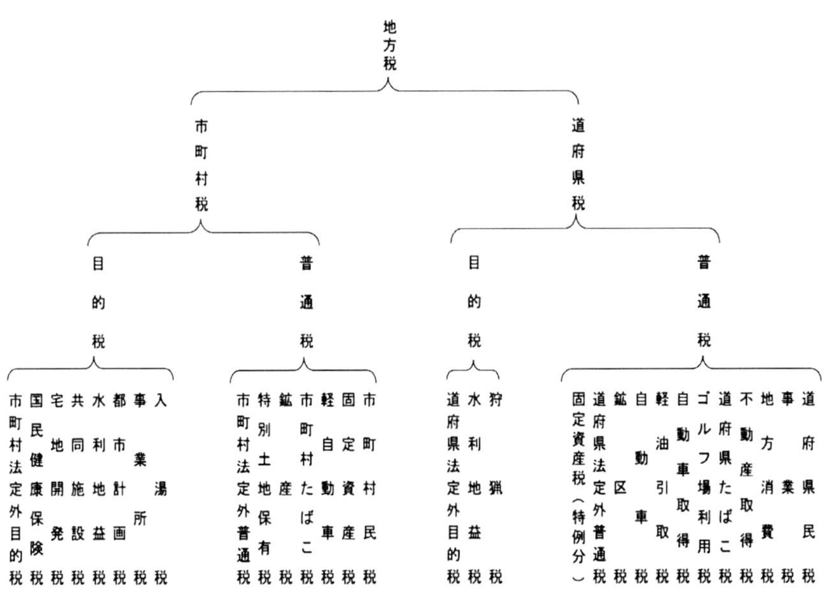

出所：総務省ホームページ（www.soumu.go.jp）2019 年 8 月。

村税では市町村民税と固定資産税が税収の大部分を占めている。道府県民税と市町村民税は，住民税であり，行政区域内に住所を有する個人及び事務所等を有する法人等に課税される。事業税は，事業を行う個人と法人に課税される道府県税である。地方消費税は，1997 年 4 月から課税されたが，国税の消費税と同時に徴収され，地方消費税の半分は市町村に交付される。10％に増税後の地方消費税は 2.2％，軽減税率では 1.76％になり，消費地などを考慮して都道府県に配分され，その半分を傘下の市町村に配分する。増税後に地方財政が改善されることはない。

固定資産税は，地方税法に基づき土地・家屋・償却資産を課税物件として，その所有者に対して課せられる地方税（市町村税）の一種であり，法定普通税である。固定資産税は地方税の物税であり，収益を上げない財産に対しても課せられる一種の名目的財産税である。資産が所在する市町村で課税されるが，大規模償却資産については都道府県と市町村が分け合う。

固定資産税は，基本的に個人が財産として固定資産を所有しているという事実に担税力を見出して課税する財産税である。しかし，公共サービスから受ける便益の大きさに応じて租税を負担する受益者負担の要素も加味すべきであるとされている。シャウプ勧告では，独立税として高く評価した。課税については固定資産の適正な時価を用いるとされているが，公的地価だけでも４種（公示地価・路線価・固定資産評価額・都道府県地価）あり，透明性に欠けている。

都市計画税は，都市計画事業や土地区画整備事業を行う市町村において，その事業の財源に充当する目的税である。都市計画税は，都市計画区域のうち，原則として市街化区域内に所在する土地及び家屋について，その所有者に課税される。

第５－３表「都道府県と市町村の歳入決算額」に示されているように，地方歳入全体の中で地方税の構成比は，都道府県が 40.4％であり，市町村はより少なく 32.4％である。自主財源の中心である地方税収が純計額 39.4％であることから，地方公共団体の財政基盤の脆弱さが明らかであり，国に依存する依存財源に大きく頼っていることがわかる。これは，地方の財源を国に大きく依存しないと地方財政の運営ができないことを意味している。地方分権の進展と地方自治の実現のためには，地方税収の構成比の増大が大きな課題となっている。

2017 年度における地方税収は，道府県税収が 18 兆 3,967 億円である。その内訳をみると，道府県民税 33.4％，事業税 22.8％，地方消費税 25.7％，自動車税 8.4％などであり，これら４税目で 90.3％を占めている。市町村税収は，21 兆 5,077 億円で，市町村民税 45.1％，固定資産税 42.0％で，この２税が 90％近くを占めている。つまり，市町村の基幹税は，住民税と固定資産税である。

地方税は，収入の使途を特定せず，その収入が一般的経費に充当される普通税と特定の費用に充てるために課される目的税に区分され，さらに法定税と法定外税に分かれる。

独自課税は，地方公共団体が地方税法で定められている税目（法定税）以外に，独自に条例を定めて税目を設け，課税するものである。法定外普通税と法定外目的税がある。地方税法で定められた住民税，固定資産税等の各税目以外に，課税自主権に基づき条例により各地方団体が課税を行う。独自課税は 2000 年４月施行の地方分権一括法で法定外普通税が国の許可制から協議制に変わり，法定外目的税が新設されたことで，拍車がかかった。2017 年度決算額では全国41の地方公共団体が導入しており，税収総額は562億円で地方税総額において0.14％を占めている。

東京都の銀行に対する外形標準課税のように裁判で係争された例もある。また，新税により増収が期待されるが，その一方で増収になると地方交付税が減るなどの問題があり，課税しても財政への不安は消えていない。財源確保のため，続々と導入された新税ではあるが，国からの地方交付税交付金依存の体質から脱却し，財政難解消の切り札になるかが注目されている。独自課税の実施例としては，山梨県河口湖町の遊漁税，茨城県の核燃料等取扱税，東京都と大阪府の宿泊税（ホテル税）などがある。

地方税以外の自主財源は，負担金・分担金，使用料，財産収入，寄附金，繰越金，諸収入などである。2017年度には，地方歳入純計の15.8％を占めている。

負担金・分担金は，特定の多数人，または特定の地域に対し利益を与える事業を行う時，その事業に要する費用に充てる。そのため，その事業によって特に利益を受ける者から分担金を徴収することができると規定されている。手数料と使用料は，行政サービス提供への対価として徴収する収入で，いずれも受益者負担の収入である。財産収入は，財産の貸付や売却による収入で，寄付金は金銭の譲り受けによる収入である。繰入金は，財政調整基金等の他会計からの繰入による収入であり，繰越金は前年度剰余金の受入れによる収入である。諸収入は，地方税の延滞金や預金利子，貸付金の元利償還金等，様々な収入が含まれている。因みに，諸収入の地方歳入純計に占める割合は，5.4％であり，都道府県歳入の7.7％，市町村の3.6％を占めている。

５．依存財源

地方歳入における依存財源は，主に地方交付税，国庫支出金，そして地方債である。国は，この３つの手段を用いて地方公共団体に対して財源補填を行うとともに，地方公共団体間の財政力格差を調整している。以下は，地方歳入における３財源について解説する。

第１は，一般財源補填の地方交付税である。地方交付税については，「地方団体の自主性を損なわずにその財源の均衡化を図り，交付基準の設定を通じて地方行政の計画的な運営を保証することにより，地方自治の本旨の実現に資するとともに，地方団体の独立性を強化する」旨を，地方交付税法第１条が規定している。地方交付税は，本来地方団体の税収入とすべきであるが，地方団体間の財源の不均衡を調整し，すべての地方団体が一定の水準を維持しうるよう財源を保証するという見地から，国税として国が代わって徴収し，一定の合理的な基準によって再分配するとされている。いわば「国が地方に代わって徴収する地方税」であり，固有財源の性格をもっている。

地方交付税の使途は，地方公共団体の自主的な判断に任されており，国がその使途を制限したり，条件を付けたりすることは禁じられている。この点で，地方交付税は国庫補助金と根本的に異なる性格を有しており，地方税と並んで日本国憲法で保障されて地方自治の理念を実現していくための重要な一般財源である。また，国と地方間の固有の行政活動の守備範囲に鑑み，歳出と税収の乖離を埋めようとするものでもある。

地方交付税法第１条に，「地方交付税の交付の基準の設定を通じて地方行政の計画的な運営を保障する」と規定されている。したがって地方交付税は必要とされる財源の不足額を補填し，各地方公共団体が基礎的公共サービスを供給するための財源を確保するもので，財源保障機能をもっている。これは，住民が日本全国のいかなる地域に居住しても，いわゆるナショナル・ミニマムの公共財・公共サービスが各地方公共団体によって供給されることを期待できることを意味する。日本の高度経済成長期においては，この地方交付税制度によって全国一律に画一的な公共財・公共サービスをある程度の水準で充足させることができた。しかし，今日の少子高齢化社会に対応するために，行政に求められる多種多様な公共財・サービスに直面すると，改めてナショナル・ミニマムについての再検討が必要となる。

また，国と地方は，相協力して公経済を担っており，歳出面での国と地方の支出割合（純計）は，約２対３であり，地方の役割が相対的に大きい。それに対して租税収入全体における国税と地方税の割合は，約３対２であり，地方に配分されている税収は相対的に小さい。地方交付税は，国と地方の財源配分の一環としてこうしたギャップを埋め合わせる機能を果たしている。

地方交付税の総額は，地方財政計画における地方財政全体の標準的な歳入，歳出の見積もりに基づきマクロベースで決定される。地方財政計画において都道府県と市町村のすべての地方公共団体の歳入歳出を推計する。その上，歳出歳入のギャップを見積もり，財源が不足する場合，そのギャップを補填するため，法定率分に一般会計からの特例加算等により増額された地方交付税総額を用意する。その法定率分は，国税５税の当該年度における収入見込み額に対する法定割合であり，所得税及び法人税のそれぞれ33.1%，酒税50.0%，消費税22.3%，および地方法人税の全額である。

地方交付税は，普通交付税と特別交付税があるが，普通交付税は，地方交付税額の96%を占め，財源不足団体に対して交付される。特別交付税は，交付税総額の4%であり，普通交付税で捕捉されない特別の財源需要に対し交付される。特別交付税は，画一的に算定される普通交付税を補完する役割をもっており，普通交付税の不交付団体も交付対象となる。

普通交付税は，毎年度，標準的な基準財政需要額が標準的な基準財政収入額を超える地方公共団体に対して交付される。基準財政需要額は，単位費用×測定単位の数値×補正係数で算定された各行政項目ごとの値を合算した額である。基準財政収入額は，標準的な地方税収入×原則として75%＋地方譲与税等で算出される。各地方公共団体への普通交付税交付額は，財源不足額に相当し，地方税等の代替財源としての性格をもっている。基準財政収入額に算入されなかった地方税収入は留保財源と呼ばれており，地方公共団体の独自の財政需要に充てることができる財源である。なお，留保財源率は都道府県，市町村ともに税収見込額の25%とされている。

第５－３表「都道府県と市町村の歳入決算額」に示したように，2017年度における地方交付税16兆7,680億円の歳入純計額に占める割合は，16.5%であり，その内訳は都道府県８兆6,592億円と市町村８兆1,088億円であり，歳入に占める割合は，それぞれ17.0%と13.6%である。地方交付税は，地方税の代替財源の性格をもっているため，概ね地方税収が減少傾向にあるときは増加し，逆に増加傾向で推移している場合には減少傾向で推移する。2012年以降，地方税収が増加しているため，地方交付税は2012年度以降減少している。

第２は，基幹的歳入項目として，特定財源補填の国庫支出金がある。地方公共団体が行う事務に要する経費は，原則として当該地方公共団体が全額負担すべきものであると，地方財政法第９条に規定されている。これに対する例外が国庫支出金である。国庫支出金の特徴は，国と地方公共団体の経費負担区分に基づき国が地方公共団体に支出する財政資金であり，当初から国家的見地や国民経済的見地などに基づいて国の政策意図が加わっている。

国庫支出金は，特定の経費に充当することを条件に国から地方公共団体に支出される特定補助金であり，地方公共団体の財政力に反比例して所要額が交付される一般補助金の地方交付税とは異なる。国庫支出金の役割は，大きく分けてナショナル・ミニマムの確保，スピルオーバーの最低水準の確保，そして地方公共団体の特定の事業の奨励などである。また，直接に意図したものではないが，国庫支出金の交付により地方公共団体間の財政力格差，延いては地域間所得格差を是正する効果が求められている。地方財政法では，国庫支出金を国による関与の点から，国庫負担金，国庫委託金，そして特定の施策の奨励または財政援助のための国庫補助金に分類している。

国庫負担金は，国が地方公共団体と共同責任をもつ事務に対して経費の負担区分を定めて国が義務的に負担する移転支出である。国庫負担金は，地方財政法によって普通国庫負担金，建設事業国庫負担金，災害国庫負担金の三種に区分される。普通国庫負担金は，法令に基づいて実施すべき事務に対するものであり，国と地方公共団体相互に利害関係のある事務のうち，その円滑な運営を期するために，国が進んで経費を負担する必要のあるものである。主に，義務教育費国庫負担金や生活保護などの社会保障関連の負担金である。

建設事業国庫負担金は，国民経済に適合するように総合的に樹立された計画に従って実施すべき法律または政令で定める事業について，国が全部または一部を負担するものである。その対象は，道路整備，空港整備，公営住宅などがある。災害国庫負担金は，災害に係る事務で，地方税または地方交付税による一般財源ではその財政需要を満たすことが困難な経費について，国がその一部を負担するものである。災害救済事業費国庫負担金，公共土木施設災害復旧事業費国庫負担金等が地方財政法に定められている。

国庫補助金は，国が地方に対して援助的に支出する補助金である。地方財政法第 16 条には，「国は，その施策を行うため特別の必要があると認めるとき，または地方公共団体の財政上特別の必要があると認めるときに限り，当該地方公共団体に対して，補助金を交付することができる」と規定されている。前者は，奨励的補助金，後者は財政援助的補助金と呼ばれる。

国庫委託金は，本来，国が遂行すべき事務であるが，地方団体に行わせた方が効率的である場合，その事務を地方団体に任せ，その経費については全額国が負担するものである。国会議員の選挙，国勢調査，外国人登録等の事務に対して支出されている。

国庫支出金は，2000 年度から減少傾向で推移し約 10 兆円程度にまで低下したが，2011 年度以降，概ね 15 兆円台を確保している。2017 年度は，15 兆 4,650 億円にのぼり，歳入純計額の 15.3％を占めている。その内訳は，都道府県は 6 兆 438 億円の 11.9％を占めており，市町村は 9 兆 4,211 億円で歳入総額の 15.7％を占めている。

第 3 は，基幹的歳入の地方債である。地方債とは，地方公共団体が財政上必要とする資金を外部から調達することによって負担する債務（借金）であり，その履行が一会計年度を超えて行われるものをいう。地方債は，地方税，地方交付税，国庫支出金等とともに地方財政の重要な収入源になっており，国の財政，国債政策との関わりの中でも，大きな役割を果たしている。

地方債は原則として，公営企業（交通，ガス，水道など）の経費や建設事業費の財源を調達する場合等，地方財政法第 5 条各号に掲げる場合においてのみ発行できることとなっている。ただし，その例外として，地方財政計画上の通常収支の不足を補填するために発行される地方債として臨時財政対策債が 2001 年度以降発行されている。翌年度の地方債の予定額の総額については，各年末に国から地方債計画が公表される。地方債については，地方債計画に則して以下のように三つの分類がある。

①　資金別分類

地方債を引受先の資金面から分類すると，公的資金（財政融資資金，地方公共団体金融機構資金）と民間等資金（市場公募資金，銀行等引受資金）に大別される。そのうち，財政融資資金は，財政投融資計画に地方公共団体向けの財政融資として計上される。

②　事業別分類

地方債を起債できる事業別に分類すると，一般会計債においては公共事業等，教育・福祉施設等整備事業，辺地及び過疎対策事業等がある。公営企業債においては水道事業，交通事業，病院事業・介護サービス事業等に分類され，地方債計画にはそれぞれ事業ごとの予定額が計上される。

③　会計別分類

資金調達を行う会計別に分類すると，普通会計分及び公営企業会計等分に大別される。普通会計とは，一般会計及び企業会計以外の特別会計を合算して，会計間の資金の移動を控除したものである。また，地方財政（普通会計）の翌年度における歳出・歳入の見通しは，地方財政計画に計上され，国会に提出されている。地方財政計画に表示されている地方債発行額は，公営企業会計等分を含まないベース（普通会計分のみ）となっている。

次に，地方債の機能について検討しよう。

第１に，地方財政の支出と収入の年度間調整機能がある。公共施設建設や災害復旧事業について単年度の経常的歳入の範囲では賄いきれない場合，同事業の実施のために地方債によって不足分を借入し，事業を特定年度に完成させ，他方その借入を後年度に元利償還することができる。これは同事業に関する支出を各年度に平準化して負担させることになり，年度間財政調整機能と呼ばれる。

第２に，社会資本整備と地域発展促進機能がある。一般財源が主として一般行政・サービスに向けられるのに対して，地方債や国庫補助金は重要な社会資本整備の財源となる。地方債の存在は，限定された財源容量に追加的な拡張効果を与え，社会資本投資を増加させる。こうして得られた基盤が地域住民・企業に利便性や比較優位性を与え，地域の成長・発展を促進させることになる。その結果，地方税収増につながり，地方債の元利償還財源が獲得できると期待される。

第３に，住民負担の公平化機能がある。耐用年数が長く，長期にわたって便益が得られる公共施設の用地取得，建設費等については，地方債収入を利用することが公平性の観点から望ましい。地方団体は，数年から数十年にわたり償還年限の中で住民や企業の代替わり，そして転入・転出を経験する。ある年の地方税，料金収入等のみで基盤整備を行うと，その後転出した者は負担のみを負うし，転入してきた者は便益のみを享受することになる。これを長期にわたり，いわば分割払いの方法をとることにより，負担と便益の平等化を図ることができるのは地方債である。

第４に，中央政府の財政政策に対する協調機能がある。景気調整のための財政政策は，本来，中央政府が担うものであり，地方政府が地方債を発行して景気対策を行うことは，安定した地域行政の計画的な執行が求められる地方財政には馴染まない。しかし，不況下では，中央政府だけの景気対策には限界がある。また，中央政府のみの財政政策的な手段は機動性，選択性に乏しい税や移転支出に限られ，公共事業等の機動性のある手段は地方の方が採り易い。したがって，地方財政にも一定の政策協調による経済政策効果増進が求められる。

第５に，財源の補完機能がある。現行の地方債制度は，地方政府が自由に地方債財源に依存することを認めていない。しかし，地方債が原則的に必要に応じた資金調達手段として利用できるという意味では，地方政府にとって能動的，機能的な財源であり，地方税や地方交付税が経済変動などにより深刻な減収になった場合，これを補完する機能をもつ。

2017年度における地方債の発行による収入は，10兆6,449億円で歳入構成比は10.5％である。都道府県および市町村それぞれの金額と歳入構成比をみると，都道府県は５兆5,166億円で10.8％であり，市町村は５兆1,283億円で8.6％である。

その他の依存財源について検討しよう。国から地方公共団体への財源補填として，地方譲与税，地方特例交付金，交通安全対策特別交付金がある。地方譲与税は，国税として徴収された特定の収入の全額，又は一部を一定の基準に基づいて地方公共団体に譲与する譲与税である。譲与税は以下の６種があり，道路の延長・面積を基準に譲与される①地方揮発油譲与税（税収の全額），②石油ガス譲与税（自動車燃料用の液化石油ガス（LPG）に課する石油ガス税の税収の２分の1），③自動車重量譲与税（自動車重量税の３分の1）の他，④航空機燃料譲与税（航空機騒音防止や空港対策の費用として航空機燃料税の収入の13分の1（2011年度～2016年度は９分の1））は，空港関係地方公共団体に譲与される。また，⑤特別とん譲与税（外国貿易船の開港への入港に対して課税される特別とん税の収入の全額）は開港所在地市町村に譲与される。⑥地方法人特別譲与税（地方法人特別税の収入の全額）は，人口と従業員を基準に都道府県に譲与される。2017年度の地方譲与税は，2 兆 4,052 億円であり，歳入純計額の 2.4%を占めている。

地方特例交付金は，国からの交付金の一つで，恒久的な減税に伴う地方税の減収額の一部を補填する。そのために，地方税の代替的性格を有する財源であり，将来の税制の抜本的な見直し等が行われるまでの間に交付されるものをいう。2017 年度の交付額は，1,328 億円である。

交通安全対策特別交付金は，交通事故の発生を防止することを目的として交付されるが，交通反則通告制度に基づき納付される反則金収入を原資とする。地方公共団体が単独で行う道路交通安全施設整備の経費に充てるための財源として国から交付される。2017 年度の交付額は，553 億円である。

練習問題

1．現行の地方税体系にある租税の特徴について説明しなさい。
2．戦前の地方税体系のような附加税中心の税制の弊害について述べなさい。

参考文献

〔1〕林宜嗣『地方財政』有斐閣，2013 年。
〔2〕池宮城秀正編『財政学』ミネルヴァ書房，2019 年。
〔3〕兼子良夫『地方財政』八千代出版，2013 年。
〔4〕地方交付税制度研究会編『平成 30 年度地方交付税のあらまし』一般社団法人地方財務協会，2018 年。
〔5〕総務省編『地方財政白書』各年度。

第 6 章　地方財政の歳出

1．歳出の分類

財政法第2条第4項の規定にあるように，歳出とは，1会計年度における政府のすべての支出である。現在，地方財政の歳出は，主に予算編成上の事由による目的別（使途別）歳出と地方公共団体の財政運営の健全性や弾力性をつかむための性質別歳出との2側面に分類されている。目的別歳出は経費を行政目的によって大別し，性質別歳出は経費の経済的性質によって大別する。

目的別歳出には，議会費，総務費，民生費，衛生費，労働費，農林水産業費，商工費，土木費，教育費，公債費，消防費，警察費，災害復旧費などがある。

性質別歳出は，人件費，扶助費，公債費，物件費，補助費，繰出金，維持修繕費，災害復旧事業費，失業対策事業費，投資および出資金，貸付金などに分類する。他方で，義務的経費か任意的経費，投資的経費か消費的経費，その他の経費について経常的経費か臨時的経費，という3種に大別分類して把握する。これらの分類は，伝統的な経費論によるものである。

2．歳出構成

地方自治法216条の規定により，歳出の目的にしたがって予算編成上の，款，項に区分する。この区分は議決科目で議会の議決が必要である。この区分を更に目，節に細分するが，各項の内容を明らかにし，予算執行上の便宜を図るためである。議決の対象ではないので，執行科目あるいは行政科目と呼ぶ。

地方公共団体の首長は款と項とについて，相互に流用することは原則としてできないが，歳出予算の各項の経費は予め予算で定める場合にのみ流用できる。これは地方自治法第220条Ⅱ，第215条Ⅰ⑦の規定である。

近年の歳出構成は，❶一般行政経費，❷給与関係経費，❸公債費，❹投資的経費（国直轄事業費，補助事業費，単独事業費）の順位である。

❶一般行政経費は，経常的経費で単独事業費と補助事業費及び国民健康保険関係事業費がある。補助事業費は国の一般会計等の予算措置で国庫補助負担金が決まるので，その負担金額を補助率で割って地方財政の補助事業費を算定する。地方財政の直接的負担部分が「補助ウラ」である。単独事業費は補助金の付かない地方行政単独で行う事業経費である。これらの経費は社会保障制度等に基づくため，削減できない，やりくりの効かない経費である。

補助ウラの主なものは，生活保護費負担金，保健事業費等負担金，精神保健費等負担金，結核医療費負担金，介護保険負担金，老人医療負担金，保育所等児童保護負担金である。この中で生活保護費負担金が突出して巨額であり 2 兆円を超えている。

単独事業費の主なものは，警察・消防運営費，ごみ処理，道路・河川・公園等の維持管理費，農業・商工業等貸付金，保健所，義務教育諸学校運営費，私学助成，戸籍・住民基本台帳関係費である。

国民健康保険関係費の主なものは，都道府県財政調整交付金，保険料軽減分の保険基盤安定制度経費，国民健康保険財政安定化支援事業費である。

一般行政経費は計画額と決算額が大きく乖離する傾向があり，特に不況期に公債費の拡大を抑制するために投資的経費を削減して充当する結果である。

❷給与関係費は職員の給与及び退職手当で，人件費である。規模について削減しやすい経費であるので財政再建のための圧縮対象になる。主なものは，一般職員給与，義務教育教職員給与，警察官給与，消防職員給与，である。現職の給与削減は難しいので，定員純減目標などに沿って圧縮を図る。給与単価は人事院勧告の給与構造改革等の方針を反映させて調整している。特に団塊の世代の退職時期に退職給与が急増したので，平成 18 年度（2006 年度）から退職手当を分離している。平成 27 年度まで地方財政法の特例として，条件付きの赤字地方債である退職手当債で賄っている。

合併特例法にしたがって合併した地方自治体は 10 年間で類似団体並みの職員数に調整しなければならないので，人員削減率は相当に大きくなる。

給与関係費には基本的に一般財源を充当するが，公立の義務教育諸学校教職員給与等には国庫負担金がある。公務員給与には，原則的に民間給与にある地域格差に準拠させて地域別傾斜構造を反映させるようにすると縮減も可能である。近年，都道府県の給与水準を上回る市町村自治体の人件費の高水準が顕在化しているので，適正水準に調整できない自治体には交付税の縮減をもって臨んでいる。但し，財政再建の削減ポイントを給与関係費に集中させると，自治体財政の総体的逼迫を引き起こす。なぜならば，地方財政の経常収支比率が90％以上に跳ね上がっている現状で，つまり財政硬直化が極めて大きい状態で，柔軟な削減圧縮を求めることになるからである。

❸公債費は地方公共団体が発行した長期借入金である地方債の返済としての元利支払いに要する経費である。財政再建の第一段階として目標になるプライマリー・バランス（基礎的財政収支）の回復について，計算外に置かれる経費である。プライマリー・バランスがゼロであるのは，公債収入（公債発行額）と公債費が同額であるという状況で，利子支払い分の増加がある。財政欠陥が深化すると公債期間の長期化が伴い，10 年債から 20 年債，30 年債としていく誘因が強く作用する。この場合，元本の年償還額は減少するので，公債費収支は見かけ上小さくなるが，プライマリー・バランスが回復しても公債残高は増え続ける。

公債費は地方自治体の自由裁量では減らすことが難しいし，発行量のピークに達している公債費負担は重く地方財政を圧迫する。さらに交付税に算入される公債費は実質的に 50％程度にすぎないので，公債費の一部は留保財源に依存することになる。小規模の地方団体は，総じて起債制限比率を過少視し，制限がかかるまでの起債が「借りすぎ」になることを自覚していない。実態的な起債制限は財政力から見て，現状の実質公債費比率（25％）による起債制限を相当下回る 20％程度にまで低く見ておかなければならない。

❹投資的経費は，支出の効果が社会資本形成に向けられ，形成された施設等は将来にストックとして残される。投資的経費には普通建設事業費として，道路，橋梁，公園，学校，公営住宅などの社会資本整備に必要な経費があり，他に災害復旧事業費および失業対策事業費が含まれる。普通建設事業は地方債を総務省告示によって確定される充当率にしたがって財源にできるので，投資的経費を抑制すれば，地方債発行額を急激に減らすことができる。その結果イン

フラ整備は遅滞し，維持管理が不十分な老朽化したインフラの事故が頻発する。普通建設事業は公共投資の中心的事業であり，景気対策を重視するとケインズ型の公共投資は激増する。

普通建設事業には地方単独事業，補助事業，国直轄事業がある。地方が独自に国の補助支援なしに行う単独事業は投資的経費の50%を占める。国からの国庫補助負担金を受けて実施する補助事業は40%を占める。国直轄事業は国が道路，港湾，河川等の建設やこれらの施設の災害復旧を行う事業で，地方公共団体は法律規定により経費の一部を国直轄事業負担金として分担支出しなければならない。これは投資的経費の9%程度になる。投資的経費の単独事業内容は政策的判断で決まり，特段の法的規定はない。

3．目的別歳出

平成28年度（2016年度）決算の目的別歳出は第6－1図に示される構成である。

都道府県（下図左）では，教育費，民生費，公債費，土木費，商工費，総務費，農林水産業費，衛生費の順になっている。また市町村（下図右）では，民生費，総務費，土木費，教育費，公債費，衛生費，商工費，農林水産業費の順になっている。主な費目の内容は脚注に示してあるが，都道府県の教育費は11兆1,049億円で，内訳は，小学校費30.4%，教育総務費19.3%，高等学校費19.2%，中学校費18.2%，社会教育費1.7%，保健体育費1.7%である。所属市町村の義務教育小中学校教職員の給与は都道府県が支出している。

市町村の民生費は21兆128億円であり，内訳は，児童福祉費31.1%，社会福祉費27.3%，老人福祉費23.5%，生活保護費15.1%，災害救助費3%である。

市町村の土木費は6兆6,531億円で，その50.3%は都市計画費である。都道府県の土木費は5兆5,573億円で，道路橋梁費43.1%，河川海岸費20.6%，都市計画費17.0%である。地方財政全般の土木費は12兆182億円で，都市計画費35.2%，道路橋梁費34.9%，河川海岸費10.9%，住宅費10.4%である。市町村の教育費は学校施設の建設，教材費，施設管理費，学校用務員，給食従事員の人件費等である。

第６－１図　目的別歳出決算額の構成（平成 28 年度決算）

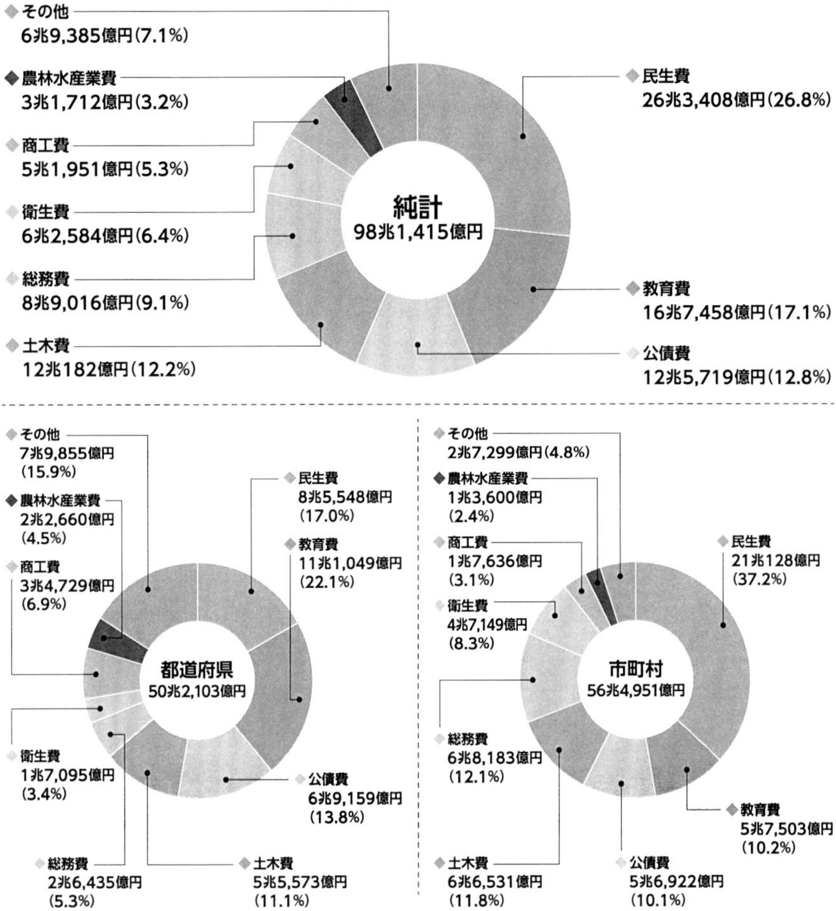

純計
98兆1,415億円

◆その他
6兆9,385億円(7.1%)
◆農林水産業費
3兆1,712億円(3.2%)
◆商工費
5兆1,951億円(5.3%)
◆衛生費
6兆2,584億円(6.4%)
◆総務費
8兆9,016億円(9.1%)
◆土木費
12兆182億円(12.2%)
◆民生費
26兆3,408億円(26.8%)
◆教育費
16兆7,458億円(17.1%)
◆公債費
12兆5,719億円(12.8%)

都道府県
50兆2,103億円

◆その他
7兆9,855億円
(15.9%)
◆農林水産業費
2兆2,660億円
(4.5%)
◆商工費
3兆4,729億円
(6.9%)
◆衛生費
1兆7,095億円
(3.4%)
◆総務費
2兆6,435億円
(5.3%)
◆民生費
8兆5,548億円
(17.0%)
◆教育費
11兆1,049億円
(22.1%)
◆公債費
6兆9,159億円
(13.8%)
◆土木費
5兆5,573億円
(11.1%)

市町村
56兆4,951億円

◆その他
2兆7,299億円(4.8%)
◆農林水産業費
1兆3,600億円
(2.4%)
◆商工費
1兆7,636億円
(3.1%)
◆衛生費
4兆7,149億円
(8.3%)
◆総務費
6兆8,183億円
(12.1%)
◆土木費
6兆6,531億円
(11.8%)
◆民生費
21兆128億円
(37.2%)
◆教育費
5兆7,503億円
(10.2%)
◆公債費
5兆6,922億円
(10.1%)

総務費：全般的な管理事務、財政・会計管理事務に要する費用等
民生費：児童、高齢者、心身障害者等のための福祉施設の整備・運営・生活保護の実施等の費用
教育費：学校教育、社会教育などに使われる費用
土木費：道路、河川、住宅、公園など各種の公共施設の建設整備の費用
公債費：借入金の元金・利子などの支払いの費用

出所：総務省地方財政資料。

目的別経費分類は時系列比較が可能になるように分類基準を整理・統一してあるので，財政運営の帰趨（きすう）を捉えやすい。

議会費は地方議員報酬・手当，議会運営費，事務局費である。総務費は地方税の課税・徴収費，住民登録，広報，人事，財政一般の管理費，一般職員の共通経費などである。衛生費は医療，公衆衛生，精神衛生，し尿・ゴミ処理，公

第６－２図　一般財源充当額の目的別構成比の推移

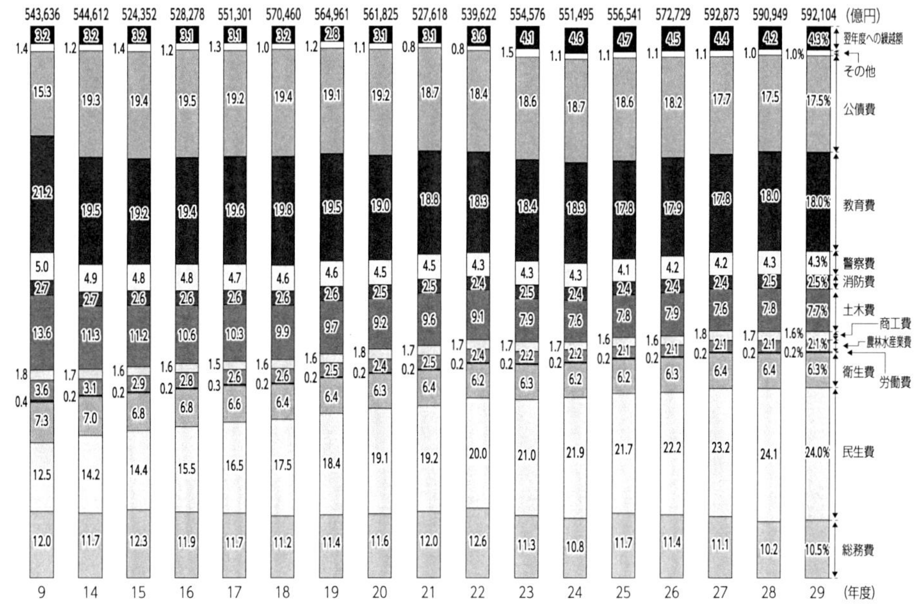

出所：総務省『地方財政白書』平成 31 年度版　17 頁。

害対策，環境保全などの経費である。

第６－２図は目的別歳出の時系列変化を示したものである。構造上の変化は少ないが，民生費の急増が顕著である。詳細な検討は後述する。

４．性質別歳出

支出された経費を性質別に分類したものが第６－３図である。支出が義務付けられ削減が困難な人件費や扶助費，公債費は義務的経費であり，普通建設事業に係る投資的経費と物件費，補助金，積立金，繰出金などのその他の経費を分類している。

義務的経費は増大すると財政硬直化が起こり新規の政策は発動し難くなる。任意的経費は維持修繕費，施設運営費，各種補助金などが該当する。投資的経費と分類される消費的経費は短期間に支出の効果が消滅する経費で，人件費，扶助費，物件費などである。経常的費用は固定的に支出しなければならない経

第６－３図　性質別歳出決算額の構成（平成 28 年度決算）

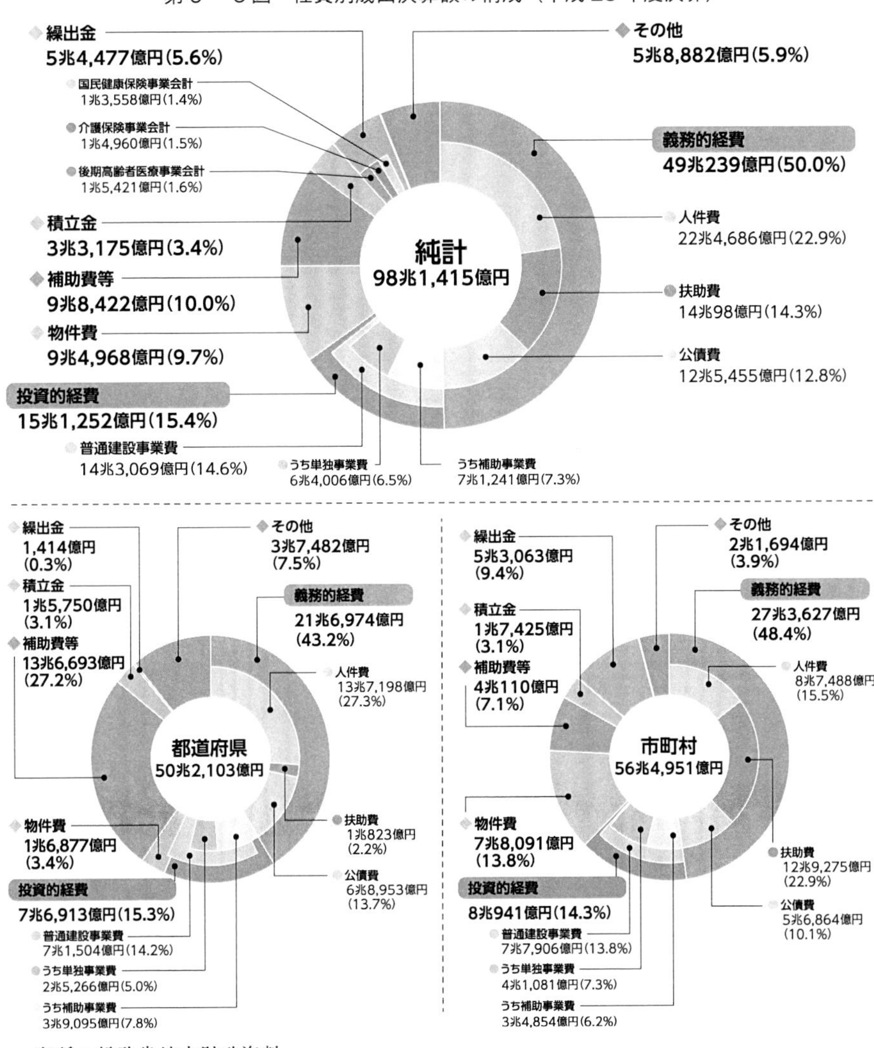

出所：総務省地方財政資料。

費で，臨時的経費は普通建設事業費，積立金，出資金，貸付金など一時的な偶発的な経費で，規則性や周期性はない。財政運営上，義務的経費，消費的経費，経常的経費の割合が増大することは避けなければならない。任意的経費，投資的経費，臨時的経費のウェイトが大きい地方財政の方が望ましい。

5．性質別歳出の動向

性質別歳出については，扶助費，補助金，繰出金，物件費が増加傾向にある。各経費は第6－4図に示されるような推移である。

目的別歳出の時系列を見ると，人件費は公務員数削減に努めた結果，拡大は止められたものの，経費総額に大きな削減効果は出ていない。

扶助費は社会保障制度の一環として，生活困窮者，老人，児童，心身障害者等を支援するための経費であるが，近年は第6－5図に示すように児童福祉費の膨張により増加している。公債費は地方債の元利償還に要する経費と一時借入金利子であるが，減債基金の積み増しなどを背景に減少傾向を示し，地方財政の総歳出規模を引き下げる要因になっている。投資的経費は目立った増加はない。物件費は消費的経費の総称で職員旅費，備品購入費，アルバイトや委託料を含める。微増傾向ながら仕分けにより更なる削減の余地がある。繰出金は一般会計と特別会計または特別会計相互間の予算の相互充用方法で，特別会計の歳入不足を補うため一般会計から繰り出す等で発生する。基金に対する支出のうち物品集中購買のために設置される基金と定額の資金で貸付事業を行うための基金に対する繰り出しも含まれる。

棒グラフの中央の5兆円台の支出が扶助費の中の児童福祉費である。保育所等の児童福祉施設における給食費，被服費，修学費，就職支度金，連戻費などである。扶助の種類としては，生活扶助，教育扶助，住宅扶助，医療扶助，出産扶助，生業扶助，葬祭扶助があり，さらに，地方公共団体が独自に福祉施策として行う場合に必要な経費を計上することもある。

棒グラフの2段目の老人福祉費は2,000億円で拡大していない。特別養護老人ホームなどの老人福祉施設の運営費である。平成12年度（2000年度）から構成比が低下している。これは介護保険の導入で，特別会計への繰出金に費目変更されたことによる。高齢社会では，一般会計と特別会計を連結して見なければならない支出で，逓増経費である。

高齢者の介護を保障する介護保険制度は，平成9年（1997年）の介護保険法に基づいて2000年4月から導入された。平成27年度（2015年度）決算実績で

第６－４図　性質別歳出純計決算額の構成比の推移

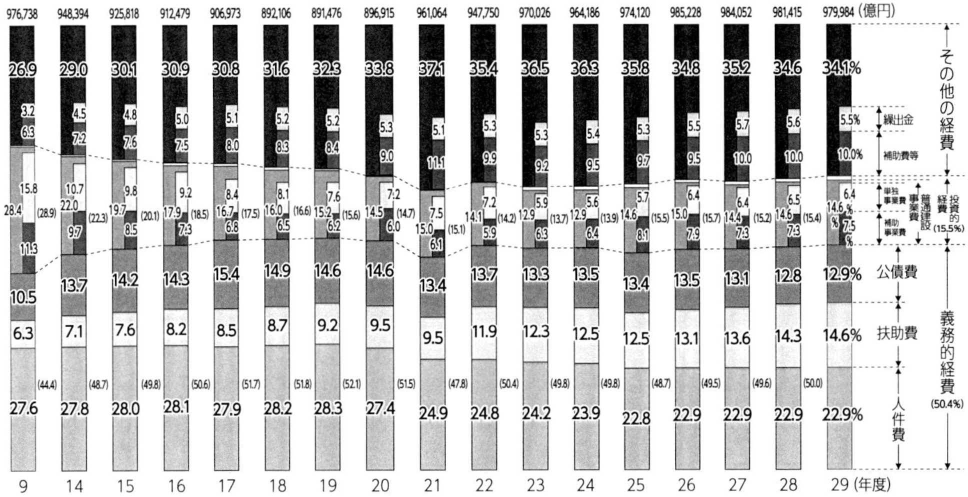

年度	9	14	15	16	17	18	19	20	21	22	23	24	25	26	27	28	29
歳出純計決算額（億円）	976,738	948,394	925,818	912,479	906,973	892,106	891,476	896,915	961,064	947,750	970,026	964,186	974,120	985,228	984,052	981,415	979,984
その他の経費	26.9	29.0	30.1	30.9	30.8	31.6	32.3	33.8	37.1	35.4	36.5	36.3	35.8	34.8	35.2	34.6	34.1%
繰出金	3.2	4.5	4.8	5.0	5.1	5.2	5.2	5.3	5.1	5.3	5.3	5.4	5.3	5.5	5.7	5.6	5.5%
補助費等	6.3	7.2	7.6	7.5	8.0	8.3	8.4	9.0	11.1	9.9	9.2	9.5	9.7	9.5	10.0	10.0	10.0%
普通建設事業費	28.4	22.0	19.7	17.9	16.7	16.0	15.2	14.5	15.0	14.1	12.9	12.9	14.6	15.0	14.4	14.6	14.6%
単独事業費	15.8	10.7	9.8	9.2	8.4	8.1	7.6	7.2	7.5	7.2	5.9	5.6	5.7	6.4	6.4	6.5	6.4%
補助事業費	11.3	9.7	8.5	7.3	6.8	6.5	6.2	6.0	6.1	5.9	6.3	6.4	8.1	7.9	7.3	7.3	7.5%
投資的経費	(28.9)	(22.3)	(20.1)	(18.5)	(17.5)	(16.6)	(15.6)	(14.7)	(15.1)	(14.2)	(13.7)	(13.9)	(15.5)	(15.7)	(15.2)	(15.4)	(15.5%)
公債費	10.5	13.7	14.2	14.3	15.4	14.9	14.6	14.6	13.4	13.7	13.3	13.5	13.4	13.5	13.1	12.8	12.9%
扶助費	6.3	7.1	7.6	8.2	8.5	8.7	9.2	9.5	9.5	11.9	12.3	12.5	12.5	13.1	13.6	14.3	14.6%
人件費	27.6	27.8	28.0	28.1	27.9	28.2	28.3	27.4	24.9	24.8	24.2	23.9	22.8	22.9	22.9	22.9	22.9%
義務的経費	(44.4)	(48.7)	(49.8)	(50.6)	(51.7)	(51.8)	(52.1)	(51.5)	(47.8)	(50.4)	(49.8)	(49.8)	(48.7)	(49.5)	(49.6)	(50.0)	(50.4%)

（注）（　）内の数値は，義務的経費及び投資的経費の構成比である。
出所：総務省『地方財政白書』平成 31 年度版　18 頁。

第６－５図　扶助費の目的別内訳の推移

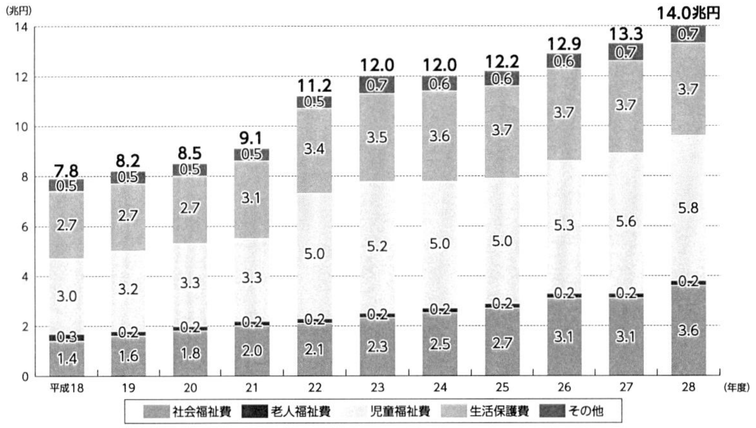

出所：総務省地方財政資料。

の介護保険の現状は，40 歳～64 歳までの保険料（28%），65 歳以上の保険料（22%），国・都道府県負担金（37.5%）特別区・市町村負担金（12.5%）で賄われ，居宅サービス（訪問・通所介護など）63%，特養老人ホームなどの施設サービス 31.2%，高額介護サービスなどのその他の介護サービス 5.8% に，109 億 1,900

万円が支出された。65 歳以上の保険料は国民年金支払い時に，年金から天引きされて徴収される。介護不要の年金受給者も年額 9 万円以上の介護保険負担になっている。保険料は過疎地方ほど高い。高齢世帯の貧困の一因にもなる重税である。

保険料と税金の構成は 50 対 50 で，65 歳以上の保険料を 18％とした当初の計画は高齢者の増加と共にウェイトを増して 22％にまで達している。保険料の一部には財政安定化基金も投入されるルートがあり，勤労者の保険料負担は国民健康保険・健康保険組合等の全国プールから補填される。介護費用の 90％は公費で賄われるが 10％は被保険者の負担である。

自立困難な高齢者の日常生活を助けるための介護は，時として長期入院の理由に用いられ不適切なサービス利用が増大し，病室不足や財政負担増大を招く原因になりやすい。リハビリテーション治療が完了しても自立できない高齢者には介護保険が適用され，在宅介護による家族の負担には適用されない。介護サービスの選択にも制約がある。問題山積みの制度である。

シャウプ勧告では，単一段階主義が掲げられた。それは一つの行政サービスを 1 段階の政府が行うべきであるという基本方針である。社会保障制度は多岐に亘る行政サービス範囲をもつが，単一段階主義とは逆方向の路線設定で，政府間の事務配分が時に重複し，時に希薄になっている。次々に要請される行政需要に対して，再度，単一段階主義の徹底を図ることを考えなければならない。

6．地方財政の基礎的収支動向

第 6 － 6 図は，地方財政のプライマリー・バランス及び財政収支の推移を示したものである。平成 23 年度（2011 年度）以降は黒字になっている。地方財政の収支動向を下回る国の財政収支の推移も同時に示してある。

国の財政収支はリーマン・ショック後の平成 21 年度（2009 年度）に急激に悪化し 43 兆円の赤字になった。プライマリー・バランスでも 38 兆を超える赤字である。その後の財政再建努力により平成 28 年度（2016 年度）で 18 兆 7,000 億円の赤字にまで縮減したが，公債費の膨張で財政収支とプライマリー・バランスは乖離が拡大しつつある。地方財政の好転は，財政基金の動向からも読み

第６－６図　基礎的財政収支（PB）・財政収支の推移（フロー）

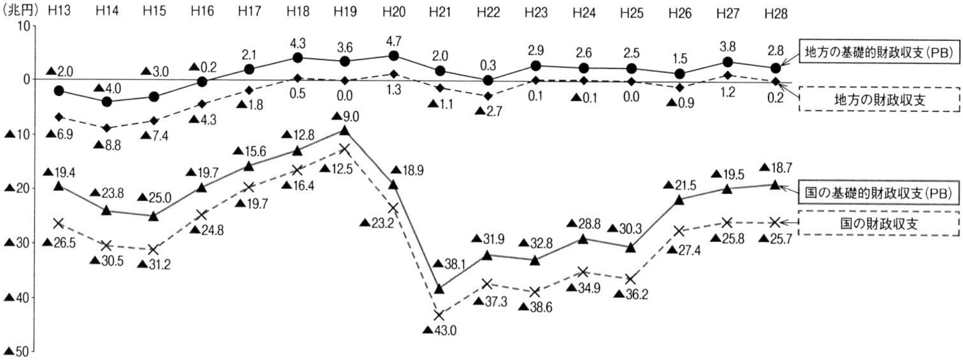

（兆円）

	H13	H14	H15	H16	H17	H18	H19	H20	H21	H22	H23	H24	H25	H26	H27	H28
地方の基礎的財政収支（PB）	▲2.0	▲4.0	▲3.0	▲0.2	2.1	4.3	3.6	4.7	2.0	0.3	2.9	2.6	2.5	1.5	3.8	2.8
地方の財政収支	▲6.9	▲8.8	▲7.4	▲4.3	▲1.8	0.5	0.0	1.3	▲1.1	▲2.7	0.1	▲0.1	0.0	▲0.9	1.2	0.2
国の基礎的財政収支（PB）	▲19.4	▲23.8	▲25.0	▲19.7	▲15.6	▲12.8	▲9.0	▲18.9	▲38.1	▲31.9	▲32.8	▲28.8	▲30.3	▲21.5	▲19.5	▲18.7
国の財政収支	▲26.5	▲30.5	▲31.2	▲24.8	▲19.7	▲16.4	▲12.5	▲23.2	▲43.0	▲37.3	▲38.6	▲34.9	▲36.2	▲27.4	▲25.8	▲25.7

出所：内閣府「国民経済計算確報」。平成 26 年度以降は「中長期の経済財政に関する試算」（平成 28 年 7 月 26 日　内閣府）。

第６－７図　地方財政の基金残高の推移

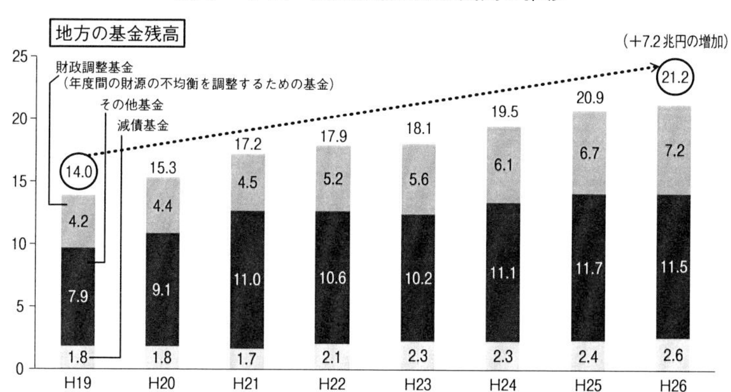

出所：財政制度等審議会資料。

取れる。第６－７図は基金残高の動向を示している。

黒字化した地方財政は，基金残高を増やすことができている。第６－７図の棒グラフの足からの第一部分が減債基金である。地方債の償還及びその信用を維持するために，地方自治法第 241 条の規定にしたがって積み立てられる基金である。順調に逓増している。

公債費は義務的経費であり，増嵩（ぞうすう）が地方財政の硬直化を強め住民福祉のための諸事業の実施を遅滞させる懸念を生み出す。そこで公債の償還を計画的に進めるために資金を積み立てる必要があり，このような基金の総称を減債基金と呼ぶ。地方公共団体は，地方財政法第7条と地方自治法第233条の2に基づいて減債基金を積み立てている。図示されているように7年間で8,000億円の積み増しが実現している。棒グラフ中央部は，その他の基金である。基金は地方公共団体が任意で設置できる。災害救助基金や災害対策基金の場合は災害救助法や災害対策法などの法律で義務付けられた基金であるので，条例は不要である。棒グラフ最上部は財政調整基金で，年度間の財政不均衡を調整する基金である。この基金は地方財政法第4条3，第7条Ⅰで義務付けられているが，条例がなければ設置できない。これが7兆2,000億円の増嵩（ぞうすう）を記録している。

地方財政の基金の膨張とプライマリー・バランスの黒字定着は，地方財政の豊かさを反映する動向と解釈することもできるが，他方では，地方公共団体の無策による使い道のない財源の未使用残差の増加とも解釈できる。統計数字にも不要な忖度が作用する近年であるが，地方自治の不毛は改善していない。

地方自治法第241条Ⅲに規定されているように，任意の基金は設置目的のためにだけ処分できるが，設置目的を達成する必要がなくなれば処分できる。基金は例えば，インフルエンザが大流行するような場合には地方財政で1,000億円程度が即座に無くなることがある。大型台風の水害が襲えば2兆円規模の災害復旧が要請される。近年の基金動向が，地方財政の豊かさを論じるほどの増嵩なのかは疑問の余地もあるが，不要不急の積み増しでは住民生活は守れない。

7．人件費のラスパイレス指数（Laspeyres index）

都道府県の性質別歳出の28％以上を占める最大歳出科目が人件費である。人件費が適正水準で支出されているかについては給与指数を用いて判断する。この指数がラスパイレス指数である。経済学の物価指数の一種であるラスパイレス指数と同様に重要度を基準時点に求める方式である。

地方公共団体に属する公務員は，学歴も経験年数も様々であるが，国の職員構成と同一と仮定して給与総額を比較し，国家公務員の平均俸給月額を100として指数化する。高い地方公共団体には是正勧告をし，交付税対応もある。

学歴別，経験年数別に区分した国家公務員の平均俸給月額を，それぞれ p_0^r とし，職員数を q_0 と示す。地方公務員の平均俸給月額を p_1^r で示す。国家公務員の標準的な職員構成の平均俸給月額 T は，$\Sigma p_0^r \times q_0,\ r = 1,2,\cdots,n.$ であり，地方公務員の平均俸給月額 t は，$\Sigma p_1^r \times q_0,\ r = 1,2,\cdots,n.$ であるから，地方公務員の給与総額は国家公務員の給与総額のどのくらいの割合かを求める。すなわち t/T がラスパイレス指数である。国と地方の職員構成が著しく異なる場合には国の職員構成を地方の構成と同一と仮定し重要度を比較時点に求めるパーシェ指数（Paasche index）を補完的に用いる。計算例は以下のとおりである。

【計算例】

（大学卒）

経験年数	職員数（人） 国 A	平均俸給（給料）月額（百円） 国 B	 対象団体 C	A×B （百円） D	A×C （百円） E
1年未満	1, 139	1, 772	1, 770	2, 018, 308	2, 016, 030
1年以上　2年未満	1, 296	1, 816	1, 840	2, 353, 536	2, 384, 640
2年以上　3年未満	1, 930	1, 877	1, 910	3, 622, 610	3, 686, 300
3年以上　5年未満	5, 107	1, 988	2, 026	10, 152, 716	10, 346, 782
5年以上　7年未満	6, 083	2, 155	2, 190	13, 108, 865	13, 321, 770
7年以上　10年未満	8, 929	2, 408	2, 426	21, 501, 032	21, 661, 754
10年以上　15年未満	14, 322	2, 847	2, 824	40, 774, 734	40, 445, 328
15年以上　20年未満	11, 949	3, 409	3, 339	40, 734, 141	39, 897, 711
20年以上　25年未満	9, 349	3, 909	3, 741	36, 545, 241	34, 974, 609
25年以上　30年未満	7, 308	4, 237	4, 060	30, 963, 996	29, 670, 480
30年以上　35年未満	3, 725	4, 395	4, 305	16, 371, 375	16, 036, 125
35年以上	743	4, 453	4, 526	3, 308, 579	3, 362, 818
計	71, 880			F 221, 455, 133	G 217, 804, 347

（短大卒）

計	14, 795			H 47, 597, 237	I 47, 358, 944

（高校卒）

計	70, 529			J 242, 662, 928	K 238, 870, 033

（中学卒）

計	153			L 516, 717	M 527, 095

$$\text{ラスパイレス指数} = \frac{\text{G}+\text{I}+\text{K}+\text{M}}{\text{F}+\text{H}+\text{J}+\text{L}} \times 100$$

$$= \frac{(217,804,347) + (47,358,944) + (238,870,033) + (527,095)}{(221,455,133) + (47,597,237) + (242,662,928) + (516,717)} \times 100$$

＝ 98. 50232　　　＝ **98. 5（小数点以下第２位四捨五入）**

出所：総務省地方財政資料。

第６－８図　ラスパイレス指数の推移

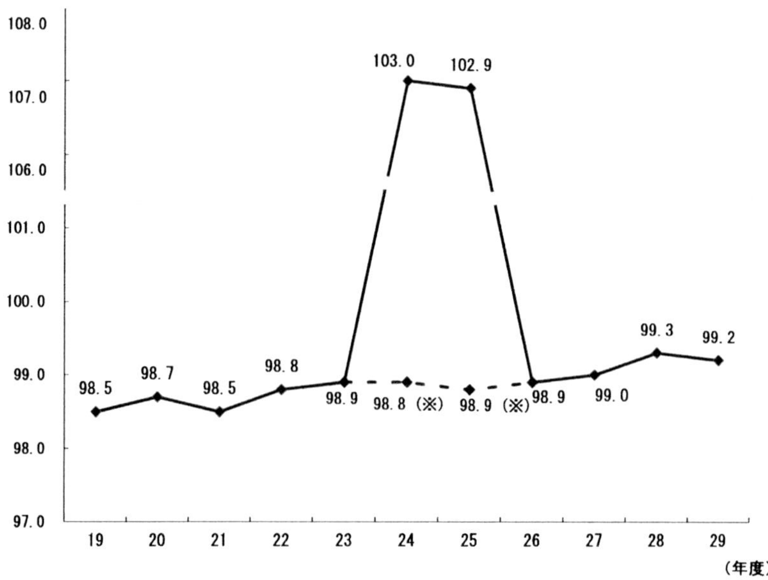

出所：総務省地方財政資料。

次の第６－８図は近年の動向である。

政令指定都市では高く，都道府県はやや低く，中核市や特例市を含む市は都道府県を下回り，町村は5%程度低い傾向である。近年の地方公務員の職員構成比は，教育関係職員43.7%，一般行政職員38.3%，警察関係職員11.5%，消防関係職員6.5%であり，都道府県職員の構成比は，教育関係職員62.6%，一般行政職員16.6%で，市町村は教育関係職員16.2%，一般行政職員69.9%である。

8．地方の歳出総額の動向

地方全体の総歳出額（決算ベース）はどのような変化を示しているかを見よう。

第６－９図は近年度の推移である。平成21年度（2009年度）は前年の世界金融危機（リーマン・ショックあるいはサブプライム・ショック）の影響で突出した膨張を示した。その後，世界経済の立ち直りに沿って減少したが，平成25

第６－９図　歳出総額の動向

年度	地方歳出総額（決算ベース）（兆円）
15年度	92.6
16年度	91.2
17年度	90.7
18年度	89.2
19年度	89.1
20年度	89.7
21年度	96.1
22年度	94.8
23年度	92.5
24年度	91.1
25年度	93.2
26年度	94.5
27年度	94.6

出所：総務省地方財政資料。

年度（2013年度）からは前年央からの景気後退の影響で再び増勢に転じている。地方歳出の下方硬直傾向は，国の歳出にも観察できる特質であるが，節減のむずかしさを浮き彫りにしている。平成21年度に急に位相をアップさせた地方歳出は，ピーコックの転位効果[1)]を示している。一度急増大した歳出規模は，容易に戻らず，94兆円台を推移し，トレンドとしては上昇傾向を示している。

9．地方財政の構造

地方歳出は予算により厳しく管理されている。地方税を財源とする歳出は一般会計で，料金等を財源とする歳出は特別会計で管理する。特別会計は法定設置義務によるものと地方公共団体独自の任意設置のものがある。全国統一基準で地方財政を比較する統計的掌握の必要から，特別会計の中の公営事業会計を除いたものを一般会計に加え，「普通会計」として区分する。標準的な普通会計は，次の第６－10図に示したとおりである。国の一般会計と対比する際の地方財政はこの図の普通会計である。

地方公共団体の会計は地方自治法第209条Ⅰに規定されているように，普通会計と特別会計の二本立てである。一般会計には，基本的な経費を計上する。議会費，総務費，民生費，警察費，教育費など目的別歳出科目が並ぶ。行政運

第６－10図　地方財政の構造

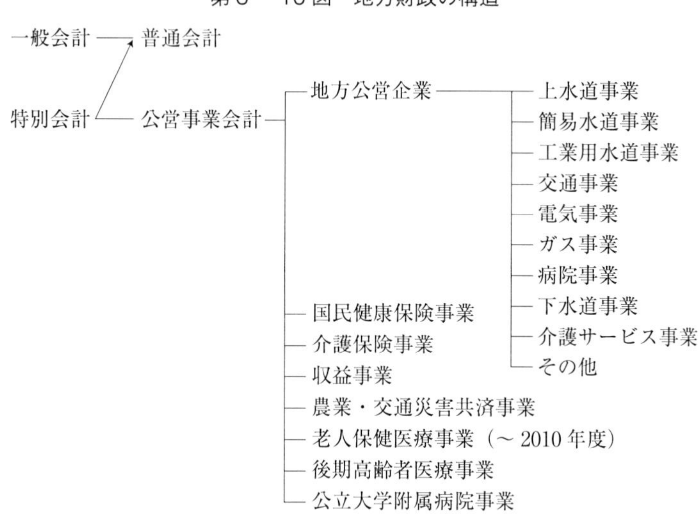

出所：兼子良夫『地方財政』八千代出版，2012 年。

営の基本的な経費に関する会計である。地方公営企業法の適用がない法非適用企業では，現金収支の発生時点で計上する。法的に設置義務のない特別会計も地方自治法第 209 条Ⅱの規定により，地方公共団体独自に条例で設置できる。特別会計のうち，❶地方財政施行令 37 条に掲げる事業に関する公営企業会計，❷収益事業会計，農業共済事業会計等の事業会計，❸その他の事業で地方公営企業法の少なくとも一部を適用している事業に関する会計，に入らない特別会計をすべて含めて普通会計と区分している。地方公共団体の一般会計は設置範囲が異なっているので留意しなければならない。

公営事業会計は，地方自治体の企業的活動の収支である。地方公営企業は独立採算制を前提として，原則的に料金収入で事業を遂行する。上水道，下水道，電気，交通，病院などがある。これらの事業は営利目的ではなく公共の福祉増進のための事業である。公共料金は限界費用原理のもとで低く抑えられた料金設定をしているため，料金収入ですべての事業運営を賄うことは難しい。地方財政の一般会計からの繰入金や国からの財政処置に多くを依存している。

10. 膨らむ社会保障費

平成 30 年（2018 年）5 月に政府は税と保険料で賄う医療，介護，年金，子育て支援などの社会保障費が 2040 年には 190 兆円に達し，現在の 121 兆円の 1.57 倍になると推計した。経済成長の年率 2%の前提で，GDP790 兆円の 24.0%を占め，保険料負担 13.5%，公費負担 10.2%である。保険料は約 1%増，公費負担は 1.9%増加する。現在の公費負担は 46 兆 8,000 億円であるが，2040 年には 80 兆 6,000 億円になる。

年経済成長率 2%は，現状では達成困難な高成長率であるし，給付費の伸び率も現状投影を前提にすれば，医療給付費は 39 兆 2,000 億円から 70 兆 1,000 億円に，介護給付費は 10 兆 7,000 億円から 24 兆 6,000 億円に増大する。

このような給付費の将来見通しは第 6 － 11 図に示すとおりである。OECD

第６－11 図　社会保障給付費の見通し

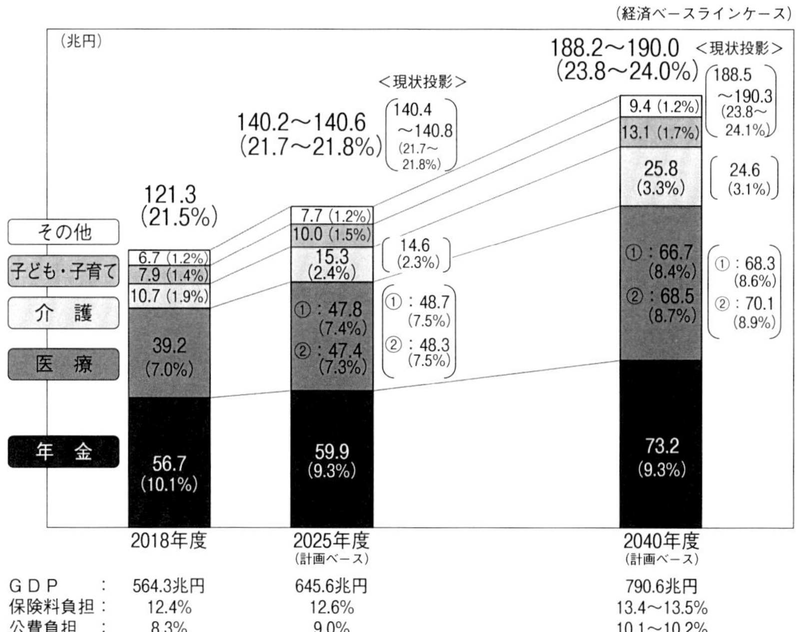

出所：総務省地方財政資料。

の *Health Statistics 2016* によると，日本の医療費はアメリカ，スイスに次いで世界第 3 位の高水準にある。医療費の 69％は，医師等の人件費（46.5％）と医薬品（22.4％）とである。長労働時間，夜間徹夜勤務，時間外勤務などが混在する医師等の人件費は，専門性や勤労実態など一般労働と比較できない水準のものであるが，医師等養成教育費の水準にも影響されて，特異な高額費用になっている。

医師になるのに多額の教育費と 8 年～ 10 年以上の年月が必要で，診療科目は増加の一途をたどる。医師は多すぎる患者を抱えて 3 分診療で 1.5 万円を受け，行政の給付負担は 10,500 円になるという構図が現代の医療である。オバマ・ケアーを導入しようとしたアメリカでは医療保険なしには健康は維持できないし，高すぎる医療機関に診療してもらうことが難しい中産階級以下の人々はメキシコに流れて安い医療費での診療を選択せざるを得ない。世界第 2 位のスイスと第 3 位の日本は総保険医療支出の対 GNP 比が 11.5 と 11.2 で大差ないが，スイスの消費者物価は日本のそれを相当上回る。そのような経済環境を考慮すれば，日本の医療費の飛び抜けた高さが認識できる。

平成 27 年（2015 年）には経済財政一体改革推進委員会が高齢化要因では説明できない地域医療費格差を指摘している。格差の説明回帰式は，人口 10 万人当たりの病床数 X_1，女性の健康寿命 X_2，65 歳以上の高齢化率 X_3，の 3 変数で定数項 a，各変数の係数を b_1，b_2，b_3，とし，決定係数は 0.90 近傍の医療費 Y に関する次式を得ている。

$$Y = a + b_1X_1 - b_2X_2 + b_3X_3$$

2010 年の推計式は $Y = 791 + 0.8123X_1 - 8.5758X_2 + 1.6522X_3$，である。

地域医療費格差は，男女共に健康寿命の多い都道府県ほど医療費が低く，高齢化の進展と共に増加し，病床数の多い地域ほど医療費が嵩む結果となった。

病床率の多い都道府県ほど病床を埋めようとする医師の誘導が作用し，医師による医療への誘発需要が存在する。また，消費者主権は確保することが難しく，医師の取引優位性が確立している。X_3 の説明力は薄く，高齢化が医療費格差を生むとは認められない。医療供給サイドに問題があるという結論になっている。

医療機関の存続と繁盛のために医師が誘導する医療・介護給付費の急速な膨張は，先端医療技術の高額性によるものでもなく，高齢社会の深化でもない。

健康長生き県ほど給付費は低く抑えられる。健康診断の受診率が高く，老人運動クラブや健康体操実施県が医療介護給付費を抑制できている。

推計値の最低は千葉県の0.874，最高は福岡県1.208で，格差は1.38倍になる。高い方では，広島県，大阪府，北海道が顕著で，低い方は，新潟県，長野県などである。東京都は歯科と薬剤の費用が格差を生む原因になっている。

【注】

1）A. T. Peacock はJ. Wiseman との共著 *The Growth of Public Expenditure in the United Kingdom*, 1961. において，1890年から1955年までのイギリス財政支出の長期的な趨勢を研究した。戦争や大不況などにより財政支出が急膨張すると，それらの動乱が終了しても元の支出水準には戻らず，より高い支出水準に転位する現象を転位効果（displacement effect）と指摘した。

練習問題

1．地方財政の近年の歳出動向について顕著な変化を説明しなさい。
2．リバイアサン政府にならないためには政府は何をしなければならないかについて論じなさい。

参考文献

〔1〕総務省『地方財政白書』平成31年版。
〔2〕佐藤主光『地方財政論入門』新世社，2009年。

第7章　補助金の理論

1．補助金分類

一般に，補助金とは，中央政府から，地方公共団体あるいは民間に，または地方公共団体から他の地方公共団体あるいは民間に対して，行政上の目的をもって交付される現金的給付である。中央政府は都道府県や市町村に各種の目的で補助的な移転支出を行う。また，同時に，国内の企業活動や学術研究機関の研究者個人等にも補助金を給付して，設備投資の促進を図り，あるいは研究の深化発展を助長し，災害からの速やかな復旧を支援する。都道府県は傘下の市町村の産業振興を進め易くするために専門技官を派遣したり，助成金を出したりする。市町村は在中の勤労青年の学業を助ける奨学金を給付し，企業活動支援や農業振興を目的に補助金を支出する。行政の大きな使命の一端は補助金が担っている。R. A. マスグレイブの所説にしたがって，補助金は以下のように分類される[1)]。

❶ 一般補助金か個別補助金かの区分

一般補助金は使途の特定がない補助金で，主に地域間の財政力格差を調整するための国庫支出金である。同一の税負担でいずれの地域においても同一水準の公共サービスを受けられるために社会的公平の観点から支出される。個別補助金は限定補助金または特定補助金とも呼ばれ，使途を特定した補助金である。近年導入され始めたメニュー補助金は一種の包括補助金（block grant）で，これらの中間の補助金である。使途は特定されているが，制限が緩く限定的使途に関係する複数の補助金をまとめて，包括的な広範囲の使途目的を含みこむことができる。例えば，病棟建設補助金と医療機器補助金をまとめて医療関係補助金とし，医療に関わるどのような目的にも支出できる補助金にしている。

包括補助金に対置される機能別補助金（functional grant-in-aid）を分類することもあるが，これは個別補助金である。

❷ 定率補助金か定額補助金かの区分

一定の比率で補助金が支出される定率補助金と金額が定まっている補助金とがある。これらの補助金は一般補助金にも個別補助金にもある。特に，定率の個別補助金を見返り補助金（matching grant）と呼び，これには公共サービスの供給が一定水準に達した時点で終わる打ち切り型（closed end type）とそのような制約を設けない継続型（open end type）がある。

❸ 条件付き補助金が無条件補助金かの区分

補助金の受け手である被交付団体の財政需要が交付の有資格基準と関連するかどうかで区分する。

以上の３種の分類を総括すると次の８類型に補助金を分けることができる。

第７－１表　補助金分類

	一般		個別	
	定額	定率	定額	定率
条件付き	1	2	3	4
条件なし	5	6	7	8

出所：筆者作成。

地方交付税は１型であり，所得制限のない児童手当は３型，私立高校無償化補助金は７型，道路建設補助金は４型，教育施設整備補助金は原則的に児童数や生徒数の制限付きであるので８型である。

補助金は政府間財政関係（intergovernmental fiscal relations）として，国や都道府県のような上位政府が補助金の被交付団体に対して行政目的を経済効率的に実現するための誘因手段として用いるものである。公共財便益のスピルオーバーが発生している場合にスピルアウトした便益を補償する場合にも有効であるし，また，投票者選択によって標準選択との間に乖離が発生するときには補助金による財政調整が必要となる。国と地方の役割分担や税源配分に偏倚(へんい)がある場合にも補助金による是正効果が期待できる。

2. 補助金の経済効果

政策手段として適切な補助金を選択し，政府にとって望ましい行政目的を最小費用で達成するために，各種の補助金について検討しなければならない。

❶ 一般補助金である定額補助金の経済効果

第7－2図を用いて定額補助金の効果を読み解くことができる。縦軸に私的財，横軸に公共財をとる。地域社会が利用できる予算領域が予算線 *AB* で示される。地域社会の住民の公共財と私的財に関する選好は社会的無差別曲線 $i_r i_r$ 曲線で示す。このときパレート最適点は *E* である。私的財 *C* 量と公共財 *D* 量とが最適な組み合わせとして選好される。*OD* 量の公共財を得るために私的財 *CA* 量を手放さなければならないので，公共財を得るための租税負担は *CA* である。*OA* は私的財で測った地域所得額であるので，税率は *CA*/*OA* となる。

私的財で測った一般定額補助金が *AF* 量だけ与えられると予算領域は拡大

第7－2図　一般定額補助金のケース

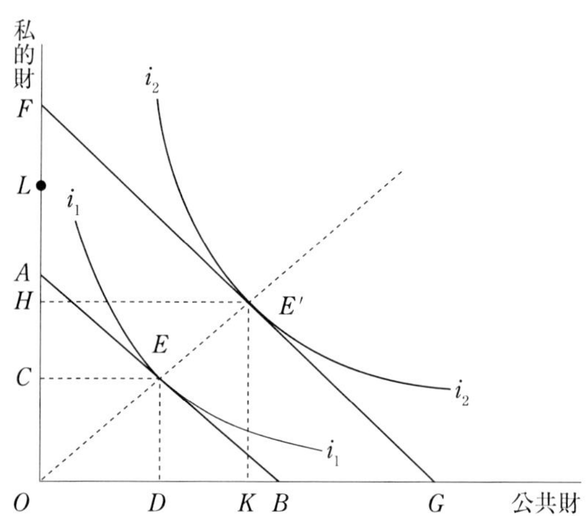

出所：長沼進一『テキスト地方財政論』勁草書房，2011 年。

し，新しい予算線は *FG* となる。社会的最適点も *E'* に移る。この地域は公共財 *OK* 量と私的財 *OH* 量を獲得する。両財ともに増加するので，補助金は所得効果を作用させ，一部は私的財の消費に漏出する。これはファンジビリティと呼ばれる流用代替可能性である。パレート最適状態の地域経済にどのような使途にも向けられる一般定額補助金が交付されると，地域住民の選好にしたがって公共財供給・消費量は増加するが，同時に公共財の供給に必要な租税負担の一部が解放されて減税となる（fungibility）ために，私的財の地域消費量も増える。

補助金交付前の租税負担は *CA* であったが，*CH* 部分が補助金で賄われた結果 *HA* の負担で済む。税率は *HA*/*OA* に低下し減税部分は *CH* である。新しい予算領域に拡大可能にした補助金の減税効果は *F* から *CH* 量に等しい減税量（*FL* 量）を除去した *L* 点によって明らかとなる。最適均衡点の軌跡は定額補助金の増加に伴う所得消費線である。

❷　一般補助金である定率補助金の経済効果

第７－３図を用いて定率補助金の経済効果を検討できる。定率補助金は，例えば，税収の一定割合の補助金を交付する等のものである。

第７－３図　一般定率補助金のケース

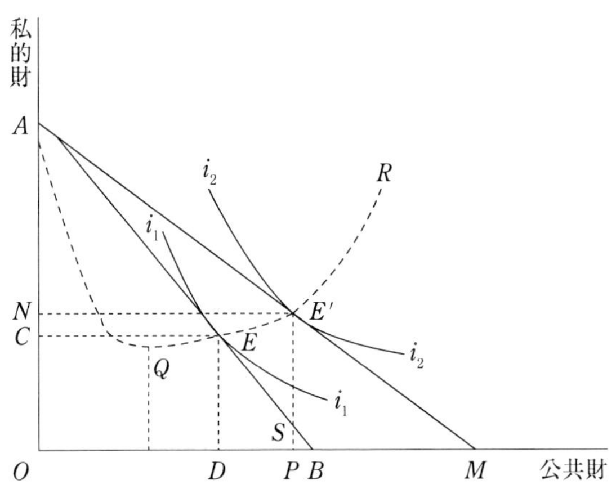

出所：長沼進一『テキスト地方財政論』勁草書房，2011 年。

定率補助金は公共財の供給価格を低下させ，予算領域の拡大は *AB* → *AM* で示すことができる。補助金交付後の地域均衡は *E'* に移る。私的財消費は *OC* から *ON* へ増加し，公共財は *OD* から *OP* へ増加する。このケースでは政府の予算領域の拡大に伴う私的財と公共財の消費増加であるので，すべて補助金の効果である。この変化に関する地域政府の費用は *E'S* である。図から明らかなように，この費用は，補助金がない場合の地域社会の租税負担で公共財 *OP* を得るために犠牲にしなければならない私的財の量である。補助金により *CN* 量の私的財消費を増加させることができたので，この部分が減税に当たる。税率は *CA*/*OA* から *NA*/*OA* に低下する。本来公共財の供給のために支出された補助金の効果が私的財の消費増加に漏出した量が *CN* である。

定率補助金の場合は，所得効果だけでなく，代替効果も作用する。つまり，相対的に定率補助金で安くなった公共財で私的財を代替することが発生する。例えば，図書館の充実で，個人的な蔵書よりも図書館利用が多くなると，地域の書籍購買量は減る。このような負の代替効果が，補助金による地域所得増加の効果である正の所得効果を凌駕する場合もある。

定率補助金の補助率が上昇するにつれて，私的財と公共財の地域均衡の組み合わせの変化は図上の点線で示している。このような軌跡は一例に過ぎないが，この軌跡では，公共財消費が一貫して増加し続けるのに反し，私的財消費は *Q* 点までは下落し，その後 *Q* から *E* → *E'* → *R* と増加する動向を示す。公共財の消費量が相対的に少ない *Q* 点までは補助金の漏出や減税は発生しない。

❸ 定額補助金と定率補助金の経済効率的比較

同一の地域政策目標を実現するために定額補助金と定率補助金のどちらが安上がりかという経済効率観点から比較検討しよう。第７－４図は，比較検討のために工夫したものである。補助金交付前の地域均衡点は E_0 で，定率補助金交付があると E_1 に移る。また定額補助金交付があると E_2 に移る。比較のためにどちらの補助金の下でも公共財の供給・消費量が *OP* になるようにしてある。

定額補助金の場合は，公共財 *OP* 量の供給のために地方政府には E_2S の費用が必要である。定率補助金の場合は E_1S が必要である。明らかに定率補助金の

第７－４図　定額補助金と定率補助金の比較

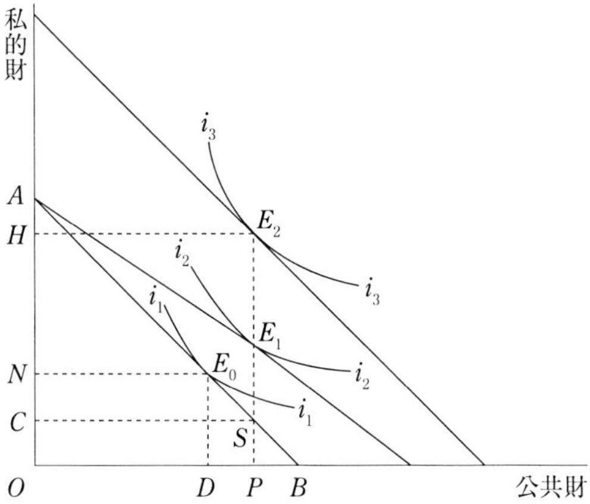

出所：長沼進一『テキスト地方財政論』勁草書房，2011 年。

方が安く，その差は E_1E_2 である。

定率補助金は公共財の供給を支援するための個別補助金として機能し，定額補助金は他の目的のために漏出する可能性のある一般補助金として機能するためである。現行の補助金は『補助金総覧』等にまとめられているように夥しい種類の補助金がある。重要で高額の補助金の多くが定率補助金であることは理論に鑑みて適正である。

3．便益のスピルオーバーと個別定率補助金

市民病院などの公共財は，海外からの観光客や隣接地域の住民にも利用可能であるほうが望ましい。しかしながら，市民以外の利用者はある意味でフリーライダーであり，適正な税負担なしに市民病院の医療サービスの恩恵を受けている。この場合に便益の漏出（spill-over）が発生している。差額料金による処理は部外患者の一時的な個別医療の負担であって，フリーライダーの解決にはならない。またこのようなスピルオーバーによって市民への医療サービスの供給が過小になり死重損失あるいは死加重（deadweight loss）と呼ばれる厚生損失が発生する可能性がある。この厚生ロスは代償のない犠牲としての損失である。

このような場合に，市民のみを利用者とするのではなく，スピルオーバーが

第７－５図　地方公共財のスピルオーバー

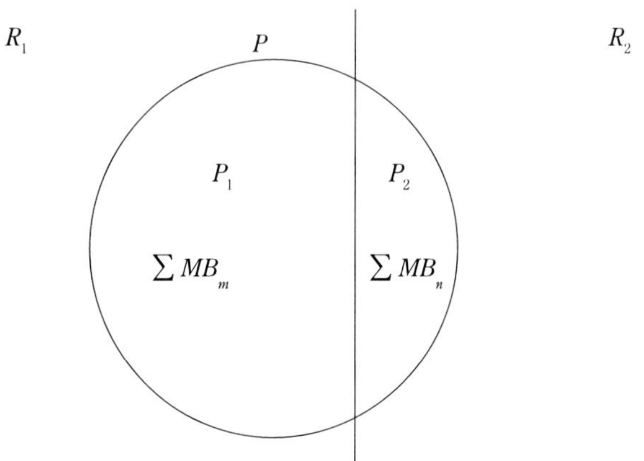

出所：筆者作成。

発生することを事前に想定して，近隣住民や一時的な利用者も考慮して市民病院の収容能力を大きめにしておくことが次善的合理性である。すなわち，市民の利用を想定する部分を地域の税負担で賄い，スピルオーバー部分を個別定率補助金でカバーする方法が second best となる。第７－５図によって説明しよう。

行政区域を R_1，R_2 とし地方公共財の便益範囲 P のうち当該行政区域の便益範囲を P_1，便益漏出範囲を P_2 とし，限界便益量 MB_m，m は住民のうち便益範囲の住民 m 人の住民番号１から m までである。P_2 のスピルオーバー部分の住民数 n 人の総便益は ΣMB_n であり，P_1 住民の便益は ΣMB_m である。R_1 地域の地方政府は地方公共財供給の限界費用 MC を負担する。

第７－６図はスピルオーバー効果が発生している場合に中央政府の定率補助金の必要を説明する。横軸に公共財供給量 X をとる。縦軸は限界便益および限界費用を示す。P_2 に関する便益曲線 AP は P_2 範囲の需要曲線であり，同じく P_1 の便益曲線 AB は P_1 範囲の需要曲線である。公共財 X の便益が及ぶすべての範囲の総需要はこれら両範囲の便益を合計したものになる。CDB 線がこれである。供給の限界費用が MC 曲線で示されているので，この費用負担でパレート最適均衡を調べると E^* 点になり，この時の公共財供給量 X^* が社会的最適供給量である。この供給量を R_1 政府だけに負担させることは非効率であ

第７－６図　補助金の効果

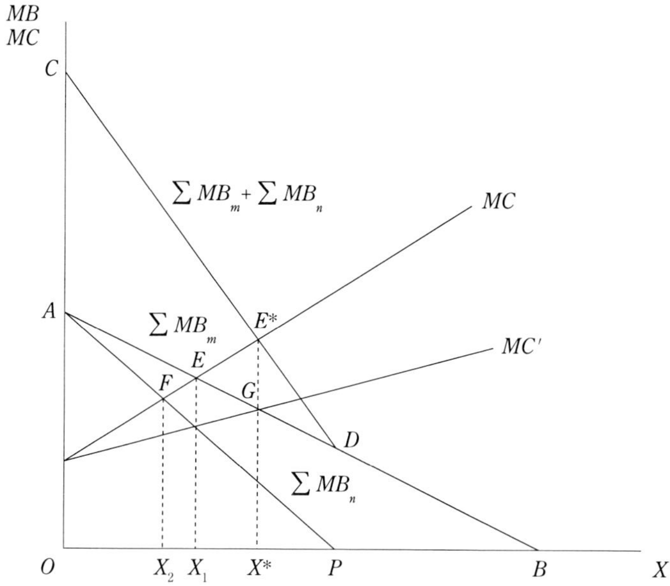

出所：筆者作成。

る。なぜならば，R_1 政府は P_1 範囲の需要を満たせば足りるからである。つまり，X_1 が最適量で均衡点 E を実現すれば足りる。そこで，中央政府は R_1 政府に補助金を出して，公共財供給量が X^* になるように誘導することが望ましい。すなわち，単独事業の限界費用曲線 MC の位置を定率補助金の交付によって，MC' の位置に下げる必要がある。このような補助金は慈悲深い政府にしかできない。P_2 範囲だけの均衡点は F で X_2 が最適量となる。

４．個別定額補助金の効果

個別定額補助金の効果を検討しよう。補助対象事業として公共財 X に対して個別定額補助金が交付される場合を想定する。第７－７図で，縦軸には対象外事業 Y をとる。補助金交付前の予算領域は，地域資源制約線（予算線）ST と両軸で囲まれた三角形である。この時，地域均衡は E（X^0, Y^0）で実現する。事業 X に対して個別定額補助金 B が交付されると，新しい予算領域は制約線が

第７－７図　個別定額補助金の効果

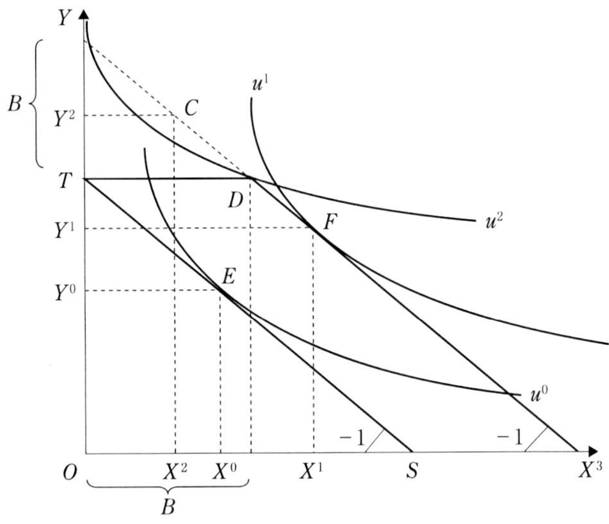

出所：佐藤主光『地方財政論入門』新世社，2009 年。

平行移動して拡大されるが，事業 X を減らすことはできないので，屈折予算制約線 TDX^3 で区切られた領域になる。新しい均衡は F（X^1，Y^1）になる。対象外事業 Y が増えるのは，補助金で解放された資源の一部を流用できるためである。制度的な一般か特定かの相違はあるが，経済効果としては変わらない。

しかし，補助金交付後に地域住民の選好が変化し，社会的無差別曲線が，例えば，$u^1 \rightarrow u^2$ のように変異した場合を想定しよう。このとき，屈折型予算領域の D が選択されるが，この状態はパレート最適点ではなく，資源利用の最適化が困難になっている。本来ならば C（X^2，Y^2）が均衡点であるが，個別補助金であるので C の状態を選ぶことができない。一般補助金と異なる経済効果が発生する。

5．フライペーパー効果と等価定理

フライペーパー（flypaper）とはハエ取り紙である。補助金の性質を捉えた比喩で，粘着性のあるフライペーパーは貼りついたら離れない。政府間財政移転は地方支出を増加させ，地域住民の租税負担の積極的意思を超過するような支出を促す傾向があることを指摘している。

本来，理論上，等価定理が成立する[3]はずである。補助金による地方自治体の財源増加も，減税等による地域住民の所得の増加も，公共支出に与える効果は等価である。すなわち，どちらの経路からも同一の所得効果が発生すると考えられる。しかしながら，地方自治体に入った補助金は地域住民に還元されにくく，住民の手に委ねられた減税分は地方自治体に渡されにくい。少なくとも補助金は，一度張り付いた所からなかなか離れずに地方支出の拡大へと導くというフライペーパー効果が作用する。

このような効果の発現は，情報の不完全性や財政錯覚（fiscal illusion）に起因する。地域住民は自身の租税負担と公共サービスの供給水準を照合する場合に補助金で賄われている部分についての情報不足により，供給コストを過小に評価し，あるいは適正な評価ができない。このような住民の錯覚はリバイアサン政府に財政規律弛緩（しかん）や放漫財政運営の隙を与える。

R. C. フィッシャーの実証研究[2]によると，補助金による支出拡大効果は地域所得増による効果を上回る。つまり補助金による公共財供給価格の低下が相対的に安くなった当該公共財をさらに多く求める代替効果を生み，さらに所得効果を含めた価格効果がフライペーパー効果の実質的効果で，地方財政支出の拡大が発生する。理論上の等価定理は実態上では成立することが困難であるから，裁量的に補助金の拡大を抑制し，補助金本来の規範的役割である財源保障の充実を図る必要がある。

６．補助金政策の裁量性

特定補助金は，中央政府が特定の公共サービスの供給水準を一律的に判断し，各地域におけるスタンダードな水準を確保するために効率性改善のために用いる。他方，一般補助金は上位政府と下位政府の間の垂直的財政格差を是正し，地方政府間の水平的格差の是正という公平性確保のために用いる。特に公共財の便益にスピルオーバーが発生する場合は，このような外部性を内部化する役割も果たしている。結局，国から地方自治体への財政移転（補助金）は，分権的財政制度の効率化と公平性確立を目指している。

しかしながら，補助金制度の現状は裁量性に満ちているので，中央政府の過剰な関与と地方政府の無責任な放漫財政運営が補助金本来の規範的目的を遠ざけている。地方政府はいわゆるモラル・ハザードに陥りやすく，公共部門の費用最小化行動は多くを期待できない。公共財・サービスは需要充足が第一義的関心事であり，利潤追求型ではないからである。理論的には，全国一律的な必要額を超過する支出は地域住民に帰着しなければならない。この限界財政責任こそ地方自治の本旨と言えるが，民度の成熟は政治への無関心の中で充分な水準に至っていない。

特に，補助金が放置的散布状態で，中央政府の規律が希薄な状態では，事後の「ソフトな予算制約」制度が補助金の裁量性の中でも多くの問題を引き起こす元凶である。端的に言えば，事前に公共財供給の最小費用化を目指して予算を削減する努力をしなくても，事後的に救済されるシステムである。もし，事前に費用削減の自助努力があれば財政欠陥を引き起こさなかったと期待できる地方政府に，費用削減のインセンティブを与えずに甘やかすことで無駄な放漫支出を増幅させる結果へと誘導するシステムである。補助金改革が叫ばれる核心的原因となっている。

7．ソフトな予算制約

「ソフトな予算制約」は展開型ゲームの枠組みで，中央政府と地方政府との望ましい関係を説明する場合に，到達するナッシュ均衡解である。ゲームの理論を援用して，*principal* である当事者の中央政府が *agent* である代理人の地方政府との間で，ゲームを行う。ゲームはエージェントが先手で，財政効率化に取り組む（$\alpha = 1$）か，あるいは放漫財政を放置して破産する（$\alpha = 0$）かについて事前に選択する。当事者責任を担うプリンシパルの中央政府は，事後的にエージェントを救済するか，救済しないかについて選択する。エージェントを破産させることは，その地域のナショナル・ミニマムの財源保障を放棄し，あるいは公企業の雇用を失うことで必ずしも望ましい結果ではない。温情主義的で事後的救済補助金について大きな裁量権をもつ中央政府であれば，救済に傾く確率は相当に高い。ソフトな予算制約は，先手であるエージェントの地方政

第７－８図　事後的救済の利得

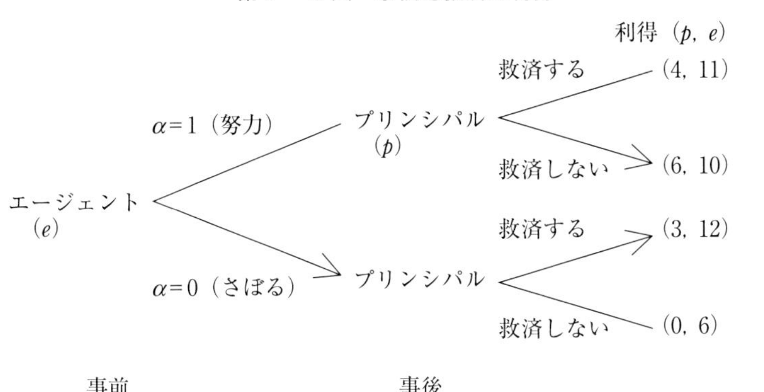

出所：筆者作成。

府が予め中央政府の救済を期待して，財政努力を怠る傾向を強めるところに問題がある。救済がなければ，事前の財政効率化に向けた努力決意をすることが最適になる。結局このゲームのプリンシパルの事後的な対応に応じて，中央政府 P と地方政府 A との最終的な利得は，第７－８図に示すとおりになる。周知の「囚人のディレンマ」と同様に，相互に利己的な行動様式では最適解の実現には至らない。ゲームの理論では，サブゲーム均衡解を実現させて，中央政府の救済がなされることが最適解（3, 12）となる。

ソフトな予算制約は社会主義体制下で政府と公営企業との間の財政関係を特徴づける方法として出発した。破綻に瀕した公営企業を政府が救済するシステムである。これを地方財政の分野で再編すれば，累積債務に苦しむ赤字地方政府に対して，中央政府が政府間財政移転である補助金を給付して事後的に救済するシステムである。

夕張市の破産問題は中央政府の救済無しの事例である。現実に民間企業並みに破綻処理をすると，住民の生活の劣化は想像以上であり，中央政府の破綻処理コストも甚大な額に及ぶ。自助的な立ち直りのためには 25 年もの時間がかかる。何よりも，破綻に至る経過の中で夕張市の行政に注ぎ込まれた膨大な資源がサンクコスト（sunk cost 埋没費用）化することが惜しまれる。したがって，事後的に救済して，自助的な財政再建を後援する方がコスト的にも住民福祉の観点からも望ましいと考えられるようになった。ソフトな予算制約が地方政府の予算変更（ソフト化）を可能にし，地方のリバイアサン政府のモラル・ハザードを助長してしまうことが不可避な問題として迫っている。

8．国庫支出金

国は地方公共団体に対して，補助金，負担金，補給金，委託金，交付金などの名目で支出金を交付している。これらの総称が国庫支出金であるが，一般的には補助金に代表されるような特定財源として機能するものを指す。地方財政法第 18 条に規定のある国の支出金の中の国庫支出金はこの意味である。

国が特定の事務事業の中で，公益性を認める事業の実施に役立つように反対給付なしに交付する交付金であり，国庫負担金，国庫補助金，国庫委託金の 3 種に分類される。

国庫負担金は中央政府と地方政府とが共同責任で行う事務事業に対して，経費負担区分の規定により国の義務的負担になる給付である。地方財政法上では，普通国庫負担金，建設事業負担金，災害国庫負担金に分類される。

❶ 普通国庫負担金

法令に基づく事務事業で，地方財政法第 10 条に列挙されているような事業の経費のうち全部あるいは一部を国が負担するものである。たとえば，義務教育費国庫負担金等である。

❷ 建設事業負担金

法令または政令で定める土木事業やその他の建設事業に必要な経費のうち地方財政法第 10 条 2 に列挙されている経費の全部または一部を国が負担するもので，公共事業費負担金，公営住宅建設費負担金等である。

❸ 災害国庫負担金

災害に関する事務事業で，地方税あるいは地方交付税等の一般財源では必要な財政需要を満たせない経費のうちの一部を国が負担するもので，地方財政法

第 10 条 3 に列挙されている。公共土木施設災害復旧事業費国庫負担金，災害救助事業費国庫負担金などがある。

地方財政法第 11 条では国庫負担金の対象となる経費費目，算定基準，負担割合について法律又は政令で定めると規定している。さらに同法第 11 条 2 では，国庫負担金費目のうち地方公共団体が負担する部分は，地方交付税交付金算定の際に財政需要額に算入されると規定されている。結局，これらの国庫負担金は最終的には全額が国の負担に帰着し，ソフトな予算制約になっている。

地方財政法第 16 条では，国が特定の事務事業の実施を推奨するなど，その政策を行う特別の必要があり，あるいは地方公共団体の財政上に特別な必要を認めるときに限り補助金を交付できると規定されている。これが本章のテーマである国庫補助金であり，各種の奨励的補助金，補給金，交付金等がある。国庫負担金は国の義務的負担であるが，国庫補助金は恩恵的ないし支援的交付金である。政策上の補助金を奨励的補助金，財政上の補助金を財政援助的補助金と呼ぶ。補助金が恩恵的交付金であるところに利益誘導型政治やロビースト活動などのレント・シーキングの入り込む余地があり，癒着，忖度など政治的腐敗の元凶となる隙が発生する。

国庫委託金は，国が自ら行うべき事務事業であるが，効率性の観点から地方公共団体に実施させ，その経費の全額を国が負担するものである。地方財政法第 10 条 4 に列挙される事務事業で国会議員選挙，国勢調査，外国人登録等が含まれる。

国庫支出金について，地方財政法第 18 条は，地方公共団体が当該支出金に係る事務のために必要で十分な金額を基礎にして算定すると規定し，第 19 条では，支払い時期について遅れないように支出すること，また第 25 条では，地方公共団体が法令にしたがって適正に使用すべきことを規定している。また，これらの規定が都道府県の市町村に対して交付する補助金等にも準用されると第 30 条で規定している。

国庫支出金には支出形態によって定率補助負担金，定額補助金，包括補助金（メニュー補助金または統合補助金）があり，交付形態によって，直接補助金と間接補助金がある。

【注】

1） Musgrave, R. A. and P. B. Musgrave, *Public Finance in Theory and Practice*, 1980.（大阪大学財政研究会訳『財政学Ⅰ・Ⅱ・Ⅲ』有斐閣，651-652 頁）

2） Fisher, R. C., "Income and Grant Effects on Local Expenditure: The Flypaper Effect and Other Difficulties," *Journal of Urban Economics*, Vol.12, 1982, pp.324-345.

3） 個人の私的財消費 C は所得 I から国税 T と地方税 L を引いた額であり，公共財支出 X は当該地方住民 m 人からの地方税収 mL と政府間財政移転（補助金）G からなる。$C = I - T - L, X = G + mL, \rightarrow mC + X = G + mI - mT$ なので（$mI - mT$）を減税で増やしても補助金 G を増やしても $mC + X$ には同じ効果が発生することになる。

練習問題

1．J. M. ケインズのハーベイ・ロードの前提はどのような政府を想定しているか。

2．地方政府がソフトな予算制約制の下で財政上のモラル・ハザードを引き起こさないようにするにはどうしたらよいか。

参考文献

〔1〕長沼進一『テキスト地方財政論』勁草書房，2011 年。

〔2〕佐藤主光『地方財政論入門』新世社，2009 年。

〔3〕赤井伸郎・佐藤主光・山下耕治『地方交付税の経済学』有斐閣，2004 年。

〔4〕中位英雄・齊藤愼・堀場勇夫・戸谷裕之『新しい地方財政論』有斐閣，2010 年。

第 8 章　地方財政計画

1．地方財政計画

地方交付税法第 7 条の規定により，内閣は毎年度所定の事項を記載した翌年度の地方団体の歳入歳出総額の見込額に関する書類を国会に提出するとともに，一般に公表しなければならない。財務省と総務省との間の地財折衝を経て閣議決定される 10 日ほど前に，この書類のうち，翌年度の地方財政全体の収支見込み等に関する部分を作成し公表している。通常これを地方財政計画と呼ぶが，両者は本質的に同一である。

地方財政計画の策定は昭和 23 年（1948 年）に開始され，25 年にはシャウプ勧告による地方財政平衡交付金制度の創設とともに，その総額算定のために策定されることになり，地方公共団体の財源保障の役割を演じた。その後，昭和 29 年度に創設された地方交付税制度が地方平衡交付金制度に代わるとともに，総額決定は自動的に決定されることになったため，策定意義は変質した。

しかしながら，地方交付税法第 6 条の 3 Ⅱに規定されているように，毎年度分の交付すべき普通交付税総額が地方公共団体の財源不足総額と著しく異なる場合は，地方行財政制度の改正あるいは交付税率変更を行わなければならないので，その措置のために地方財政計画は枢要な基礎として本質的な重要性の変化はなかった。

地方財政計画は，通常的な一般水準の収支総額の推計に過ぎないので，個々の地方自治体の実態に即した推計ではない。収入において超過課税や独自課税による税収入および退職手当債などの枠外債等は見込まれない。また経費についても国庫補助，負担事業等に係る超過負担額や国家公務員の水準を超える職員給与費等は算入されない。さらに，普通会計の単年度の収支見込であるので前年度からの繰越事業費や剰余金収入は除外される。また，当初予算ベースで積算されるので，年度中途の地方税自然増収や地方交付税，国庫支出金，地方債等の補正による増加分も算入されない。このため，地方財政計画と実際の決算額との乖離は非常に大きい。第８－１表は総務省資料から地方財政計画の最近の概要を示したものである。

このような地方財政計画であるが，その役割は極めて大きい。まず，地方交付税制度の下で地方公共団体の行政に必要な地方財源の保障を行っている。また，毎年度の地方行政水準の改正や行財政制度の変更に伴う経費動向を標準的な歳出額として積算し，経済動向や租税改正を踏まえた収入見込額を歳入として計上したものであるので，個々の地方自治体の行財政の指針として役立っている。国民福祉の大部分を地方公共団体の行政が担っている現状で，国の施策が地方にとって受け入れ可能かどうかについて，地方の実情の下で確認するためにも必要であり，その意味で国の施策の指針ともなっている。さらに，地方財政と国家財政との多様な調整の舞台ともなっている。

歳入については，地方税，地方交付税，国庫支出金，地方債など種類ごとの総額が計上され，歳出については給与関係費，一般行政費，公債費，投資的経費など性質別支出総額が計上されている。東日本大震災分として震災復旧・復興事業等についてはこの表の他に別枠で整理し，所要の事業費と財源の確保を計画に盛り込んだものがある。

２．地方財政計画の諸項目

地方財政計画の歳出決定についてその理論的バックボーンをつかむことが地方財政制度の根幹にかかわるポイントであるので，ここでは，各歳出項目について詳論しよう。まず，給与関係経費である。これは地方財政計画において，地方公務員職員数を定めている。義務教育教職員，警察官，消防職員，一般職員が含まれる。近年では基本方針に基づいて定員純減目標を定めて減少させている。給与単価は，人事院勧告や地域の民間給与等を反映させて総額を見積もる。また，団塊の世代の大量退職時の退職給与急増に備えて，平成18年度（2006年度）から退職手当以外と退職手当を分けて計上している。但し，この計画上の公務員数は実定員ではないので，公務員数削減計画通りに実際に動いてい

第８－１表　地方財政計画歳入歳出一覧（通常収支分）

（単位：億円、%）

区分		平成31年度 (A)	平成30年度 (B)	増減額 (A)－(B) (C)	増減率 (C)/(B)
歳入	地方税	401,633	394,294	7,339	1.9
	地方譲与税	27,123	25,754	1,369	5.3
	地方特例交付金等	4,340	1,544	2,796	181.1
	地方交付税	161,809	160,085	1,724	1.1
	国庫支出金	147,174	136,512	10,662	7.8
	地方債	94,282	92,186	2,096	2.3
	うち臨時財政対策債	32,568	39,865	△ 7,297	△ 18.3
	うち財源対策債	7,900	7,900	0	0.0
	使用料及び手数料	16,083	16,091	△ 8	△ 0.0
	雑収入	43,887	42,890	997	2.3
	復旧・復興事業一般財源充当分	△ 90	△ 77	△ 13	16.9
	全国防災事業一般財源充当分	△ 312	△ 306	△ 6	2.0
	計	895,930	868,973	26,957	3.1
	一般財源	627,072	621,159	5,913	1.0
	（水準超経費を除く）	606,772	602,759	4,013	0.7
歳出	給与関係経費	203,307	203,144	163	0.1
	退職手当以外	187,685	187,313	372	0.2
	退職手当	15,622	15,831	△ 209	△ 1.3
	一般行政経費	384,197	370,522	13,675	3.7
	補助	214,845	202,356	12,489	6.2
	単独	141,804	140,614	1,190	0.8
	国民健康保険・後期高齢者医療制度関係事業費	14,848	15,052	△ 204	△ 1.4
	まち・ひと・しごと創生事業費	10,000	10,000	0	0.0
	重点課題対応分	2,700	2,500	200	8.0
	公債費	119,088	122,064	△ 2,976	△ 2.4
	維持補修費	13,491	13,079	412	3.2
	投資的経費	130,153	116,180	13,973	12.0
	直轄・補助	69,077	58,104	10,973	18.9
	単独	61,076	58,076	3,000	5.2
	うち緊急防災・減災事業費	5,000	5,000	0	0.0
	うち公共施設等適正管理推進事業費	4,800	4,800	0	0.0
	うち緊急自然災害防止対策事業費	3,000	-	3,000	皆増
	公営企業繰出金	25,394	25,584	△ 190	△ 0.7
	企業債償還費普通会計負担分	15,383	15,846	△ 463	△ 2.9
	その他	10,011	9,738	273	2.8
	不交付団体水準超経費	20,300	18,400	1,900	10.3
	計	895,930	868,973	26,957	3.1
	（水準超経費除く）	875,630	850,573	25,057	2.9
	地方一般歳出	741,159	712,663	28,496	4.0

出所：総務省資料。

るかどうかはわからない。また合併特例法による市町村合併後の地方自治体は10年間のうちに類似団体並みの職員数に削減しなければ地方交付税の減額に対応できない。

一般行政経費は，公債費以外の経費である。補助事業が単独事業の1.5倍である。補助事業は国の国庫補助負担金が給付される。この負担金は一般行政経費に補助率を掛けて算定される。単独事業費は国庫補助負担金がない事業で，地方公共団体の自助努力を奨励し，経費削減とともに重要な政策案件への財源の重点的投入を図るように促している。これらは別枠で，国民健康保険・後期高齢者医療制度関係事業費，まち・ひと・しごと創生事業費，重点課題対応分を計上している。単独事業は法令に基づく事務分担による財政需要がほとんどで，内枠は明示されず一定の金額を確保している。シーリング（上限天井）の伸び率は横並び的にしている。

補助事業の中には，生活保護，介護保険，老人医療，保育所等の児童保護がある。地方単独事業には，警察・消防の運営費，ごみ処理，道路・河川・公園等の維持管理費，農業・商工業等貸付金，保健所，義務教育諸学校運営費，私学補助，戸籍・住民基本台帳等がある。

投資的経費は直轄・補助事業と単独事業に分かれる。補助事業費は国の国庫補助負担金総額を補助率で割って地方公共団体が負担する投資的経費を含めた全体の補助事業費を算定する。さらに投資的経費には起債が充当できるので，この補助事業費全額から国庫補助負担金を引き，地方債充当率を掛けて補助事業費のうち起債充当分を算定し，総額から引けば地方公共団体の負担分が出る。充当率は総務省告示で確定するが，公示前に地方財政計画の歳出から地方債の必要額が算定されて地方財政計画に計上される。

生活保護費のように事業費が制度的に決定しているものがある一方で，法的根拠のない経費もある。それらは政府政策との関連で圧縮され，あるいは伸び率も一様ではない。また，国の一般会計の地方向け補助金は，地方財政計画上の補助事業費総額よりも大きくなる。それは介護保険や下水道事業のように地方の特別会計の財源となる補助金を含むからである。

公債費は，実際に発行された公債金額に関する元利償還金が計上される。その場合にも，発行金利や償還期限などの発行条件のばらつきが無視されて標準的な理論的償還で積算される経費しか計上されない。臨時財政対策債は実際の発行とは無関係に発行可能分を発行したものとして計上する。地方交付税の代わりと見なされるからである。仮に総務省の同意のない地方債が発行されてもその元利償還金は地方財政計画の公債費には算入されない。計画額と決算額との間の乖離額は公債費の場合は小さい。

まち・ひと・しごと創生事業費は，地方団体が自主性・主体性を最大限に発揮して地方創生に取り組み，地域の実情に応じたきめ細かな施策を可能にする観点から平成 27 年度（2015 年度）に創設された事業費で，その後引き継がれている。

令和元年（2019 年）10 月から実施した幼児教育無償化に係る経費について，消費税の 10％への引上げによる地方の増収が僅かであるため，地方負担分に関して臨時交付金を創設して全額国の負担で対応することが盛り込まれた。

重点課題対応分の拡充は，森林環境譲与税を財源とする森林整備等の経費を 200 億円増額した。

公共施設等の適正管理の推進は，公共施設の老朽化対策や適正管理を推進するための事業費で，さらに橋梁，都市公園等の長寿命化事業が追加されている。

３．不交付団体水準超経費

不交付団体水準超経費は，他の経費とは性質が異なる。一般に地方財政計画の歳入と歳出の差額が地方交付税であるが，この算定に交付税不交付団体の影響が参入しないように操作する必要がある。

交付税不交付団体は，見積もられる基準財政収入額が基準財政需要額を超過するので，財源超過額が発生する。この財源超過額を見積もり収入額から差し引く必要がある。第８－２図はこれを図示している。

図中の地方譲与税以外の地方の基準財政収入額は主に地方税収入であるが，その 75％が算定に入り，25％は留保財源として地方公共団体の手元に残され，一般財源として利用される。東京都や愛知県のような不交付団体は地方税収が潤沢で，標準水準の公共サービスを超えるサービス提供に充当できる。これが水準超経費である。水準超経費が存在すると不交付団体の留保財源も増加する。

第８－２図　財源超過額

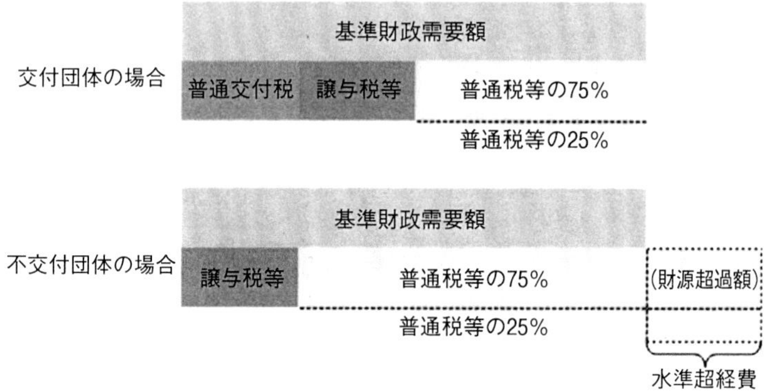

出所：小西砂千夫「地方の立場からみた税制の抜本的改革の課題」p.6。

第８－３図　地方財政計画と基準財政需要額総額

地方財政計画における一般財源の総額 ＋ 臨時財政対策債 ＝ 普通税等 ＋ 地方譲与税 ＋ 普通交付税 ＋ 特別交付税 ＋ 臨時財政対策債

＝

（交付団体の場合）　留保財源：普通税等(25%分) ＋ ［基準財政収入額：普通税等(75%) ＋ 地方譲与税］ ＋ 普通交付税 ＋ 特別交付税 ＋ 臨時財政対策債（基準財政需要額）

（不交付団体の場合）　留保財源：普通税等(25%分) ＋ ［基準財政収入額：普通税等(75%)：水準超経費相当額の75%分 ＋ 普通税等の一部］ ＋ 地方譲与税 ＋ 特別交付税 ＋ 臨時財政対策債（基準財政需要額）

（地方財政全体）　＝　留保財源：普通税等(25%分) ＋ 水準超経費相当額の75%分 ＋ 基準財政需要額 ＋ 特別交付税 ＋ 臨時財政対策債

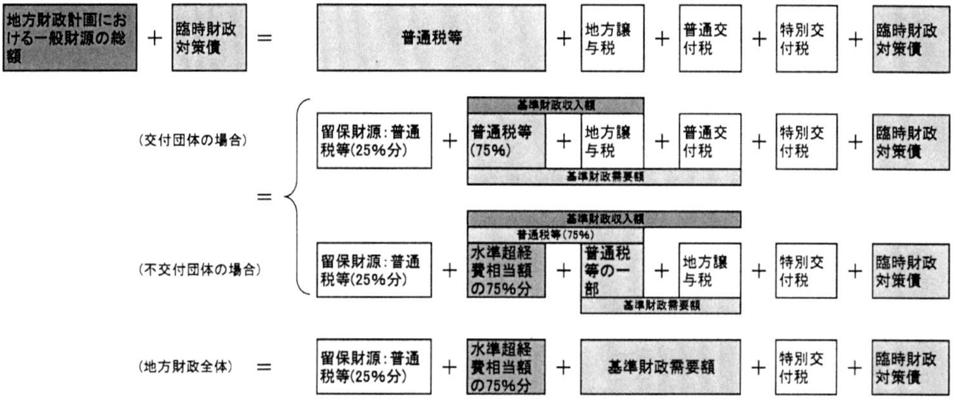

出所：小西砂千夫『地方財政』学陽書房，2009年，p.185。

このままの処理では，交付団体への地方交付税が不交付団体の地方税収超過額の75%分だけ圧縮されてしまう。そこで，地方財政計画では，これを歳出に加え，不交付団体水準超経費として調整している。この部分は正式には「地方交付税の不交付団体における平均水準を超える必要経費」と呼ばれる。

地方財政計画と基準財政需要額総額との関係は第８－３図に図示するとおりである。事後に財源超過額として確定する水準超経費の見積もり額が大きすぎて不足額が出るときは調整率をかけて減額調整し，補正予算で交付税財源に余剰が出れば元に戻すこともある。余剰額は特別交付税財源となる。

４．地方財政計画と地方交付税

地方財政計画は個別地方自治体の財政状態と密接に連動する。不交付団体については影響がほとんどないが，地方財政計画の歳出規模の圧縮はそのまま標準的な地方団体の決算を縮小させる。地方財政計画が地方団体の普通会計に対応し，その分だけが地方交付税でカバーされるからである。また，基準財政収入額に含めない留保財源で対応する財政需要は様々であるので，基準財政需要額に含めない事務事業は留保財源の大きさに左右される。特に，留保財源は一般財源であるから，公共サービス格差が発生しやすくなる。

地方交付税を配分する際に必要となる基準財政需要額の総額決定は，地方財政計画歳出見込みから算定するのではなく，第８－４図に示すように算定する。

地方財政計画が見積もる歳入総額から基準財政需要額総額を導出するとき，まず一般財源分のみを抜き出し，都市計画税などの目的税以外の地方税収の25％にあたる留保財源分と不交付団体水準超経費分，特別交付税４％分を除去する。次に，地方財政計画の各歳出項目について，基準財政需要額で対応する部分と国庫支出金や地方債などの特定財源と留保財源で対応する部分とに分ける。

こうして地方財政計画上の基準財政需要額総額が決定される。

第８－４図　基準財政需要額総額の決定

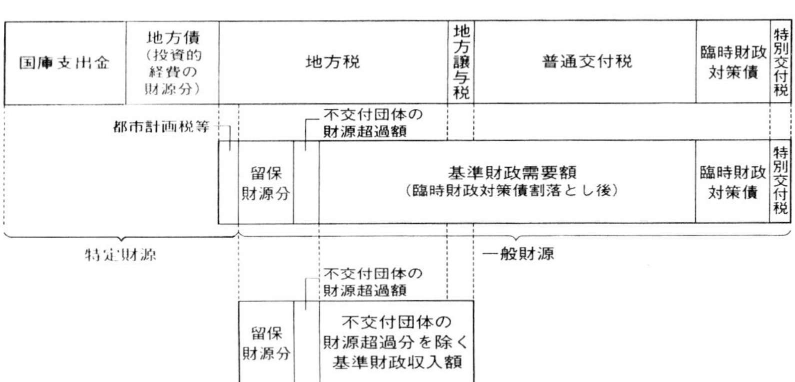

出所：小西砂千夫『地方財政』学陽書房，2009年，p.74。

都道府県の留保財源率は平成15年度（2003年度）に市町村の基準税率に並ぶように引き上げられて現行の75%になった。留保財源を確保する努力を奨励しながら一定の地域格差を認め地方財政の自由度を広げる狙いがあった。

このようにマクロ経済的に見積もられる地方財政計画と，ミクロ経済的に財源不足度の異なる1,718の都道府県市町村それぞれの個別地方団体について算定される地方交付税配分額には初めからかみ合わせの悪さがあり，大きな懸隔（けんかく）を抱えたシステムを利用し続けている。

第8－5図は，国税5税の法定率分と特例加算を行って，個別地方団体の各種の財政事情とは無関係に決定されるマクロの地方交付税総額と各地方団体ごとのミクロの地方交付税配分額の関係を示している。

地方財政計画は9月～12月の予算編成時に，全地方団体の歳出歳入を見込み収支不足を見積もるためにまとめられる。収支不足を補填するために一般会計からの特例加算等を施して交付税総額が決定される（左図）。

1月から7月に予算決定後，予算編成で決定された交付税総額を配分するために基準財政需要の算定基準（単位費用，測定単位，補正係数）を毎年改定する。改定後の算定基準にしたがって各地方団体の基準財政収入額と基準財政需要額とを算定し，不足分を普通交付税で補填するように配分する（右図）。

平成30年度（2018年度）の地方財政計画の概略は第8－6図に示す通りである。

第8－5図

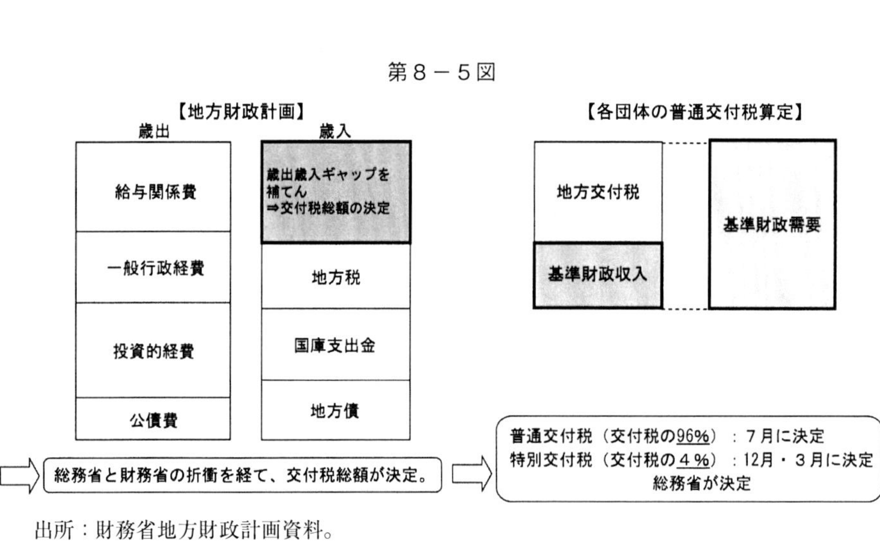

出所：財務省地方財政計画資料。

第8－6図　地方財政計画の概要

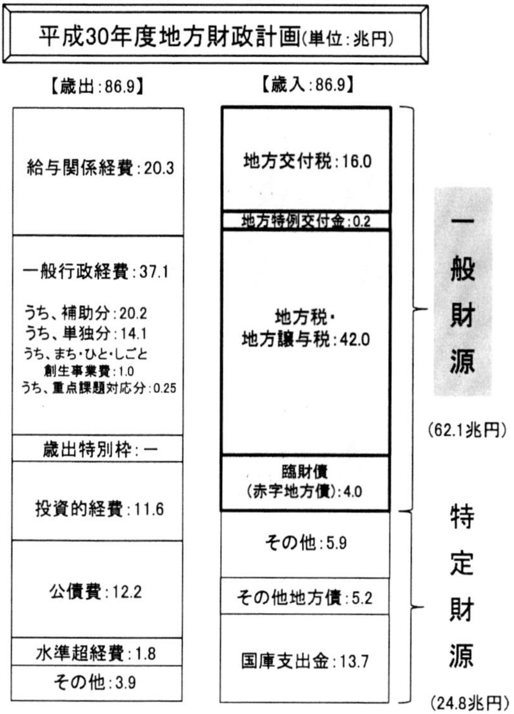

平成30年度地方財政計画(単位：兆円)

【歳出：86.9】

- 給与関係経費：20.3
- 一般行政経費：37.1
  - うち、補助分：20.2
  - うち、単独分：14.1
  - うち、まち・ひと・しごと創生事業費：1.0
  - うち、重点課題対応分：0.25
- 歳出特別枠：－
- 投資的経費：11.6
- 公債費：12.2
- 水準超経費：1.8
- その他：3.9

【歳入：86.9】

- 地方交付税：16.0
- 地方特例交付金：0.2
- 地方税・地方譲与税：42.0
- 臨財債(赤字地方債)：4.0
- その他：5.9
- その他地方債：5.2
- 国庫支出金：13.7

一般財源(62.1兆円)

特定財源(24.8兆円)

出所：財務省地方財政計画資料。

この地方財政計画は平成27年6月30日に閣議決定された「骨太方針2015」の経済財政再生計画における歳出改革の目安を反映して策定されている。

＜目安1＞プライマリー・バランス赤字のGDPに占める割合を2018年度1％減少させる。＜目安2＞国の一般歳出総額の実質的増加が1.6兆円程度で推移してきた基調を維持する。＜目安3＞社会保障関係費の水準の実質的な増加が1.5兆円程度であるが，この推移を維持しつつも消費税増税に合わせて行う充実を加えて適正な水準におさめる。＜目安4＞地方の歳出水準は一般財源の総額について2015年度の地方財政計画の水準を下回らないように実質同水準ルールを守って確保する。これらの4つの目安に沿って地方財政計画が作成された。

5．枠計上経費

地方財政計画には，内訳や積算が不明瞭な枠計上経費が大規模額で存在する。第8－6図の中では，一般行政経費（単独）14.1兆円，重点課題対応分0.25兆円，まち・ひと・しごと創生事業費1.0兆円，投資的経費（単独）11.6兆円がこれに当たる。平成29年度まで危機対応モードの地方財政計画に盛り込まれていた歳出特別枠は廃止・皆減された。近年の動向は第8－7図にある。

例えば，まち・ひと・しごと創生事業費1.0兆円は，人口増減率等の指標で配分されるが，各地方団体の具体的使途や実績は不明である。計画に計上する以上，この財源を活用した事業の実績と成果を把握して枠計上経費の計上の合理性を検証しなければならない。最近の10年度分は167兆5,000億円に達する。

平成31年度（2019年度）は経済財政運営と改革の基本方針2018（骨太方針2018）に沿って地方財政対策の枠組みが決定される。平時モードである。

第8－7図

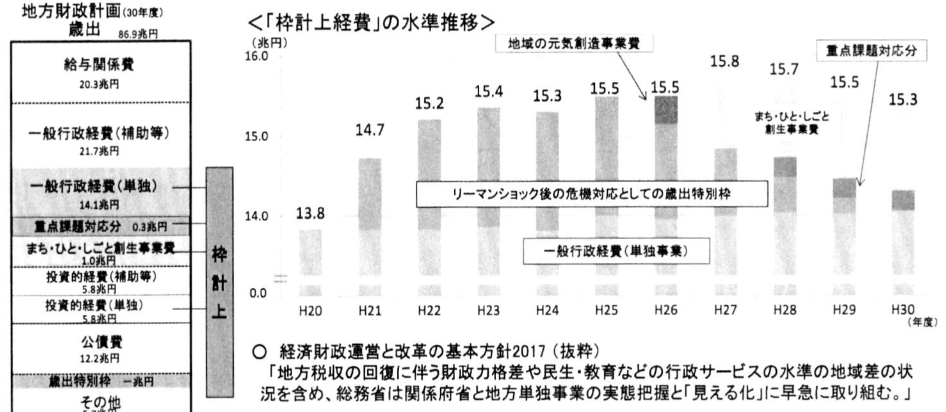

出所：財務省地方財政計画資料。

6．基準税率（基準率）

普通交付税の基準財政収入額を算定するとき，地方税収の算入率が基準税率である。これによって留保財源額が決まる。道府県税及び市町村税に係るものを基準税率，国有資産等所在市町村（都道府県）交付金に係るものを基準率と呼ぶ。現在，地方交付税法第14条Ⅱに規定されているように75％である。

税収見込額の一部を留保財源として残すのは次の理由からである。❶地方団体の行政行為には地域独特の単独事業を必要とする分野があり，これらのすべてを完全に捕捉することは技術的に困難であるので財源を留保する必要がある。❷税収見込額の全額を基準財政収入額に入れるならば，歳出についての基準財政需要額も完全捕捉し算入させなければならない。これは国の規制が予算等の内容を厳しく過度に制約することになり，地方団体の自主的な財政運営を阻害することになるので，望ましくない。❸留保財源を認めないと地域振興や徴税努力で増収となった分がそのまま交付税の減少になるがそのような努力を怠って税収の落ち込みがあってもそれだけ交付税が増加して救済されることになり，税源涵養や徴税意欲を削ぐことになる，という理由である。

個人住民税の税源移譲相当額，地方譲与税，交通安全対策特別交付金及び児童手当特例交付金については留保財源を認めないが，これらは国の定める基準に従って交付されるもので，地方団体の課税努力とは関係がないからである。

沿革的には，地方財政平衡交付金制度創設直後は70％であったが，昭和28年度（1953年度）に義務教育費国庫負担金制度の復活に関連して都道府県分は80％に引き上げられた。昭和39年度（1964年度）には市町村分が75％になり，平成15年度（2003年度）には都道府県の財政運営の自己責任を拡大させて75％に変更された。

財政制度審議会報告や第2次臨時行政調査会答申において，基準税率の変更議論はしばしば論争を呼び起こしてきた。基準税率を引き上げると見合いの基準財政需要額を減額することになり，条件不利地域も多発する。また，地方団体の財政運営の自律性と自主性を損なうおそれもある。同様に，地方団体間格差は基準税率の引き下げによって拡大することになる。特に交付団体の中で比較的税収の低い地方団体は留保財源の拡大にともなう基準財政需要額の減額の方が大きくなるので格差は広がることになる。

国の財政欠陥の一因として地方交付税が指摘されることもある。財政再建の安易な方策として基準税率を調整することが主張されるが，留保財源を減らして歳入見積りを増加させることで地方向けの交付税を減らすことは難しい。75％の按分は微妙なバランス力があり，地方団体の税収減収の直撃を緩和し，増収の過熱を緩やかに冷ますことができる。

7．地方財政計画における一般財源総額

一般財源総額は地方税・地方譲与税，地方交付税・特例交付金，及び臨時財政対策債で調達されている。この内訳の推移は第８－８図に示すとおりである。近年の一般財源総額実質同水準ルールでの地方財政支援が，地方の安定的な財政運営に寄与している。景気後退のない長期の持続的な良好な経済状況により地方税収等は増加しているので，地方交付税も臨時財政対策債も減少している。

第８－８図

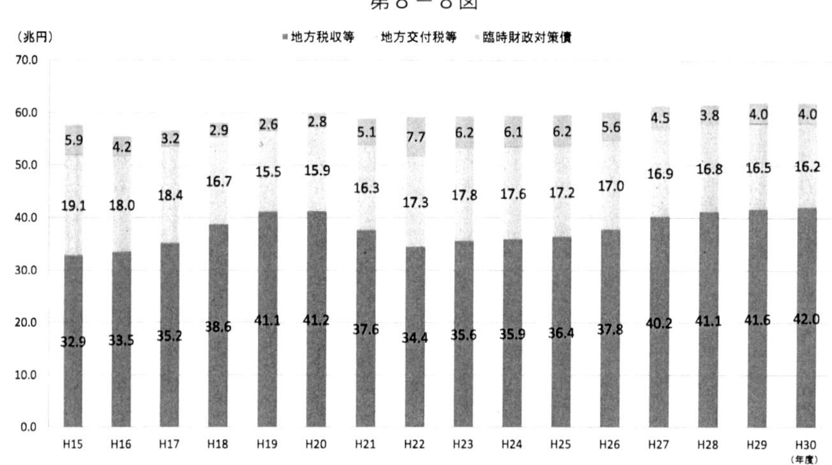

出所：財務省地方財政計画資料。

8．地方財源不足額の推移

地方財源の不足額について詳論しなければならない。令和元年度（2019 年度）は国と地方が半々で地方財政の財源不足を埋める，いわゆる折半ルール適用の折半対象財源不足が 11 年ぶりに解消した。第８－９図は近年の地方財源不足額の推移である。

地方交付税法第６条の３第２項は，地方交付税の原資になる国税５税の法定率分が，必要な地方交付税総額と比べて著しく異なる場合は「地方行財政の制度改正」または「法定率の変更」を行うと規定している。この規定についての具体的な状況を総務省は，「通常の例により算出される歳入歳出ギャップが法定率分の 10％以上の額になる状態が２年連続して発生し，さらに３年度目にも継続すると見込まれる場合」とした。これは昭和 29 年５月４日の参議院地方行政委員会会議録で確認できる。

平成８年（1996 年）以降，この規定に該当する財源不足が発生している。この時期には国の財政も厳しく，法定率の引上げは困難であったので，地方行財政制度の改正を試みている。平成 13 年度（2001 年度）には，財源対策債の発行と国の一般会計からの加算（既往法定分等）を除いた残りの財源不足額（折半対象不足額）[1)] を，国と地方が半々ずつ補填する「折半ルール」を制度化した。国は臨時財政対策特例加算により一般会計からの加算で地方交付税を増やし，地方は特例地方債として臨時財政対策債を発行して補填してきた。折半ルールは３年間の臨時措置であったが，平成21年度（2009年度）まで３年ごとの措置に，平成 22 年度は単年度措置として，またその後は，恒常措置化して令和元年度に至っている。

臨時財政対策債は，地方の財源不足対策のために，地方財政法第５条の特例として発行され，投資的経費以外にも充当できる地方債である。地方団体の実際の借り入れがあるかどうかに拘らず，発行額の元利償還金相当額を後年度の基準財政需要額に算入することになっている。

各地方公共団体の発行可能額の算定は，平成 13 年度導入時に，基準財政需要額の企画振興費等において減額された単位費用相当額に基づいていたが，平

第８－９図

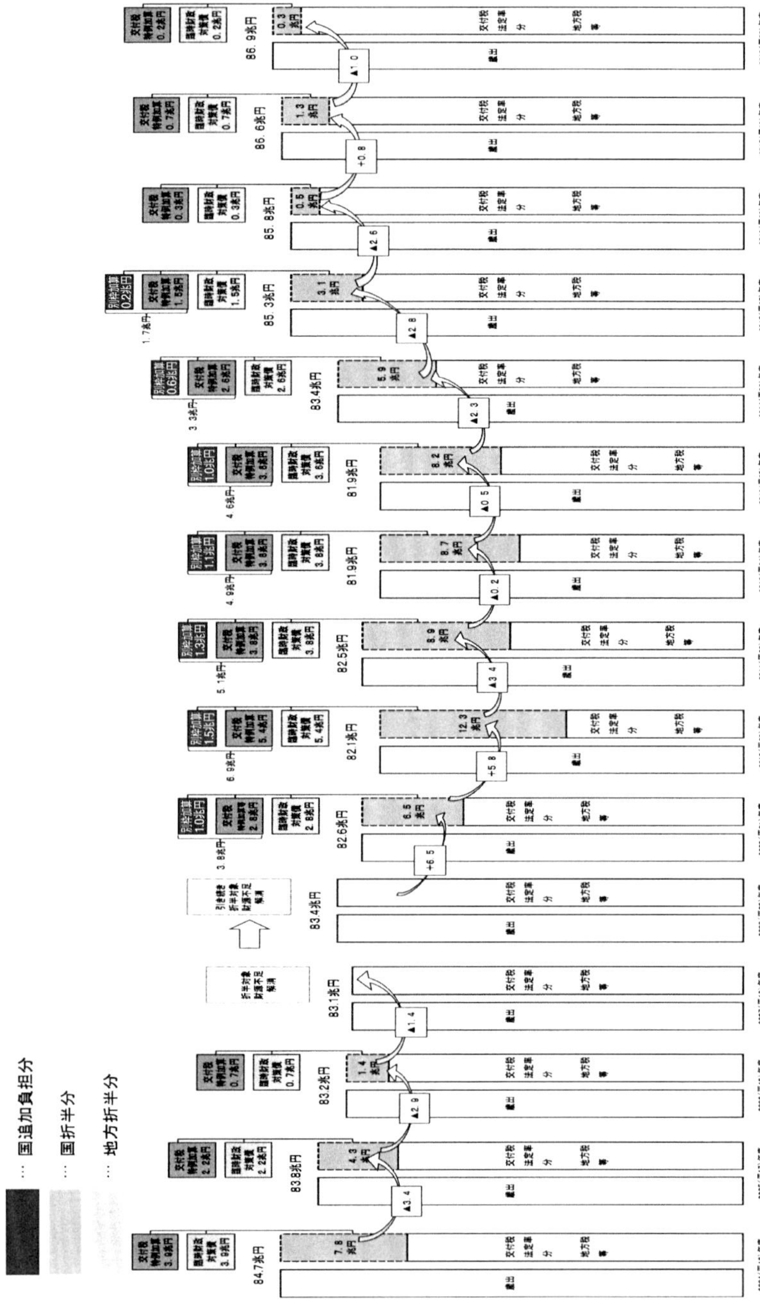

… 国追加負担分

… 国折半分

… 地方折半分

出所：財務省地方財政計画資料。

成15年度には各団体の人口に基づく「人口基礎方式」に変わり，さらに平成22年度には，人口基礎方式による発行可能額を基準財政需要額から振り替えた後に残る財源不足額に基づく「財源不足額基礎方式」を導入した。

臨時財政対策債の発行は恒常化し，2015年度の発行額は4兆5,250億円である。普通会計が発行する地方債のおよそ半分を占めている。地方団体ごとの発行限度は国が決定し，発行と償還によって，地方交付税の分割払いに近い役割を果たし，結局内実は全額，国の債務として措置される。

平成27年度（2015年度）には地方交付税法第6条の3第2項の規定による法定率の変更を行った。この規定によらない法定率の変更もあったが，この変更による増額はおよそ900億円である。恒常的な財源不足が4兆円以上発生している近年の地方財政の状況に鑑みて，有効な措置とは言えない。

平成31年度（令和元年度2019年度）の地方財政計画では，折半対象財源不足額は発生しなかったが，財源不足は第8－10表のように措置されている。

新たな折半対象財源不足額は発生しなかったので新財源のための臨時財政対策債は計上されていない。既往の臨時財政対策債の元利償還金相当額は折半対象財源不足額に含めないので，平成31年度の臨時財政対策債の発行額はこの元利償還金に係る3兆2,568億円である。

第８－10表

（単位：億円）

<table>
<tr><td rowspan="6">平成31年度における地方財源不足額
44,101
(61,783)</td><td rowspan="5">【折半対象以外の財源不足額】
44,101
(58,472)</td><td>ア　財源対策債の発行</td><td>7,900
(7,900)</td></tr>
<tr><td>イ　地方交付税の増額による補塡</td><td>3,633
(12,362)</td></tr>
<tr><td>・　一般会計における加算措置（既往法定分等）</td><td>2,633
(5,367)</td></tr>
<tr><td>・　地方公共団体金融機構の公庫債権金利変動準備金の活用</td><td>1,000
(4,000)</td></tr>
<tr><td>ウ　臨時財政対策債の発行</td><td>32,568
(38,210)</td></tr>
<tr><td>【折半対象財源不足額】
－ (3,311)</td><td></td><td></td></tr>
</table>

出所：吉田博光「11年ぶりに折半対象財源不足が解消した平成31年度地方財政対策」『立法と調査』No.409，2019年，p.44。

9．トップランナー方式

骨太方針 2015 に基づいて，平成 28 年度（2016 年度）に歳出の効率化を推進するため，基準財政需要額の算定にトップランナー方式が導入された。地方公共団体の中で他団体のモデルとなるような業務改革を行っている地方団体の経費水準を算定の基礎に置く方式である。マラソンのペースメーカーが先頭に立って誘導し，選手たちの自己ベストタイムを引き出そうとすることに似ている。

このトップランナー方式は 23 業務を対象とし，平成 29 年度までに 18 業務について導入され，以後，窓口業務の民間委託のための取り組みを進め，令和時代には完全導入を目指している。平成 29 年度の都道府県分における取組例は第 8 － 11 表のとおりである。これによって，地方交付税の算定に用いる基準財政需要額は圧縮され，令和 3 年度（2021 年度）の累計減少額は 1,640 億円に上ると予測されている。

民間委託や指定管理者制度を導入して効率化を図っている自治体をモデルにする。地方交付税算定の単位費用として，トップランナー自治体の係数を使う。これにより単位費用の縮減を果たし 5 年間で少なくとも 1,500 億円以上の削減

第 8 － 11 表

対象業務	基準財政需要額の算定項目		見直し内容		
			経費水準　見直し前	経費水準　見直し後	基準財政需要額の算定基礎とする業務改革の内容
学校用務員事務（高等学校，特別支援学校）	高等学校費		388,570（千円）	332,208（千円）	民間委託 等
	特別支援学校費		57,312（千円）	50,510（千円）	
体育館管理 競技場管理 プール管理	その他の教育費		25,629（千円）	据え置き	指定管理者制度導入 民間委託 等
公園管理	その他の土木費		161,345（千円）	据え置き	指定管理者制度導入， 民間委託 等
庶務業務（人事，給与，旅費，福利厚生等）	包括算定経費		庶務業務として特定せず包括的に算定	8,270（千円）の減	庶務業務の集約化
公立大学運営	その他の教育費	（理科系学部）	1,694（千円／人）	1,460（千円／人）	地方独立行政法人化
		（保健系学部）	1,938（千円／人）	1,668（千円／人）	

出所：財務省地方財政計画資料。

を見込んでいる。平成28年度（2016年度）からの対象事業は，学校用務員，道路維持補修，道路清掃，本庁舎清掃，案内，受付，本庁舎夜間警備，一般ごみ収集，学校給食（調理），学校給食（運営），体育館管理，プール管理，競技場管理，公園管理，庶務業務（人事，給与，旅費，福利厚生），情報システムの運用（住民情報，税務，福祉関係の情報システム）の16業務，平成29年度には，公立大学運営（地方独立法人化），青少年施設（指定管理）の２事業が加えられ18業務に導入された。

地方財政の財源不足が恒常化し，その対策として歳出削減と歳入増加のいずれか，あるいは両方を必要としている。トップランナー方式の導入は歳出削減への努力であるが，隔靴掻痒（かくかそうよう）の迂遠（うえん）さがつきまとう。労働力不足が急進展する日本経済の変質の中で，優等生の成し得る成果をすべての地方団体に求めることが効果を出すとは考え難い。肥大した公共サービス群のいくつかを切り離して断念せざるを得ない時節を迎えている。

【注】

１）折半対象不足額は景気との連動性が高いが，地方財源不足額の総体は景気が良くなっても減らないという景気不感応性・頑健性が観察できる。

練習問題

1．折半ルールの問題点を指摘しなさい。
2．地方財政計画の作成意義について説明しなさい。

参考文献

〔１〕長沼進一『テキスト地方財政論』勁草書房，2011年。
〔２〕佐藤主光『地方財政論入門』新世社，2009年。
〔３〕赤井伸郎・佐藤主光・山下耕治『地方交付税の経済学』有斐閣，2004年。
〔４〕中位英雄・齊藤愼・堀場勇夫・戸谷裕之『新しい地方財政論』有斐閣，2010年。
〔５〕吉田博光「11年ぶりに折半対象財源不足が解消した平成31年度地方財政対策」『立法と調査』No.409，2019年，pp.34-51。
〔６〕澤井勝「2018年度地方財政対策の特徴と論点―地方財政計画，この10年を見ながら」2018年２月９日奈良地方自治研究センター講演。

第 9 章　地方債制度

1．地方債

地方債は地方公共団体が資金調達のために負担する債務であり，その返済が1会計年度を超えるものである。地方自治法第235条の3に規定するように，一時借入金も地方公共団体の債務であるが，1年度内の一時的な歳計現金の不足を補填するもので，歳出財源ではないので地方債には含めない。他方，漁業補償等の支払いに当てる交付公債は金銭の借り入れはないが地方債に含まれる。

地方財政法第5条にあるように，地方公共団体の歳出には地方債を当てることは原則としてできないが，臨時突発的な多額の出費には地方債を財源とすることができる。また，将来の住民に経費を分担させたり，将来の収益で返済したりすることが世代間の公平になるような収益的投資には地方債を財源とすることができる。

しかしながら，放漫財政の無責任が，地方債を過度に発行する場合は，将来年度の住民負担が重くなり，財政金融秩序にとっても悪影響を及ぼすので，地方債の発行については種々の制限が課せられている。

❶起債の目的，限度額，記載方法，利率，償還方法について予算で定めなければならないこと（地方自治法第230条Ⅱ），❷地方債を財源にできる事業は原則として地方財政法第5条に規定されている5条債事業（適債事業）である。

それらは，①公営企業（上下水道・ガス・交通等）の経費　②出資金や貸付金　③地方債の借換　④災害応急事業，災害復旧事業，災害救助事業　⑤学校その他の文教施設，保育所その他の厚生施設，消防施設，道路，河川，港湾その他の土木施設等の公共施設及び公共用もしくは公用に供する土地またはその代替地としてあらかじめ取得する土地の購入費であること，を規定している。

地方債の種類は様々であり，対象事業に関する分類では，普通会計債とその他の会計債，建設公債と非建設公債を区分する。発行形態による分類では，証券発行債と証書借入債の区分がある。引受資金による分類も可能で，公的資金債と民間等資金債の区分である。これらの地方債の元利償還金は地方財政計画に算入され地方債計画によって管理される。平成18年度（2006年度）からは，総務大臣の許可制から協議制へと移行し，平成24年度（2012年度）からは届出制も導入されている。都道府県および政令指定都市は総務大臣との協議，特別区および市町村は都道府県知事との協議が必要である。協議により同意のある地方債には公的資金の借り入れが可能となる。また，財政状態良好な地方団体の民間資金を利用する地方債は事前届出だけで発行できる。

その他に，特別の法律に基づいて発行が認められる減税補填債や減収補填債がある。減税補填債は地方財政法第５条の特例として，税制改正による地方税の減収を補うために発行が認められている。税の振り替わりの性格をもち一般財源として各種の経費に充当できる。平成11年度（1999年度）からの恒久的減税時期および平成15年度（2003年度）からの先行減税時期に特例として認められた経緯がある。

減収補填債は，地方財政の税入の落ち込みを補うための特例地方債である。減収の定義は，都道府県の場合，［｛(道府県民税法人税割＋同利子割＋法人事業税＋地方法人特別譲与税）の標準税率による税収額｝－(地方交付税法によるこれら諸税の標準税収額)］がマイナスになるときに，この差額を限度に減収補填債の発行が同意あるいは許可される。

この定義式の中の地方法人特別譲与税は，税源の地域的偏在を是正するために平成20年度（2008年度）に暫定的な措置として導入された法人事業税の一部で，地域間格差を是正するための再配分用の租税措置である。平成28年度の税制改正で廃止された。減収は景気後退期には深刻になり差額も拡大する。地域的格差は東京都と奈良県との比較で，人口一人当たりの税収が７倍にもなる。

市町村の場合，｛(市町村民税法人税割・同利子割交付金の標準税率による収入見込額)－(地方交付税法による当該税等の標準税収入額)｝がマイナスになるときに，この減収見込み額を限度に発行が同意あるいは許可される。

減収補填債は年度により取り扱いが異なる。その対象は適債事業のうち普通会計に係る事業で，通常の充当率を引き上げること等で建設地方債を発行して対応するが，それでも埋められない大きな税収不足には，地方財政法の規定に拘らずに特例地方債を発行することができる。地方財政法附第33条の5の3の規定である。

協議または許可の申請は，都道府県は総務大臣に，市町村は都道府県知事に対してなされる。これは他の事業債と同じである。減収額全額に充当されるので充当率は100%である。資金は一般に全額民間資金で賄われるが，昭和50年度（1975年度）と昭和57年度に発行された市町村の減収補塡債には公的資金が充てられた。

地方交付税法上，この減収額は次年度の清算対象であり，一般財源の前倒し補塡がこの減収補塡債の使命である。普通交付税の交付団体であれば，当該地方団体の地方債の元利償還金の75%が普通交付税で処理される。

2．拡大する赤字地方債

昭和40年代後半（1970年代前半）までは，地方財政の財源不足を財源保障するものが地方交付税であった。したがって，地方債は適債事業を対象とする建設公債が原則であった。しかし，地方の財源不足は拡大し深刻化したため，交付税総額では賄えないばかりでなく，差額補塡の交付税特別会計の借入金で埋め合わせることもできなくなった。国の交付税特別会計の借入金が地方財政の借金であることを明確にするために平成13年度（2001年度）から段階的にこの差額を臨時財政対策債に移行させてきたが，平成20年度（2008年度）地方債残高の15%を超えるまでに膨張した。これらは，減収補塡債なども含む赤字地方債であるが，元利償還金は後年度交付税で手立てされるべく基準財政需要額に算入されている。このような措置をしても，地方団体の自主財源で返済しなければならない実質的な地方債残高が1年度予算総額に相当するほどに膨張している地方団体がある。

また，いわゆる折半ルールで補塡される地方財源不足額は臨時財政対策債の発行によって補塡されるが，初めて登場した平成13年度（2001年度）以降，発行残高は拡大し続け，平成27年度（2015年度）には50兆円に達している。

第9－1図は地方財政の借入金残高の状況を示している。

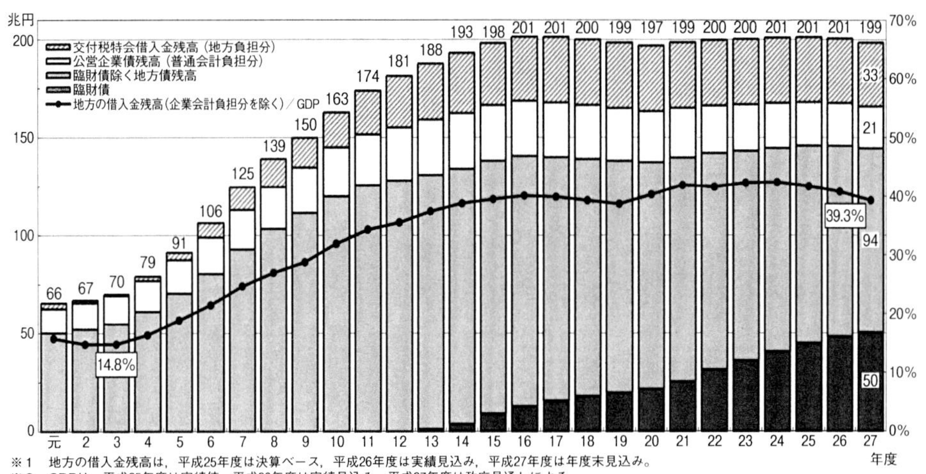

出所：財務省地方財政関連資料。

平成13年度からグラフに現れ一様な膨張過程を示している最下端の部分が臨時財政対策債残高で，その上の部分が臨時財政対策債以外の地方債残高，第3の部分が公営企業債残高，最上端部分が交付税特別会計借入金残高である。中ほどの●―●―●―の推移（14.8%～39.3%）が企業会計負担分を除く地方の借入金残高である。地方団体の累積債務は75%程度が地方債であり，臨時財政対策債は実在しない地方財源不足額である。この赤字地方債は全額後年度交付税措置がなされるので，地方団体の債務は形式的なものでしかないが，問題視される。

最近の地方債の主流は全国型の市場公募地方債であり，7兆円規模である。発行実績額は次の第9－2図に示すとおりである。

全国型の市場公募地方債の償還年限は10年債を中心に，2・3・5・6・7・12・15・20・30年債まで多様であり，最近は償還年限未定債も発行されている。

第9－3図にあるようにグラフの最下端の部分が10年債で4兆円規模の発行額で推移している。近年は10年債の29%（1.4兆円）程度が共同債である。共同債は平成15年度（2003年度）に発行開始された地方債で，東京都以外の公募地方公共団体が連帯債務方式で発行するものである。グラフの10年債の

第９－２図

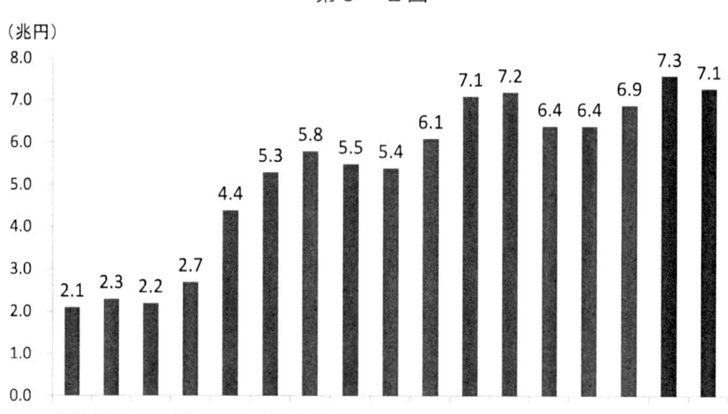

(注) 平成25年度までは実績値。平成26年度および平成27年度は計画値。
出所：地方債統計年報，総務省。

第９－３図　償還年限別地方債の発行構造

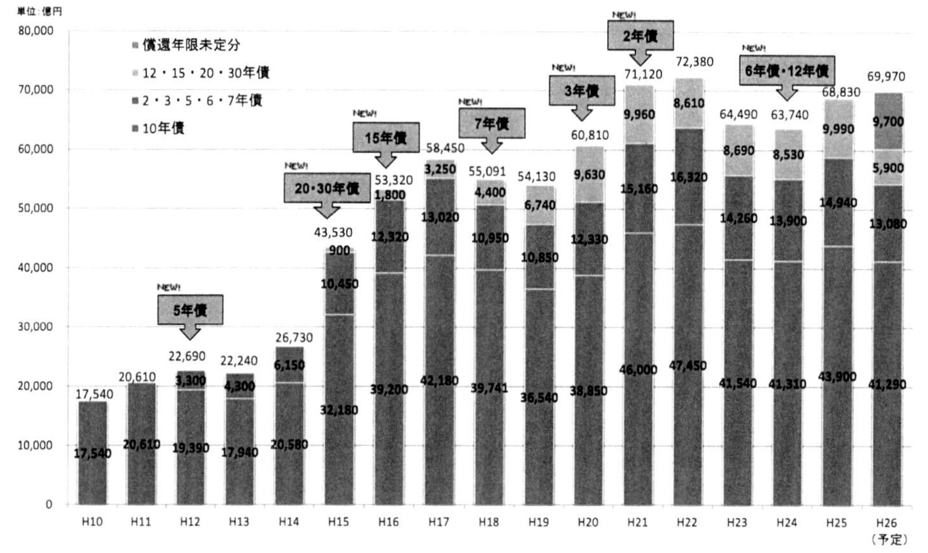

出所：総務省資料より地方債協会作成。

上の部分が２年～７年の短期地方債，最上部分が10年を超える長期地方債である。平成26年度の最上端の部分が償還年限未定分である。

イギリスにはコンソル公債があり，償還期限が未定の永久公債（無期公債）

であるが，地方債もこのような公債並みに長期化し，借換債の手立てを要しない超長期債も発行され始めている。これは公営企業法第 23 条の規定によるもので，「地方公営企業の建設に要する資金に充てるための地方債については，償還期限を定めないことができる」。

３．地方債計画

地方債の管理は地方債計画でなされる。地方債計画は地方財政法第 5 条の 3 第 11 項で規定されているように総務大臣あるいは都道府県知事が同意または許可する地方債の発行予定額総額とその他政令で定める事項についての書類であり，国（総務省）が策定する。地方財政計画及び国の予算の一部である財政投融資計画とも相互に関連している。概要の相互関係は第 9 － 4 図に示すとおりである。

数字は平成 27 年度（2015 年度）の計画である。毎年度作成される地方債計画の詳細な年間計画は第 9 － 5 表の形式で発表される。通常，次年度の地方財政収支内容が「8 月試案」で示され，年末にかけて政府案予算決定に向け税制

第９－４図　地方債計画の概要と相互関連

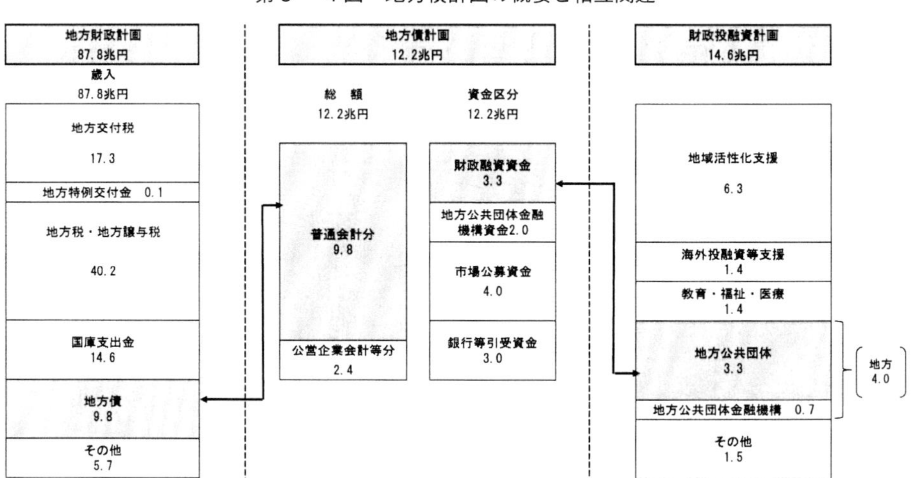

出所：地方債協会資料。

第９－５表　地方債計画

（参考）

平成27年度地方債計画

（通常収支分と東日本大震災分の合計）

（単位：億円，％）

項目	平成27年度計画額(A)	平成26年度計画額(B)	差引 (A)－(B) (C)	増減率 (C)/(B)×100
一 一般会計債				
1 公共事業等	16,389	16,473	△ 84	△ 0.5
2 公営住宅建設事業	1,471	1,572	△ 101	△ 6.4
3 災害復旧事業	680	544	136	25.0
4 全国防災事業	2,397	983	1,414	143.8
5 教育・福祉施設等整備事業	3,359	3,487	△ 128	△ 3.7
(1) 学校教育施設等	1,232	1,240	△ 8	△ 0.6
(2) 社会福祉施設	376	379	△ 3	△ 0.8
(3) 一般廃棄物処理	649	653	△ 4	△ 0.6
(4) 一般補助施設等	562	665	△ 103	△ 15.5
(5) 施設（一般財源化分）	540	550	△ 10	△ 1.8
6 一般単独事業	20,553	20,062	491	2.4
(1) 一般	4,361	4,370	△ 9	△ 0.2
(2) 地域活性化	490	400	90	22.5
(3) 防災対策	871	871	0	0.0
(4) 地方道路等	3,221	3,221	0	0.0
(5) 旧合併特例	6,200	6,200	0	0.0
(6) 緊急防災・減災	5,000	5,000	0	0.0
(7) 公共施設最適化事業	410	－	410	皆増
7 辺地及び過疎対策事業	4,565	4,010	555	13.8
(1) 辺地対策	465	410	55	13.4
(2) 過疎対策	4,100	3,600	500	13.9
8 公共用地先行取得等事業	345	430	△ 85	△ 19.8
9 行政改革推進	1,000	1,700	△ 700	△ 41.2
10 調整	100	100	0	0.0
計	50,859	49,361	1,498	3.0
二 公営企業債				
1 水道事業	4,336	3,989	347	8.7
2 工業用水道事業	178	210	△ 32	△ 15.2
3 交通事業	1,786	1,789	△ 3	△ 0.2
4 電気事業・ガス事業	164	228	△ 64	△ 28.1
5 港湾整備事業	544	596	△ 52	△ 8.7
6 病院事業・介護サービス事業	4,117	4,128	△ 11	△ 0.3
7 市場事業・と畜場事業	2,098	453	1,645	363.1
8 地域開発事業	805	1,083	△ 278	△ 25.7
9 下水道事業	10,998	11,113	△ 115	△ 1.0
10 観光その他事業	114	110	4	3.6
計	25,140	23,699	1,441	6.1
合計	75,999	73,060	2,939	4.0

（単位：億円，％）

項目		平成27年度計画額(A)	平成26年度計画額(B)	差引 (A)－(B) (C)	増減率 (C)/(B)×100
三 被災施設借換債		15	15	0	0.0
四 臨時財政対策債		45,250	55,952	△ 10,702	△ 19.1
五 退職手当債		800	800	0	0.0
六 国の予算等貸付金債		(365)	(770)	(△ 405)	(△ 52.6)
総計		(365)	(770)	(△ 405)	(△ 52.6)
		122,064	129,827	△ 7,763	△ 6.0
内訳	普通会計分	97,761	107,008	△ 9,247	△ 8.6
	公営企業会計等分	24,303	22,819	1,484	6.5
資金区分					
公的資金		52,400	55,030	△ 2,630	△ 4.8
財政融資資金		32,690	34,530	△ 1,840	△ 5.3
地方公共団体金融機構資金		19,710	20,500	△ 790	△ 3.9
（国の予算等貸付金）		(365)	(770)	(△ 405)	(△ 52.6)
民間等資金		69,664	74,797	△ 5,133	△ 6.9
市場公募		40,000	42,600	△ 2,600	△ 6.1
銀行等引受		29,664	32,197	△ 2,533	△ 7.9

その他同意等の見込まれる項目

1　資金区分の変更等を行う場合において発行する借換債

2　地方税等の減収が生じることとなる場合において発行する減収補塡債

3　財政再生団体が発行する再生振替特例債

（備考）

国の予算等貸付金債の（　）書は，災害援護資金貸付金などの国の予算等に基づく貸付金を財源とするものであって外書である。

出所：地方債協会資料。

改正と地方財政政策を固め，予算案の決定に合わせて地方債計画案が決定される。

地方債計画は同意あるいは許可する地方債の予定総額や事業別の起債予定額を示すものであり，同意あるいは許可は一般的にはこの地方債計画にしたがって運用される。また，地方債所要額と原資との調整を図り，地方債の原資を事業別に予定し，地方債発行の同意あるいは許可を与えるときの資金供給先別の内訳を示すために地方債計画が必要となる。さらに，地方公共団体の財政運営の指針として，地方財政計画と同様に公表され，事業別地方債の同意または許可の見通しを示すものになる。

４．地方債依存度

地方財政計画において，歳入総額に占める地方債収入（普通会計分）の割合が地方債依存度である。平成 27 年度の地方債依存度は第９－４図から明らかなように 11.16％である。平成 20 年代（2008 ～ 2017）前半は世界金融危機などの影響もあって 16％～ 14％の高水準であったが，地方財政の通常的状態では 11％程度であまり変動しない。最近は通常状態に戻り依存率は低下している。

地方債依存度が高くなると財政硬直化が進展し深刻化するので，財政運営の自由度は制約され，あるいは奪われてしまう。新規の政策的支出を抑制し，新規の財政需要には対応できなくなり，都市破綻の危機を迎えかねない。

しかしながら，地方債の中には適債事業に資金充当するための，建設地方債（5 条債）が含まれるので，この依存率だけで判断することはできない。将来期間にまで収益の見込みがある事業への投資は将来世代の租税負担なしにその収益から元利償還費を調達できる。上下水道事業等の公営企業の起債は利用料金から支払うことができる。収益のない道路や橋梁など社会資本の多くは，地方債を利用し，その借入と元利償還にいわば社会資本の「利用時払い」の状態をもたらすことができれば，住民の負担公平化が実現し，将来世代の受益者の負担も求められる。応益性の原則にも適う措置になる。このような事情は第９－６図によって明らかになる。

耐用年数が長い公共施設を建設時の税収入だけで供給すると，将来世代は受

第９－６図　地方債による負担の公平化

耐用年数

	現世代	将来世代
税	受　益	
	負担あり	負担なし
地方債	受　益	
	元利償還時に税負担あり	

出所：兼子良夫『地方財政』八千代出版，2012 年，p.137。

益者でありながら負担のない住民となり，現世代の納税者だけの負担となる。これを地方債によって資金調達して供給すれば，適切な元利償還時期を選びながら受益者である将来世代にも負担を求めることができる。例えば，耐用年数全期間に亘る償還年限の長期地方債を発行し，毎年の課税によって元利償還の返済に充てていけば，応益性の租税原則は満たされる。適債事業が認められている理由もここにある。

建設地方債以外の実態的赤字地方債は後年度地方交付税措置によって全国的な規模で負担を拡散させる可能性がある。赤字地方債の借金の補填に交付税を使うならば，他の基準財政需要を抑制しかねないし，交付税の原資である国税5 税の国民負担を増やす増税で補填する場合は，一地方公共団体の財政赤字をすべての地方団体が負担することになる。R. J. バローのような合理的期待学派の理論には「公債の中立性」議論があるが，住民の移動や生死，住民の意思決定過程への参加の不可能性など，地方公共団体の行政領域の変貌性を考えれば，赤字地方債のメリットは認めがたい。ただし，私経済的に赤字を解釈することも誤謬（ごびゅう）を産む。公共部門は永久の時間視野の中で活動できるのであり，一時的な財源不足への対応としての赤字地方債の選択は十分に根拠がある。

5．地方債協議制度

地方債の過度な発行をコントロールするために平成 17 年度（2005 年度）までは許可制をとっていた。許可された地方債の中で実際に発行された地方債総額に必要な元利償還金は地方財政計画の公債費に計上され，償還財源がマクロ的に確保される。現行の協議制のもとでは，同意された地方債に必要な元利償還金は地方財政計画に算入される。償還財源を保障しながら地方債発行を自由化する転換である。第９－７図によって，協議制と許可制の相違がつかめる。

この制度的移行は，平成12年（2000年）４月１日施行の「地方分権一括法」により地方公共団体の自主性を高めるための方策として，地方財政法第５条３の規定で実現した。新しい制度のもとでは協議手続きをとれば総務大臣または都道府県知事の同意がなくても地方債の発行ができる。

制度の概要を第９－７図にしたがって説明しよう。地方債を発行しようとする地方公共団体のうち，都道府県・政令指定都市は総務大臣と，市町村は都道府県知事と協議する必要がある。協議の上，同意を得た地方債については公的

第９－７図

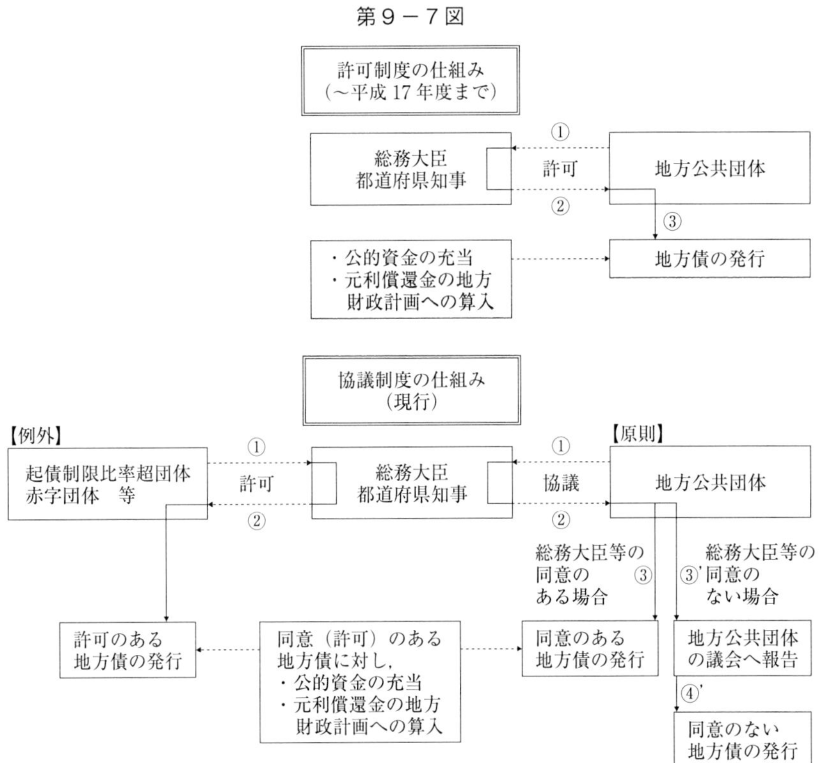

出所：総務省資料・小西砂千夫『地方財政』学陽書房，2009年，p.262。

資金を借り入れることができる。同意地方債に関する限りその元利償還金は地方財政計画に算入される。不同意地方債を発行しようとする地方公共団体の首長は前もって議会に報告しなければならない。総務大臣は毎年度，協議における同意基準と地方債計画を作成し公表する。また，協議制のもとでも，実質赤字額，実質公債費比率，のそれぞれが一定水準以上になっている地方公共団体と資金不足比率が一定水準以上の公営企業が地方債を発行する場合，及び普通税の税率のいずれかが標準税率未満に減税している地方公共団体が建設事業債（5条債）を発行する場合には，例外的に国の関与の特例として許可を求めなければならない。

6．地方債充当率

地方債の同意等の予定額は地方負担額または起債対象事業費の地方負担額に一定の充当率を乗じて算定される。この充当率は，地方財政法施行令第6条4項に規定されているように，地方公共団体が事業を行うに当たり，当該事業に係る経費のうち地方債を財源として調達する部分の割合の上限となるべき率である。このような経緯から地方債充当率は毎年度官報により告示している。

地方債は特定事業の財源措置であるので，同一事業に充てられる他の財源との合計額が事業費総額を超えないように充当率を定め，超経費部分が一般財源に振り替わらないようにする。他の財源は地方交付税の事業費補正で措置される一般財源を含んでいる。

実際に地方債充当率を決定するときに総合的に考慮されるべき観点がある。

❶　負担の均等化を図らなければならない。社会資本の整備に必要な財源を補填し受益者のすべてを網羅的に負担させる観点から地方債で埋める税源が多いほど均等化につながるので，充当率は高い方が良い。しかし充当率を100％とすれば，現世代の住民負担がなく，全費用は将来世代の住民の負担になるので均等化は図れない。施設建設経費の負担者と施設の受益者とを一致させ両者の負担均等化を図る充当率を設定しなければならない。

例外的に公共用地先行取得等事業費は充当率が100％になっている。これは将来に施設を建設する前払い的費用であり，用地取得は緊急性があり，計画的で効率的な施設建設に必要な支出になるからである。

❷　地方負担額について地方債以外の他の財源措置と整合性を見きわめ，地方交付税の基準財政需要額への算入額等を考慮して充当率が決定される。

❸　地方公共団体の財政運営の健全性を担保しなければならない。地方債の元利償還金は公債費となり，将来世代の負担となる。事業実施年度の負担はその分軽減されるので，財政運営は放漫運営になりやすく財政運営の長期的健全性の維持が困難になる傾向がある。この観点から充当率100％は適正ではない。

但し，公営企業債は事業による使用料や収益などの特定財源から元利償還金を手立てできるので，充当率を100％にしている。公共土木施設関係の災害復旧事業については災害による財政負担を軽減するために充当率は高い。さらにその元利償還金の大半は基準財政需要額に算入して負担の全国的な分散を図り当該地方公共団体の財政運営の健全性維持に貢献する。

7．地方債計画額の資金別推移

地方債計画額の推移と地方債に対応する借入金の資金別分布を見よう。

同意地方債については公的資金の利用ができるが，公的資金と民間資金の比率は概ね40対60で推移している。民間資金の借入の方が多い。民間資金の中でも近年は市場公募資金がウェイトを増している。第９－８図はこのような推移を示している。全国型市場公募地方債の発行団体は年々増加してきている。第９－９表は，都道府県34団体及び政令指定都市全20市が市場公募地方債を発行していることを示している。

国は市場公募地方債の発行を推進している。借換債の発行もこの形態が取られ，30％以上が占められている全国型が主であるが，住民参加型の市場公募地方債も2,000億円程度になっている。平成27年度は地方債計画額の32.8％が市場公募地方債である。

公的資金は財政投融資資金と地方公営企業等金融機構資金である。財政投融資資金は郵便貯金や公的年金の積立金を資金源に平成12年度（2000年度）以前には40兆円規模で運用されたが，郵政民営化などの改革を経て平成20年度（2008年度）には14兆円程度になった。財政投融資改革により資金源を中央政

第９－８図

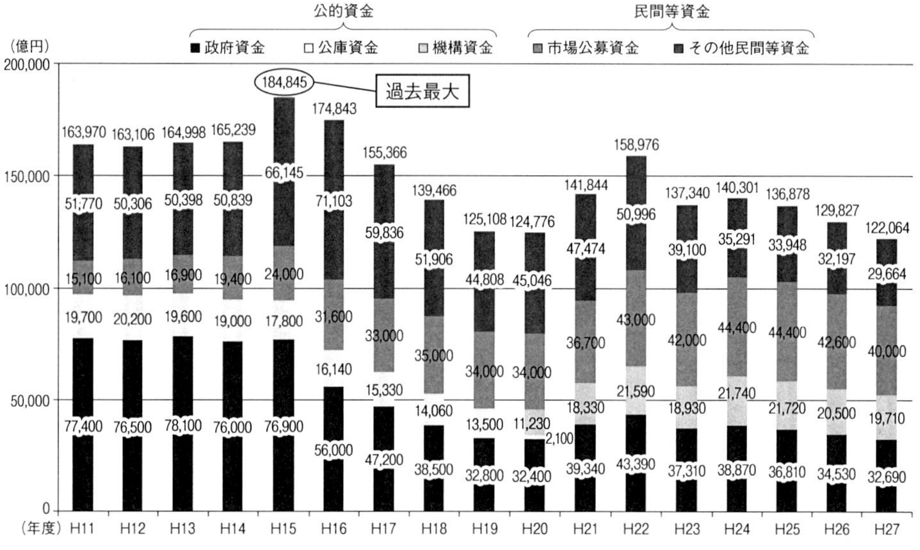

出所：財務省地方債関係資料。

第９－９表　全国型市場公募地方債発行団体の推移

	都道府県	政令指定都市	団体数(累計)
昭和 27 年度	東京都，大阪府，兵庫県	横浜市，名古屋市，京都市，大阪市，神戸市	8
昭和 48 年度	北海道，神奈川県，静岡県，愛知県，広島県，福岡県	札幌市，川崎市，北九州市，福岡市	18
昭和 50 年度	宮城県，埼玉県，千葉県，京都府		22
昭和 57 年度		広島市	23
平成元年度	茨城県，新潟県，長野県	仙台市	27
平成 6 年度		千葉市	28
平成 15 年度		さいたま市	29
平成 16 年度	福島県，群馬県，岐阜県，熊本県		33
平成 17 年度	鹿児島県	静岡市	35
平成 18 年度	島根県，大分県	堺市	38
平成 19 年度	山梨県，岡山県	新潟市，浜松市	42
平成 20 年度	栃木県，徳島県		44
平成 21 年度	福井県，奈良県	岡山市	47
平成 22 年度	三重県	相模原市	49
平成 23 年度	滋賀県，長崎県		51
平成 24 年度		熊本市	52
平成 25 年度	高知県，佐賀県		54

出所：財務省地方債関係資料。

府発行の財投債に転換し，その調達資金を財投機関と呼ぶ独立法人，公庫，教育・福祉・医療機関，地方公共団体に融資している。明らかに転貸資金である。公庫資金は公営企業金融公庫からの資金である。公営企業金融公庫は地方公共団体が経営する公営企業に対し安定的に低利資金を供給するために昭和32年（1957年）に設立された政府関係金融機関である。公営企業金融公庫の貸付原資は，産業投資特別会計から出資した政府出資金，公営企業債券発行による調達資金，過去の運用から還流した回収資金，公営競技納付金等である。公営企業債券は政府保証国内債・外債，非政府保証公募債（平成13年度からの財投機関債），地方公務員共済組合連合会等を引受先とする縁故債の３種である。公営競技納付金は公営競技（競馬・競輪・オートレース・競艇）収益金の一部を公営競技施行団体から納付されるもので，貸付原資として，あるいは運用益を貸付利率の引き下げに用いた。

平成19年（2007年）法律第64号により，公営企業金融公庫は，平成20年10月１日に廃止された。これは政策金融改革の一環で，公庫に代わって地方公営企業等金融機構が平成20年８月１日に地方共同法人として設立され10月１日に業務を開始した。第９－８図の平成20年度の棒グラフに公庫資金1.7%，機構資金9.0%があるのはこの事情である。地方公営企業等金融機構は地方公共団体への貸付業務が主であり，翌平成21年６月１日に現在の地方公共団体金融機構に改組された。地方公共団体金融機構は全都道府県・市区町村の出資で設立され，公庫からの資産・債務を承継し，市場からの資金調達により長期地方団体向け貸付を行っている。金利変動リスクに備える準備金は財政投資特別会計に帰属させ，地方交付税特別会計に繰入れて「まち・ひと・しごと創生事業費」に活用させている。

民間等の資金源は，銀行等引受金と市場公募資金とがある。銀行等引受金を対象とする銀行等引受債は，財政融資資金，地方公共団体金融機構資金，市場公募資金，国の予算等貸付金債に係る資金以外の資金により起債される地方債の総称である。特に地元で取引関係の深い指定銀行からの借入ケースでは縁故債とも呼ばれる。この場合，地方債の利率は銀行との貸借交渉で決まる。市場公募資金は，起債市場で証券を発行して公募で調達する資金である。全国型市場公募地方債と住民参加型市場公募地方債とがある。地域住民が購入する住民参加型市場公募地方債は平成14年（2002年）から発行され，翌15年からは複数の地方公共団体が共同で発行する全国型市場公募地方債が発行されている。この市場公募地方債の発行が認められる地方公共団体は，昭和47年度までは，東京都，大阪府，兵庫県，横浜市，名古屋市，京都市，大阪市，神戸市の8団体であったが，翌48年度には北海道，神奈川県，静岡県，愛知県，広島県，福岡県，札幌市，川崎市，北九州市，福岡市の10団体が加わった。その後も増加した。市場公募地方債は他の公募債とのつり合いを考慮して発行条件が定められる。一般的に，国債，政府保証債に次いで低利であり，流通市場で例示すれば，10年債での比較で，東京都債の対国債スプレッドでは0.07%，財政悪化の北海道債，大阪府債のスプレッドは0.13%である。スプレッドの相違は金利差で，開きが大きいほど信用リスクが高いことを意味する。これらの市場公募地方債は地方銀行，大手投資家がほとんどを引き受けるが，個人も証券会社を通じて購入できる。知名度が低く，信用リスクが高いと市場が見なす地方公共団体の市場公募地方債の消化は難しい。

8．Debt Finance の根拠

財源調達には課税または増税による Tax Finance と地方債のような借入による Debt Finance がある。一般的に，借入による財源不足補填はインフレーションと資源配分の歪みを発生させる。借入金融がもたらす一つの効果は市場評価を受けることである。地方債の消化次第で，市場が当該地方公共団体の予算を間接的にコントロールし，社会的資源配分の観点からも市場メカニズムが作用するシステムになる。超長期債によらず比較的短期の地方債で資金調達すれば，負担の異時点間の世代転嫁の問題も発生しない。D. リカードの等価定理や R. J. バローの公債の中立命題も成立する。理論の蓋然性（がいぜんせい）が問題ではないが，理論の指摘する問題の解消は必要である。

いわゆる公共事業のプロジェクト・ファイナンスが債券市場と密接に関連し Debt Finance が中心になっている現在では，事業評価のための事前の費用・便益分析が有効である。しかしながら，この cost-benefit analysis には難点があり，ある政策の単独の効果としての便益享受あるいは受益について測定と数

量化が難しい。そこで，費用・便益分析の一変種としての費用・効果分析が考えられている。これは，ある一定の効果を実現できることを前提として，様々な代替案の費用を計算して相互に比較し，費用比較だけで事業評価することに転換する手法である。効率性を費用対効果分析で評価し，有効性を目標達成度で，さらに公平性，公正性，実施手続きの簡明性，社会経済的な変化への即応性，迅速性，民意反映度などについて事業評価を輻輳（ふくそう）させ，評価につなげることで，実用的なプロジェクト・ファイナンスを考えなければならない。

その費用として借入金融の利点は大きいが，いたずらに超長期債に頼り，乱発の放漫財政運営に陥ることは厳に慎まなければならない。理想としての均衡財政への回帰は常に行動指針としてもつ必要がある。

練習問題

1．地方債計画の意義についてまとめなさい。
2．超長期地方債の有利性について説明しなさい。

参考文献

〔1〕総務省『地方財政白書』平成 31 年版。
〔2〕兼子良夫『地方財政』八千代出版，2012 年。
〔3〕佐藤主光『地方財政論入門』新世社，2009 年。
〔4〕長沼進一『テキスト地方財政論』勁草書房，2011 年。
〔5〕小西砂千夫『地方財政』学陽書房，2009 年。
〔6〕財務省資料「地方債と地方財政計画」平成 31 年。

第10章　地方公営企業

1．地方公営企業

地方公営企業は地方公共団体が経営する企業であり，その事業として特別法である公営企業法第２条Ｉでは，次の７事業が例示されている。　①水道事業　②工業用水道事業　③軌道事業　④自動車運送事業　⑤鉄道事業　⑥電気事業　⑦ガス事業であるが，これらの事業には減価償却費を計上する発生主義の企業会計が適用され，単式簿記の官公庁会計ではなく，複式簿記を採用し貸借対照表と損益計算書が作成される。

地方財政法第５条Ｉ①では，交通事業，ガス事業，水道事業，その他地方公共団体の行う企業を公営企業としている。これらの公営企業は元利償還費を計上する現金主義の特別会計を設けて経理し独立採算制をとっている。

地方財政法施行令第37条では，①水道事業　②工業用水道事業　③交通事業　④電気事業　⑤ガス事業　⑥簡易水道事業　⑦港湾整備事業（埋立事業並びに荷役機械，上屋，倉庫，貯木場及び船舶の離着岸を補助するための船舶を使用させる事業に限る）　⑧病院事業　⑨市場事業　⑩屠(と)畜場事業　⑪観光施設事業　⑫宅地造成事業　⑬公共下水道事業，を指定している。これも公営企業の範囲を限定する規定ではなく，この政令で13事業の経営原則を定めているにすぎない。

⑧病院事業だけは予算など財務規定のみが適用され，⑬公共下水道事業も企業会計の財務規定を適用する事例が増えている。この他には，⑭駐車場整備事業　⑮有料道路事業　⑯（介護保険事業と異なる）介護サービス事業などがある。

地方公営企業法も代表的な公営企業を例示しているだけで，範囲の限定はない。どの実定法も公営企業概念について確立した解釈を与えていないので，それぞれの実定法により公営企業として取り扱う具体的事業は相違している。

昭和63年（1988年）の地方債計画まで「準公営企業債」という区分を用いていたが，法令上の用語ではなく，昭和41年（1966年）の地方財政法一部改正以前に準公営企業と総称していたものは，①簡易水道事業　②港湾整備事業　③病院事業　④市場事業　⑤屠畜場事業　⑥観光施設事業　⑦宅地造成事業　⑧公共下水道事業，の8事業である。

本章では，地方公共団体が直接経営し，住民に対する公共サービスを提供する組織を公営企業（public enterprise）と定義する。すなわち，独立採算制を基本原則とし，公共の福祉を本来の目的として地方公共団体が経営する事業遂行組織で，電気，ガス，水道，交通，港湾整備，病院，公営市場，工業団地・住宅団地造成，公共下水道などの事業を行い，地方公営企業法の適用を受ける役所内企業である。民間企業と異なり法人格はない。

地方公営企業は，地域住民に対する公共サービスの提供を主眼とし，反対給付としての利用料金を徴収して企業経営を行う。その公共性により企業の負担として適当でない費用があるので，地方財政の普通会計や国庫から助成措置が与えられ，また地方公営企業のために発行される公営企業債に対して，政府資金や地方公共団体金融機構による引き受けがなされる。

地方公共団体の会計は，決算統計上の分類として，一般会計と特別会計に区分され経理されている。各地方公共団体によって会計区分は多様であり比較することは難しい。そこで，一般行政部門の会計を普通会計とし，その他の会計を公営事業会計として区分する。その他の会計には，公営企業に係る公営企業会計の他に，国民健康保険事業会計，後期高齢者医療事業会計，介護保険事業会計などを含ませて区分している。

2．地方公営企業の役割

地方公営企業は，地域住民の生活水準の向上を図る上で大きな役割を果たす。第10－1図は平成28年度（2016年度）の地方公営企業の占有率である。事業数は，8,534事業であり，事業別にみると，下水道事業が最も大きな割合を占め，以下，水道事業，病院事業，介護サービス事業，宅地造成事業の順になっている（第10－2図）。

第 10 − 1 図

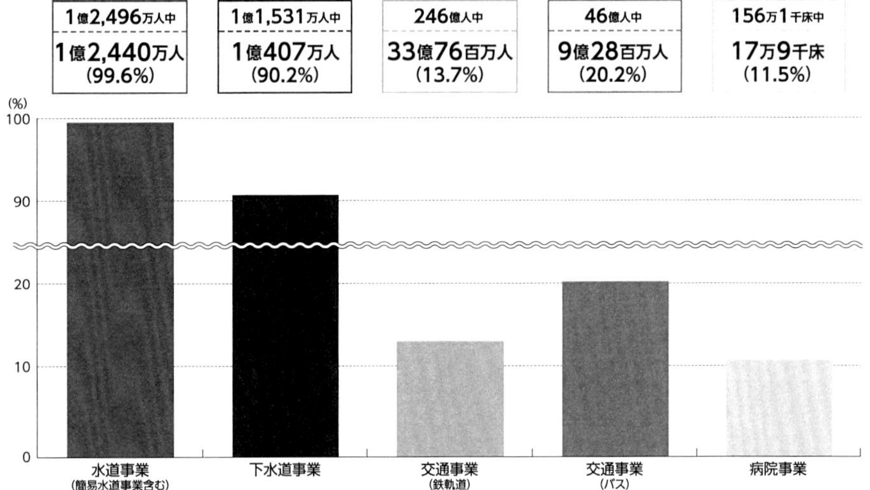

(注 1) グラフは，実施されている全国の全事業全体を 100 とした場合の地方公営企業が占める割合
(注 2) 全国の全事業全体の数値は，各関係機関の統計資料により作成
出所：総務省平成 28 年度地方公営企業関連資料。

第 10 − 2 図

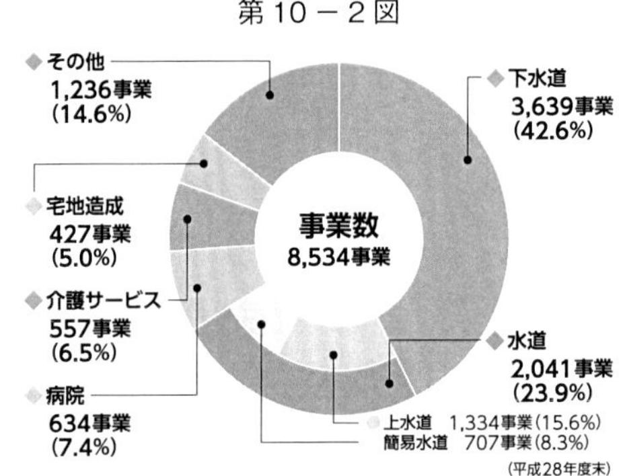

出所：総務省平成 28 年度地方公営企業関連資料。

全国の地方公営企業の扱う事業数は 2000 年をピークに，平成の大合併によって減少したが，河川の汚濁（おだく）や環境問題の深刻化を背景に，特に下水道の事業数が 10 年ごとに倍増している。自然公園や特定環境保全公共下水道，農村集落排水施設などを含むことも影響している。

また，自治体病院は医師不足や少子高齢化の進展と共に平成 19 年度（2007 年度）には，全国病院の 10％程度の 957 病院があったが，長期連続的に減少傾向にある。第 10 － 3 図に見られるように，決算額は極めて大きな部分を占めている。日本の医療費の高さも問題であるが，自治体病院の経営難は地域医療体制の存続を危うくしている。

3．地方公営企業の決算規模

決算規模は，16 兆 9,339 億円で，事業別にみると，下水道事業が最も大きな割合を占め，以下，病院事業，水道事業，交通事業，宅地造成事業の順になっている（第 10 － 3 図）。

住民生活に直結する事業である上水道，公共下水道，交通，病院，の 4 事業が地方財政に大きな影響を与える。他方の地域産業振興と産業基盤強化のための事業である工業用水道，宅地造成，港湾整備等の事業は地域雇用や地域所得に大きく影響する。

決算額は住民生活密着系事業が 90％を占めている。地域産業振興事業では，地域参入企業や地場産業等の産業側の独自投資が大きく，行政側の事業経費はそれほど嵩まないのでこのような決算傾向になる。

経営状況は，地方公営企業全体で 7,235 億円の黒字であり，平成 26 年度（2014 年度）の大きな赤字 5,252 億円を直ちにクリアーしている。住民生活密着系事

第 10 － 3 図　地方公営企業の決算規模

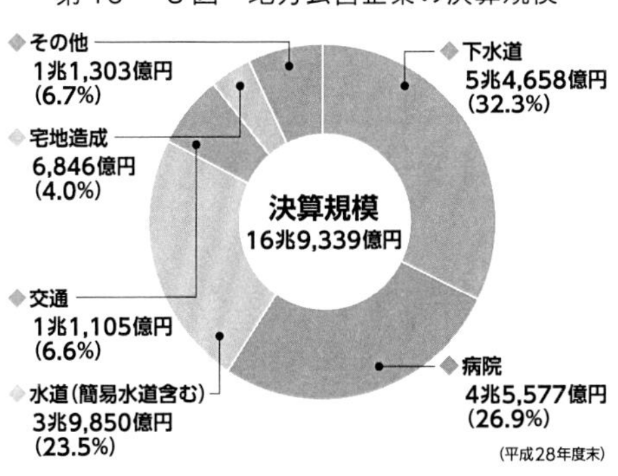

出所：総務省平成 28 年度地方公営企業関連資料。

第10－4図　地方公営企業の経営状況の推移

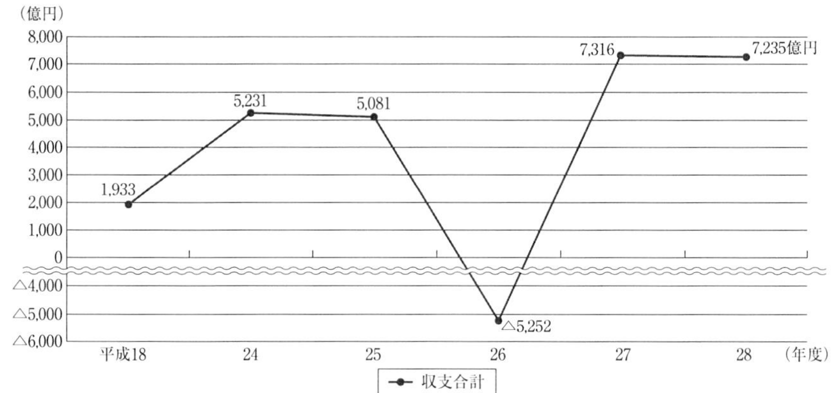

出所：総務省平成28年度地方公営企業関連資料。

業はすべて黒字で推移している。第10－4図に示されたとおりで，実線は収支合計額である。

第10－5図は主要事業別の経営状態を示している。病院事業は恒常的に赤字で，地方公営企業全体の赤字の中心的な部分である。

近年の経営状態の推移をみるために5年前の平成23年度（2011年度）の状況（第10－6図）と比較してみよう。

地方公営企業は，経営に伴う料金収入で経費を賄う独立採算制を原則としているが，初期投資額が膨大で，公共性の観点から料金等は限界費用原理などに基づいて低水準に設定されているため，決算の黒字からは見えない様々な繰出金に支えられて維持されている。繰出基準を満たす一定の経費は地方公共団体の一般会計等が負担することになり，地方財政計画において「公営企業繰出金」として計上される。

繰出基準に基づかない基準外繰出金は，公営企業の収支の赤字を埋めるため公営企業会計に繰入れられている。平成28年度では7,000億円に達する。広域連携を進め，PFIなどの事業効率化手法を取り入れ，あるいは民営化や事業廃止などの抜本的改革を断行して基準外繰出金についは相当な抑制努力をしなければならない。

第 10 － 5 図

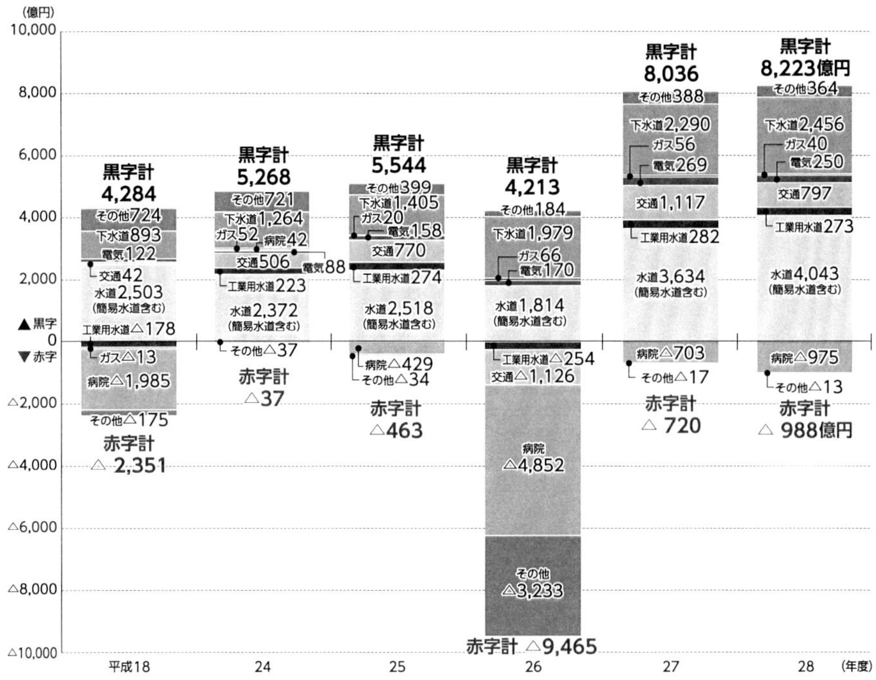

出所：総務省平成 28 年度地方公営企業関連資料。

第 10 － 6 図

(純利益) 億円
3,000
2,000
0
10,000
20,000
30,000
40,000
億円 (総収益)

	水道	下水道	病院	交通
純利益	2,051	△151	△11	△11
料金収入	27,060	8,758	31,987	6,403
他会計補助金	496	2,420	1,193	649
総収益	29,737	16,669	39,514	7,631

料金収入
他会計補助金
他会計負担金ほか

出所：遠藤試作「地方公営企業の現状と課題」日経研月報，2013 年 9 月。

4．繰入金・繰出金

地方公共団体の各会計間の現金移動を繰入金という。一般会計，特別会計，基金等の会計間に発生し，一般会計の歳入の款項区分によると，特別会計繰入金，基金繰入金，市町村の財産区繰入金がある。

特別会計繰入金は，病院会計，水道事業会計，交通事業会計，中央卸売市場会計，用地造成事業会計等の特別会計からの繰入金である。

基金繰入金には財政調整基金取り崩し繰入金及び各種貸付制度用基金からの繰入金がある。市町村の所有する財産区の経理を特別会計で処理しているとき，この特別会計から一般会計への繰入金が財産区繰入金である。

特別会計は特定の事業を実施するときに，特定の歳入を特定の歳出に充て，一般会計と区別して経理する必要がある場合に設置される。その特定の事業の遂行に必要な財源が足りないときは，一般会計等から資金を繰入れて財源補填を行う。

逆に，一般会計の歳入が不足するときには，財政調整基金を取り崩して繰入れし，一般会計の歳入不足を補填する。この他，特定の目的のために積み立てられた基金，例えば学校建設基金等は，その目的のために直接支出することができないので，一旦一般会計あるいは特別会計に繰入れて支出する。

また，地方公共団体が公営競技事業を実施し特別会計を設置している場合には，事業収益金を一般会計に繰入れるときに「諸収入」として受け入れ，繰入金とはしない。

繰出金は，一般会計と特別会計，あるいは特別会計相互間で支出する経費である。基金に対する支出のうち，定額の基金を運用するための現金移動も繰出金として処理される。一般会計から公営企業会計，国民健康保険事業会計等に対して，事務費や建設費等の補助として支出される資金，収益事業会計から一般会計に移される収益金は繰出金である。

歳出予算に関する節の区分中の「28　繰出金」に計上されて支出される繰出金は，地方公営企業法が適用される事業への繰出しについては「19　負担金，補助及び交付金」「21　貸付金」「24　投資及び出資金」の区分に支出される。

第10－7図

地方公営企業の総収入の内訳（28年度決算）

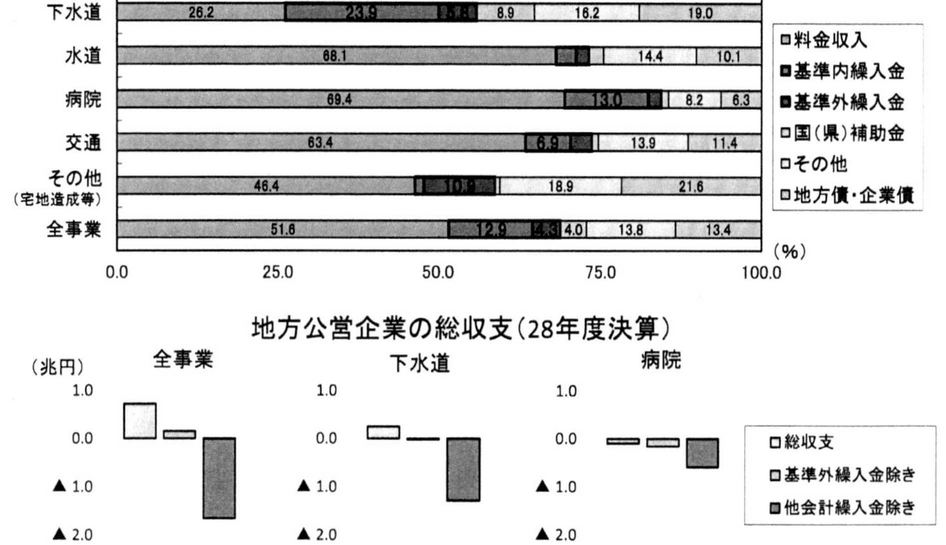

出所：総務省「平成28年度地方公営企業決算の概況」。

第10－7図は，平成28年度（2016年度）の地方公営企業の総収入の内訳と総収支の概要である。全事業の総収支の黒字が基準外繰入金を除くと僅かな黒字であり，さらに他の会計からの繰入金を除くと大きな赤字になっていることが分かる。特に，下水道事業は独立採算制が不可能なほどの赤字体質になっている。

国の公営企業であった日本国有鉄道，日本電信電話公社，日本専売公社はすべて民営化されBig Businessに急成長したが，地方公営企業は年間2兆9,000億円もの繰入金を受けてようやく黒字決算に漕ぎ着けている。公共会計も複式簿記を導入し効率化を図っているが，地方公営企業の中には，いまだに実務上単式簿記で運営している旧態企業が多く残存している。見かけ倒しの独立採算制がやがて住民福祉を損なう危機は焦眉（しょうび）の急かも知れない。

5．公営企業債

地方公共団体が，地方公営企業の建設や改良等に必要な資金を調達するために起こす地方債が公営企業債である。第10 － 7図の内訳グラフの右端部分が公営企業債による支出超過補填部分である。平均して10％以上の資金不足を公営企業債で補填している。

地方債計画上，公営企業としているものは，①水道事業　②工業用水道事業　③交通事業　④電気事業・ガス事業　⑤港湾整備事業　⑥病院事業・介護サービス事業　⑦市場事業・屠畜場事業　⑧地域開発事業　⑨下水道事業　⑩観光その他事業，の10事業である。昭和63年度（1988年度）の地方債計画までは準公営企業債という区分が計上されていたが，平成元年度（1989年度）からは公営企業債に統合されて計上されている。

公営企業債の同意や許可は，公営企業の必要とする経費の財源であり，合理的な期間内に事業による収入や合理的範囲の他会計からの繰入金等で確実に回収されて償還される見込みがあることが条件となる。地方債制度を論じた第9章で提示した第9 － 1図で確認できるように，公営企業債残高は企業会計負担分で，平成13 ～ 16年度の33兆円をピークに平成28年度現在まで償還努力を続け膨張を抑制してきたが，なお，24兆円を残している。これは地方財政の累積借入金199兆円の12.1％に当たる。地方公営企業法の適用のない法非適用の特別会計負担分を含めた公営企業債残高は，平成23年度のピーク時に51兆6,026億円に達している。地方財政の累積借入金の25.8％である。

地方財政のプライマリー・バランスを回復させ，公営企業の非効率を解消して公営企業債の全償還を早期に実現できれば，経済成長率は少なくとも3.5％程度になり，OECDの指摘する消費税20％時代は永久追放できる。しかし，その代価として生活密着系のライフライン維持費負担が3倍以上になることが予想される。少子高齢社会は，水道料金月額10,000円のような負担増には耐性がないだろう。

しかし，未来のシナリオはこれだけではない。国の公営企業赤字脱却手法を模倣して，地方公営企業の民営化を進め，事業施設等払下げ代金で新会社の株主になりそれを公営企業債償還財源とする。一般会計からの繰入金をゼロにし，独立採算制部門の負担がなくなれば，住民生活ははるかに負担減になる可能性がある。その時にはライフラインの利用料金負担増に十分な耐性がある。

6．水道事業の課題

地方公営企業に関する研究集積は少ない。その中で，「東京の水は美味しくて清潔だが，ローマの水は溝臭(どぶくさ)く，インドの水を飲めば下痢 3 日」と言われるほど世界の賞賛を浴びる水道事業について，公営企業の抱える問題の典型例として考えてみよう。

都市部の水道は上水道で，町村部は水がきれいな農山漁村で，計画給水人口が 5,000 人以下の簡易水道である。上水道に係る事業は末端給水事業と用水供給事業がある。水道法第 1 条は，清浄にして豊富低廉な水の供給を図り，もって公衆衛生の向上と生活環境の改善に寄与すべきことを規定している。日本における近代水道は横浜市に創設されて以来 130 年を経て普及率 97.6%の国民皆水道を実現している。その水づくりは技術的にも高水準にある。

地元の河川や地下水などの自己水に加えて遠隔地水源からの取水等水利権を確保して用水供給を行い，各家庭や企業に安全な水を給水する末端給水によって日本の水道は維持されている。首都圏の水道は利根川水系からの取水と，山間部の貯水ダムの水ガメから用水供給し，末端給水事業は用水供給事業から受水して事業を展開する。渇水期には取水制限と節水を呼びかけ，台風通過を待ち望むような状況にしばしば追い込まれる。オーストラリアでは，庭の水撒きや洗車さえ罰金対象になることがある。

独立採算制が原則であるので，適正料金の設定・維持が重要である。一般に，年間有収水量 1m^3 あたりの平均費用が給水原価で，1m^3 当たりの料金収入を供給単価とし，両価格が一致すれば独立採算制は維持できる。末端給水事業と用水供給事業では地方公営企業法の企業会計方式を適用して給水原価を導出する「法適用」であるが，簡易水道事業は地方公営企業法の企業会計方式を適用する義務がないので「法非適用」となり，水道施設に必要な減価償却費や元利償還金などの資本費の算定が異なってくる。

公営企業債による資金調達の場合，都市部の水道事業の資本費は公営企業債の利子と将来の水道施設更新費用を含む発生主義の減価償却費を加算したものになる。町村部の簡易水道事業は特別会計の資本費になり，公営企業債の利子と元利償還金の合計になり，一般会計同様の現金主義で処理される。

末端給水事業の供給単価は，175 円程度で，給水原価（資本費＋給与費＋受水費＋その他）は，185 円程度，基本的に赤字事業である。用水供給事業の供給単価は，92 円程度で，給水原価は 88 円程度，基本的に黒字事業である。この算式の給与費は水道事業所属職員の人件費であり，平成の大合併の影響でかなりの削減効果が出ている。用水供給事業の供給単価を引き下げることができれば，末端給水事業の受水費が軽減され，地域住民の水道料金を値上げすることなく独立採算制を維持できる。

水道事業の現在の課題として，地域格差と水道事業施設の更新需要とを指摘できる。

地域格差は，水源，給水区域，立地条件，経営規模，供用開始時期などの要因によって各地方公共団体の事業経営には大きな格差があり，結果的な水道料金は月 $20m^3$ 使用の家庭で 690 円から 6,180 円まで開いている。特にこのような料金格差に影響しているのは「規模の利益」であり，年間有収水量が 300 万トン以下，給水人口 3 万人以下になると給水原価が急上昇する。費用最小規模は 1,500 万トン以上で 12 万人都市である。都市の多くの末端給水事業は浄化槽をもたない受水団体で受水費として用水供給単価の影響が強い。自己水だけで水道配水を賄える市町村の末端給水事業は浄化槽をもつ自己水団体が多いので，給水原価は 74 円程度安くなる。地域格差の是正には，地方公営企業としての水道事業を広域化して行政区割りによらない地域水道配水体制が望ましい。現在のような小規模事業体制では一般会計からの多額の繰入金が必要である。

第二の課題である水道事業施設の更新需要は難問である。更新投資に関する水道統計を参照しよう。第 10 － 8 図は法定耐用年数で更新すべき設備について示している。

水道の普及は昭和 30 ～ 40 年代（1955 ～ 1965 年）に急速に進展した。配水管法定耐用年数は 40 年であるので，全国の水道事業施設の耐用年数を基準に更新するならば，一年あたりの更新需要額は 1 兆 6,894 億円になると推計される。実際の投資額は 9,800 億円程度で，老朽化していつ破裂してもおかしくない施設を使い続けている。施設更新の遅滞と不十分性は明白である。今後とも第 10 － 8 図にあるような安定的な更新が必要であるにも拘らず，危うい施設使

第10－8図

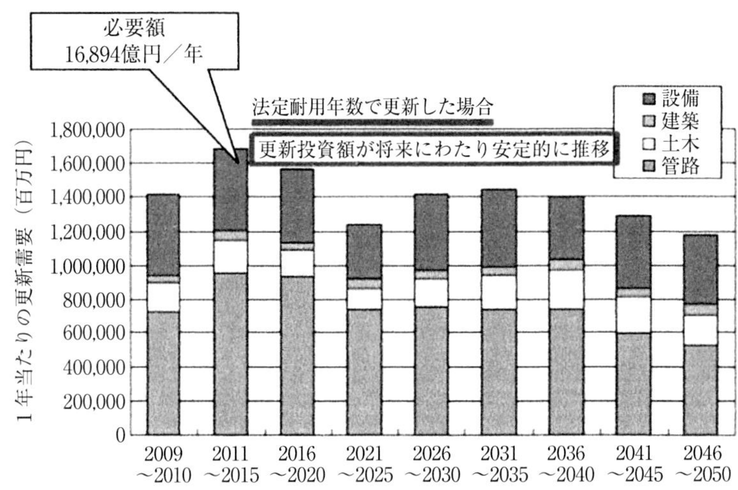

出所：水道統計。

用が余儀なくされている。水道事業に限らず，道路も橋梁も，スタジアムも市民ホールも耐用年数を超える施設が多く，更新に必要な財源は現時点で200兆円を超していると推計されている。

このような公営企業の事業の本質的事情は，一般会計からの繰入金で隠されてしまい，赤字の責任の所在も明確にならない。水道法第6条では，水道事業は厚生労働大臣の許可を受けなければならないと規定されている。水道事業に参入しようとする民間企業は高い参入障壁をクリアーしなければならない。水道民営化で揺れる地方自治体も出てきている。住民にとっては水道料金の大幅な値上げか給水中止かの決断を迫られる。令和時代に突入した現在，このような官業としての水道事業を継続させるかどうかの分水嶺に差しかかっている。ヤード・スティック（yardstick）規制方式で最小平均費用の物差しで効率化を迫っても地方公営企業にとっては，技術的にも，資金的にも，人材的にも努力の余地は小さく効率化は掛け声に終わる。

7．公共料金の限界費用価格形成原理

水道事業は初期投資が膨大な装置産業である。公共財である以上，利潤極大化を目指す民間企業の生産費に基づくプライシング方式は取れない。一般に，公共料金は住民福祉の観点から，ランニング・コストだけの回収を図る限界費用価格形成原理で決定される。

U字形の平均費用曲線が逓減傾向を示す右下がりの部分では，限界費用は平均費用を下回る。この限界費用に等しい料金水準を設定することが限界費用価格形成原理である。この時，固定費を含む平均費用と可変費用のみの限界費用との差は赤字となるが，これを定額税で補填できればパレート最適状態を実現して消費者余剰は極大になる。

上・下水道料金は，独立採算制の原則で事業をしなければならないので，限界費用価格形成原理は用いない。平均費用価格形成原理にしたがい，平均費用に等しい料金設定にしている。独立採算制は収支を均衡させることしか求めないので，この料金設定原理では経営効率の改善は進展しない。それ故に，特に優れた経営効率を収めている事業者の平均費用をヤード尺基準として，経営効率の悪い事業者に格差是正努力を迫る方法が取られる。これがヤード・スティック規制方式である。水道料金設定について第10－9図を用いて説明しよう。

独占均衡に関する一般的な図である。水道事業の平均費用曲線（AC）と限界費用曲線（MC），上水道需要曲線をDD（単純化して直線と仮定），限界料金収入曲線MRはDDの傾きの2倍である。短期独占均衡条件は$MR = MC$であるからG点で成立する。この時，水道供給量q^*は水道料金p^*で提供される。すなわちクールノーの点はEである。p^*は平均費用AC^*を超えるので単位当たりの独占利潤は$p^* - AC^*$である。

ここで，水道料金の平均費用価格形成原理にしたがうと，独占利潤はなくなるが，この料金ではもっと多くの水道需要が発生し最適状態は達成されない。クールノーの点Eを実現するためには，水道料金に定額税を課税して平均費用曲線（AC）を上方シフトさせ，Eを通過するようにすれば$p^* = AC^*$となり，最適状態を実現できる。定額税はAC曲線だけをシフトさせる。基本料金のよ

第10－9図

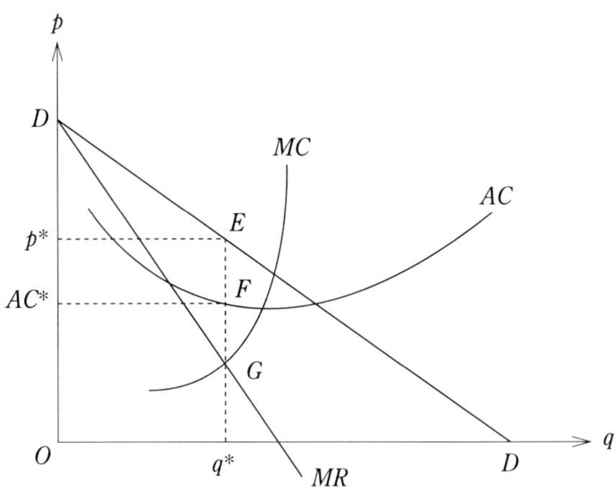

出所：筆者作成。

うな使用水量に無関係な定額負担を上乗せすれば独立採算制は満たされ，独占事業の最適均衡は達成できる。

公共料金の多くは，限界費用価格形成原理で設定される。MC 曲線が AC 曲線の下にある部分のどこかで $p = MC$ になるような料金設定をする。当然 AC との差額が発生しその分が単位当たりの赤字であり，これを埋め合わせないと住民福祉の増進の代価として膨大な累積赤字に悩まなければならない。

8．地方公社

地方公社の法律的定義はない。公用地の取得・造成，有料道路建設・管理，住宅建設・管理，農林漁業振興や観光開発などを行うために地方公共団体が出資して設立される法人である。設立形態は多様であるが，特別立法に基づいて設立されている地方3公社がある。地方住宅供給法（1965年）による地方住宅供給公社，地方道路公社法（1970年）による地方道路公社，公有地の拡大の推進に関する法律（1972年）による土地開発公社である。この他に，一般社団・財団法，会社法による法人もある。

地方住宅公社は都道府県又は政令指定都市に設立できる。住宅を必要とする勤労者の資金を集め，その他の資金を加えて運用し，積立者に居住環境の良好な集団住宅及び宅地を供給している。47 都道府県と 10 市が設立して全国で 57 社あるが，半数以上は赤字で損失額はピーク時約 87 億円に膨らんだが，その後減少している。

地方道路公社は都道府県及び政令指定都市に設立できる。全国で 42 社あるが，道路整備特別措置法による有料道路建設・管理のほか，一般自動車道路の建設・管理，自動車駐車場建設・管理も行う。90%の公社は黒字で，損失額も 2 億円程度である。有料道路の料金収入で負債を償還し，30 年後には無料にすることを目指しているが，目標達成に苦しむ地方公社もある。

土地開発公社は地域の秩序ある整備を図るため，必要な公有地候補地を地方公共団体等に代わって先行取得する。平成 11 年度（1999 年度）のピーク時で 1,597 社あったが，平成の大合併により平成 20 年度には 1,075 社まで減り，現在も解散や廃止で減少し続けている。

土地開発公社は弾力的，機動的，効率的な運営が可能で，大量の民間資金を迅速に利用でき，公有地先行取得を計画的に遂行できる。他方，地方行財政制度の枠外活動であるため行政責任は曖昧で，議会や住民の意向に反する事業も発生する。さらに，地方公共団体の赤字隠蔽手段としても悪用されることがある。先行取得した土地が処分できずに「塩漬け」になり，民間資金の活用に事故も発生し，地方公共団体に大きな財政負担を負わせることも少なくない。

地方公共団体の債務保証で民間金融機関から融資を受けて土地の先行取得を行い，地方公共団体の予算成立後に一般会計から土地公社の先行取得土地を買い取る仕組みである。ピーク時の平成 8 年度（1996 年度）に土地保有総額は 9 兆 1,432 億円（34,475ha）に達し，地方公共団体の財政逼迫を加速化させ，財政再建団体への途を開く元凶になった。平成 19 年度（2007 年度）には 4 兆 881 億円に（14,875ha）まで半減したが，塩漬け土地問題は現在もなお深刻である。

地方 3 公社のそれぞれの根拠法と地方自治法の規定によると，地方公共団体の首長は，地方公社の経営状況についての報告を集めて調査等を行い，議会に対して説明資料の提出を義務づけられている。

9．第三セクター

一般的に，国・地方公共団体の公共部門を第一セクター，民間部門を第二セクターとし，両者の共同出資で設立された事業主体を第三セクターと呼ぶ。地方公共団体が出資する第三セクターは民法第 34 条による社団法人，財団法人と平成 8 年度（1996 年度）までの商法法人を含む会社法法人の株式会社である。

会社法法人は地方公共団体の出資を想定していないので補助金交付を受ける法人は少ないが，公益性のある民法法人は 60％以上に補助金が交付されている。民法法人は約 4,000 社あるがそのほとんどは財団法人であり，債務残高は 62 億円に及ぶ。会社法法人はおよそ 2,700 社あるが，18 億円の債務残高を抱えている。特に運輸・交通部門の第三セクターは経営悪化が激しく 3 億円超の債務残高である。

第三セクター設立の目的は大規模な地域開発や都市開発などの巨大プロジェクトのための巨額資金を民間資金導入で賄うためである。これらの巨大プロジェクトは官民の包括的な総合事業であるので効率的な事業運営を実現できる組織となる。また公共部門の非効率を民間経営手法で排除できるメリットもある。

さらに，民間部門の投資機会を拡大し，開発事業の許認可や政府助成なども円滑に進めることが期待できる。

昭和 60 年代（1985 年代）後半に設立急増期があり，バブル崩壊後は経営状況が厳しくなっている。地方公共団体が債務補償等を行う第三セクターは市場規律や組織内ガバナンスが機能しないことも多く，経営悪化の悪影響が地方財政に及ぼす影響は深刻である。時代の変化と共に存廃が検討される時期に差し掛かっている。

10．自治体病院の財政危機

昭和 43 年度（1968 年度）に自治体病院に地方公営企業法の財務規定が適用されて，薬価基準や診療報酬の改定に伴い，事業の半数が赤字と黒字を繰り返す状態である。病院の料金収入は社会保険診療報酬支払基金から各医療機関に支払われる診療報酬が大半を占める。診療報酬は2年ごとに中央社会保険医療協議会（中医協）の答申で改正される。医療行為については全国一律料金である。国が診療報酬を引き上げれば赤字は解消するが，医療難民が増える。

平成18年度（2006年度）以降，自治体病院の70%超が赤字である。診療報酬が引き下げられると直ちに財政危機が発生する。さらに患者数の落ち込みはかなり大規模であり，診療報酬の引上げでは財政危機回避は望めない。

患者数の落ち込みは研修医などの医療制度そのものにも起因している。臨床研修医制度が研修先病院の自由選択制になると，研修医の多くが地方大学病院から流出し，派遣医師に頼っていた地方公立病院の医師不足は顕著になった。

病院事業については，「経費の負担区分」の基準によって，一般会計からの繰出金がある。受益者負担の原則は無視され，この繰出金は交付税措置がなされ，年間7,000億円程度の決算処理がなされている。この不良債務は，公営企業債や特例債の起債で補填する事態もあったが，平成20年度（2008年度）限りの公立病院特例債でカバーする特例措置により病院事業経営健全化が図られた。不良債務は公営企業の経営状況を判断する場合の資金不足額であり，平成31年度末で286億円に膨張している。地方財政法上の規定では，医業収益／医業費用，で赤字率を求め資金不足比率に読み替えているが，この赤字率数値が10%を超える場合は公営企業債の発行が許可制になり，起債は制限される。平成31年度末の全国自治体病院の平均収益率は88.4%で赤字率は11.6%に拡大している。起債制限に制約される自治体が多い証左である。

現在もなお，地域の安全・安心を支える自治体病院への国・地方公共団体の支援は不可欠である。この公営企業事業も曲がり角に差し掛かっている。自治体病院は，病床数が177,000病床で11.4%，病院数は783病院で9.3%を占める。日本の医療体制にとって，重要な位置を占めている。

令和元年9月26日，厚生労働省は全国424カ所の病院を公表し，再編統合を検討すべきであると提言した。2025年に必要なベッド数は119万床で現在より5万床少ないと試算されている。自治体からの繰入金は平成30年度で8,000億円を超した。再編統合は自治体の責務であるが，大胆な削減策が要る。

平成30年度（2018年度）の概算医療費は42兆5,713億円で，前年度比3,000

億円増（0.8%増）で，国民一人当たりの医療費は337,000円である。75歳未満は222,000円，75歳以上が939,000円で，その41%を入院医療費が占めている。2040年には国民医療費は70兆円に膨らむと予測されている。延命治療の是非も問われることになる。

練習問題

1．自治体病院の財政赤字について，問題点を整理しなさい。
2．土地開発公社経営健全化対策について調べなさい。

参考文献

〔1〕『地方公営企業年鑑』各年度版。
〔2〕中井英雄・齊藤愼・堀場勇夫・戸谷裕之『新しい地方財政論』有斐閣，2010年。
〔3〕遠藤試作「地方公営企業の現状と課題」日経研月報，2013年9月。
〔4〕自治体病院経営研究会『自治体病院経営ハンドブック』ぎょうせい，2008年。

第11章　地方交付税の構造分析

1．地方交付税の３機能

地方交付税は，３つの機能がある。

第１に，再分配機能である。本来，地方団体の収入になるべき「税」には，地方団体間の財源格差調整の必要がある。全ての地方団体の税収は，一定水準に維持できるように財源を保証するために，「国税」として国が徴収し，地方交付税交付金として地方団体に再分配されている。これが地方交付税による財源の再分配機能である。

この地方交付税交付金は一定の合理的な基準によって算定され，地方団体間における財源再分配機能を果たしている。これは，国及び地方各々に固有の行政活動の守備範囲を考慮し，歳出と税収の乖離を埋める調整になる。地方税は，日本国憲法で保障された地方自治の理念を実現していくための重要な一般財源である。国から地方への移転支出である地方交付税交付金は，特定財源として移転支出される国庫補助金とは根本的に異なる。

地方交付税交付金は，地方税同様に地方の自主的な判断で使用でき，無償で交付される一般財源である。2017 年度の国・地方間の財源配分を租税収入全体における国税と地方税の比率で捉えると 61 対 39 であるが，歳出面での国と地方の支出割合は 42 対 58 である。地方交付税交付金は，この税収と歳出のギャップを埋める役割を国庫補助金とともに担っている。

第２に，財源保障機能である。ナショナル・ミニマム（national minimum）について，日本国憲法第 25 条で「すべての国民は，健康で文化的な最低限度の生活を営む権利を有する。国は，すべての生活部面について，社会福祉，社会保障及び公衆衛生の向上及び増進に努めなければならない」としている。

それを保障するための社会政策は，生活保護法など多々あるが，それらを総称してセーフティネット（安全網）と呼ぶ。なお，国家として保障するものはナショナル・ミニマム（国民的最低限度）であるが，地方自治体単位での最低限度の生活水準（生活環境水準）についてはシビル・ミニマム（civil minimum）と呼ぶ。生命・財産の保護，基礎的な生活環境の維持，健康の保持などを目的とした基礎的な公共サービスである。公共サービスの中で，全国民にその居住地とは関係なく最低限度の水準を確保すべき限界線としてナショナル・ミニマムがある。

しかし，公共サービスを供給するための国と地方という多段階の財政システムでは，各地方公共団体の財政力格差の存在が問題になり，国による地域間再分配が必要になる。つまり，財政力が弱い地方団体は，地方税だけではナショナル・ミニマムを達成できない。地方交付税交付金による国から地方への財政力トランスファーは，すべての地方団体が最低限の公共サービスを供給できるようにするための財源保障機能を果たす。

地方交付税法第1条に規定されているように，地方交付税は必要とされる財源の不足額を各地方公共団体に配分するための資金プールである。地方自治体間の経済力格差が大きいため，全ての地方公共団体がナショナル・ミニマムの公共サービスを供給できるだけの地方税財源を確保していない。そのため，地方交付税は，各地方公共団体においてナショナル・ミニマムの公共サービスの供給を可能にする機能をもっている。

財源保障機能を果たす地方交付税は，高度経済成長期に豊かな成熟経済への大転換を目標とした経済政策の下で，全国一律に画一的な公共サービスをある程度の水準で充足させるには有効であった。しかし，経済成長が達成され，成熟社会を迎えると行政に求められる住民ニーズは多様化し，全国一律から地域の多面的な特性に対応した公共サービスが求められるようになり，財源保障機能も変質を迫られた。ナショナル・ミニマムが達成された現在では，地方交付税制度そのものの存廃が問われている。

第3に，財政調整機能がある。地方税が行政区域内の所得額，資産額，経済取引量などの経済力を課税ベースとして課税するので，地方公共団体間の経済力格差によって公共サービスの供給能力にも格差が生じる。また，地理的条件，賃金水準や物価水準という社会経済的条件などの相違によっても公共サービス供給の単位費用は多様化する。さらに，高齢化比率，犯罪発生率，災害被災率などによっても公共サービスに対する地域ニーズに格差がある。このような税収獲得能力や財政需要の格差は，地方公共団体間の財政力格差となって現れ，同じ水準の公共サービスを享受しているにも拘わらず，住民の地方税負担に格差が生じることになる。また，同じ税負担であっても公共サービス水準は異なる場合がある。

財政調整機能は，地方公共団体間における財政力格差を解消するため，地方交付税交付金の適正な配分を通じて地方団体相互間の過不足を調整し，均霑(てん)化を図る機能である。地方交付税制度は，財政調整機能とともにナショナル・ミニマム確保のための財源保障機能を同時に有している。地方交付税の財政調整機能は，財源保障としてマクロとミクロの両側面をもっている。マクロは地方交付税の総額が所得税，法人税，酒税，消費税の一定割合と地方法人税の全額と法定されているので，地方財源は総額として保障される。他方，ミクロは，基準財政需要額，基準財政収入額という基準の設定を通じて，どの地方公共団体に対しても行政の計画的な運営が可能となるように必要な財源を保障する。

地方交付税の財源調整の仕組みを，第 11 － 1 図「人口規模と普通交付税」

第 11 － 1 図　人口規模と普通交付税

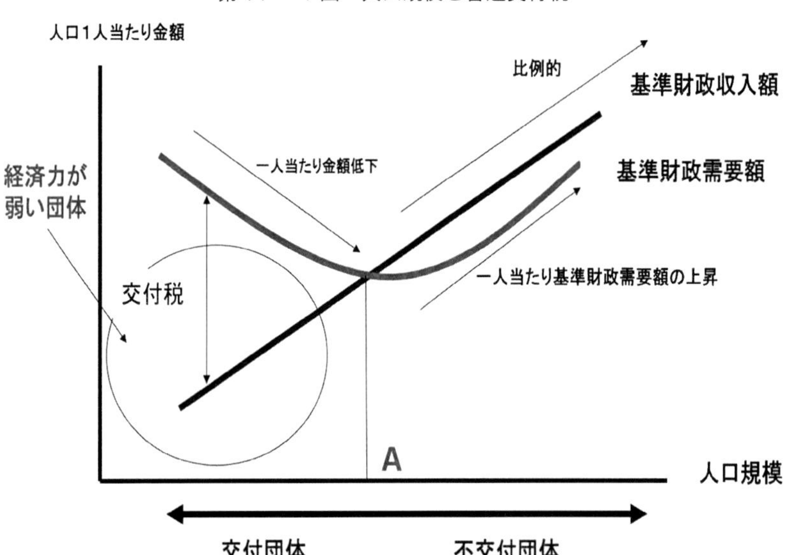

出所：筆者作成。

によって示そう。横軸には人口規模を，縦軸は住民１人当たりの基準財政収入額と基準財政収入額をとる。

都市の人口が増加すると集積のメリット等により規模の経済が作用し，１人当たりの基準財政需要額は低落する。人口規模がある程度以上になると，逆に過密や多種な都市問題の発生で，集積のデメリットにより１人当たりの基準財政需要額は上昇する。すなわち，１人当たりの基準財政需要額は人口規模に対してＵ字型になる。他方，１人当たりの基準財政収入額は，人口規模とともに比例的に増加する。これは，地域の経済力が人口規模にほぼ比例するとともに，税収も人口規模と比例して増加するからである。基準財政需要額が基準財政収入額を上回る地方公共団体は，その不足額が普通交付税交付金として交付される。すなわち，図のＡ点より左の人口規模の小さい地方公共団体は交付団体となり，基準財政収入額が基準財政需要額を上回る右の団体は不交付団体となる。ここで留意すべきことは，人口規模が小さい地方公共団体ほど１人当たりの普通交付税交付金が多くなることである。自治体の平均的な規模が小さい場合は自治体規模の拡大も必要となる。

2．地方交付税の算定

地方交付税の財源は，所得税及び法人税の 33.1％，酒税の 50％，消費税の 22.3％，地方法人税の全額とされ，地方財政計画における地方財政全体の標準的な歳入，歳出の見積もりに基づきマクロベースで決定される。

第 11 － 2 図「国の予算と地方財政計画における地方交付税（2019 年度当初予算)」に示すように，国の一般会計からは地方交付税の原資である国税５税分の 15.3 兆円に法定加算などの 0.7％を加えると，入口ベースの地方交付税額 16.0 兆円が確定する。この全額を交付税及び譲渡税配布金特別会計 0.1 兆円に繰り入れて，地方財政計画で算定された地方交付税総額（出口ベースの地方交付税額）に合うように地方特例交付金等で借り入れるなどの調整を行い，出口ベースの地方交付税額を確保する。その上で各地方公共団体にそれぞれの財源不足額に対応する地方交付税交付金が交付される。

地方財政計画上の地方交付税交付金額は，すべての都道府県及び市町村がそ

第11－2図　国の予算と地方財政計画における地方交付税（2019年度当初予算）

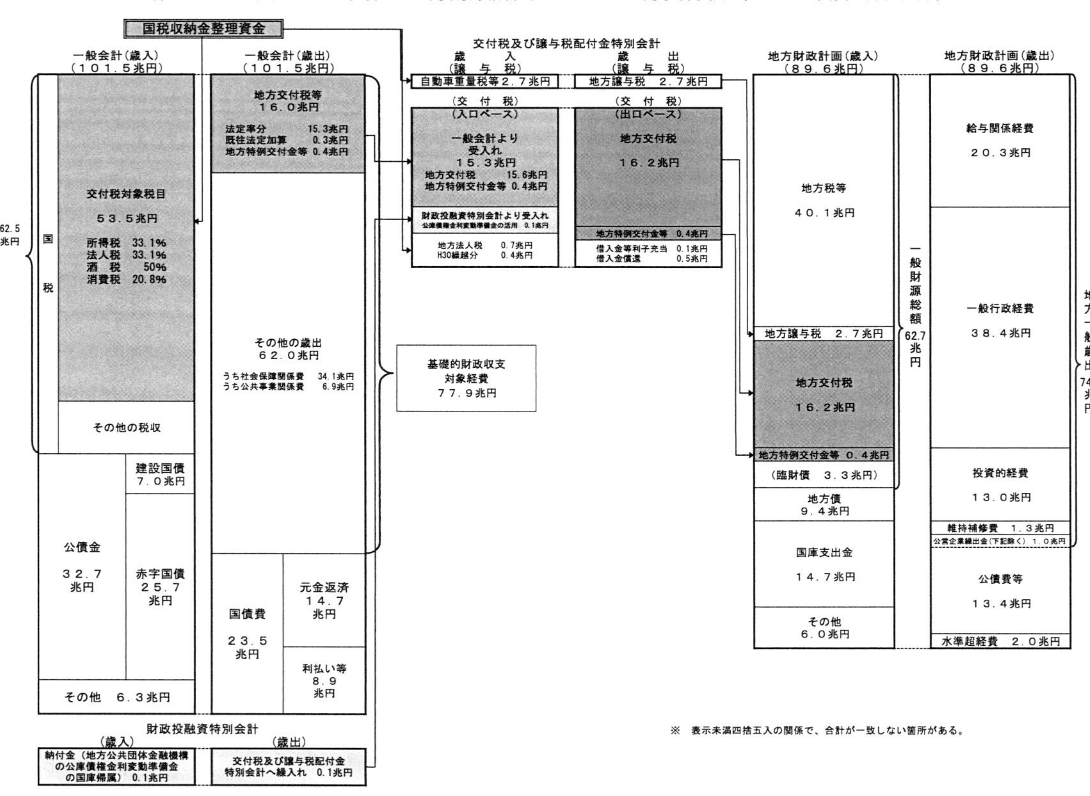

出所：総務省ホームページ（www.soumu.go.jp）2019年8月。

れぞれ個別に財源不足額を見込んだ額の合計額である。他方，その原資は国税の一定割合であり，その税収は景気動向などのマクロ経済の動きによって影響される。各地方公共団体が個別に財源不足額を算定したものを集計することによって地方財政として必要な地方交付税の総額が決定されるが，その地方交付税の総額と国税の一定割合である原資の総額とは，それぞれ個々に算出されるので，入口ベースと出口ベースの必要額が一致する可能性は基本的にもっていない。

上記のように算出された地方交付税は，普通交付税と特別交付税がある。普通交付税の総額は，地方交付税総額の 96％であり，普遍的に利用できる公表された資料に基づいて画一的かつ機械的に算出される。そのため，交付税の算出期日後に生じた災害などに配慮することはできない。そこで，特別な事情によって発生した財政需要の増加や財政収入の減少に対して交付されるものが特別交付税であり，地方交付税総額の 4％である。

次の第 11 － 3 図において普通交付税の仕組みを示してある。A 市が必要とする一般財源（総経費から国庫支出金，地方債，使用料・手数料などの特定財源を差し引いたもの）が基準財政需要額として 100 億円計上している。基準財政収入額は，A 市の財政力を合理的な方法で測定し算出された 60 億円であるが，これは地方税収入の 75％と地方譲与税の見込み額の総合計額である。因みに，地方税収入の残余となる 25％は留保財源となり，自治体の一般財源として自由に使える。

第 11 － 3 図　普通交付税の仕組み

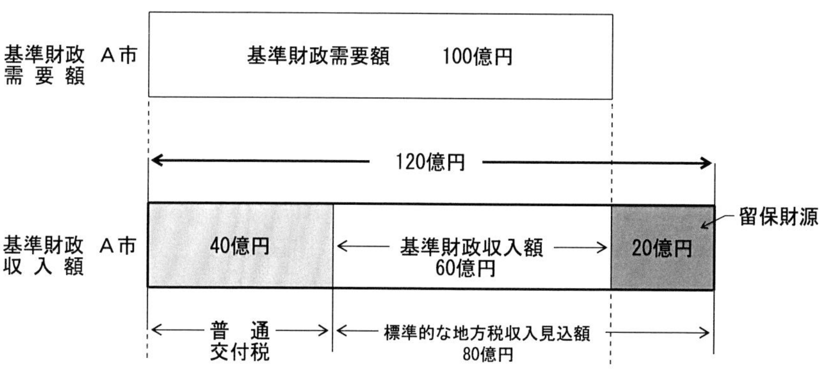

出所：総務省ホームページ（www.soumu.go.jp）2019 年 8 月。

普通交付税額＝基準財政需要額－基準財政収入額

この式により，基準財政需要額100億円と基準財政収入額60億円との差額40億円が普通交付税交付金額（財源不足額）として算定される。

3．基準財政需要額

基準財政需要額は，以下のような意義をもっている。

第1に，地方行政の標準的な行動経費として基準財政需要額が検討される。基準財政需要額は，各地方公共団体の支出の実績（決算額）でもなければ，実際に支出しようとする額（予算額）でもない。したがって基準財政需要額は，地方公共団体における個々の具体的な財政支出の実態を捨象して，その地方公共団体の自然的・地理的・社会的諸条件に対応する合理的で且つ妥当な水準における財政需要として算定される。

第2に，基準財政需要額の標準的水準の具体的根拠となるものは地方財政計画に示された歳出の内容と水準である。地方財政計画は，国民経済，国家財政との関連を保ちつつ，地方財政に関する基本的な方針とその標準的な姿を掲げている。基準財政需要額は，地方財政計画に組み込まれた給与費，社会福祉関係費，公共事業費，単独事業費などの内容を基準として算定される。

第3に，基準財政需要額は地方公共団体に必要な一般財源としての財政需要額を示すものであり，基準財政需要額の算定に当たって，目的税，国庫支出金，使用料・手数料，負担金・分担金等の特定財源をもって賄われるべき財政需要は，特定財源需要額として除外される。

基準財政需要額は，各地方公共団体ごとの標準的水準の行政を行うために必要となる一般財源を算定するものであり，各算定項目ごとに次の算式により算出される。

単位費用 × 測定単位 × 補正係数

財政需要は，各地方公共団体の測定単位に単価を乗じることによって算定される。この測定単位に乗ずる単価を単位費用という。その算定は，都道府県または市町村の各行政項目ごとに標準的条件を備えた代表的地方公共団体で自然的な条件，地理的な条件などが特異（積雪地帯や離島）でないものを想定する。その算式は，次のとおりである。

$$単位費用=\frac{標準団体の標準的な歳出-そのうち国庫補助金等の特定財源}{標準団体の測定単位の数値}$$

$$=\frac{標準団体の標準的な一般財源所要額}{標準団体の測定単位の数値}$$

また，単位費用を算出するために標準的な地方公共団体（標準団体）または標準的な施設（標準施設）を設定する。その具体的な標準団体は以下の通りである。

第 11 － 4 表「標準団体」に示すように，都道府県は人口 170 万人，面積 6,500km^2，71 万世帯，道路の延長 3,900km であり，市町村では人口 10 万人，面積 210km^2，世帯数 4 万 2,000 世帯，道路の延長 500km の規模の地方公共団体を設定している。その代表的な地方公共団体は合理的且つ妥当な水準の行政を行う場合に必要となる標準的な経費としての一般財源所要額を算定した上で，その行政項目の標準団体の測定単位の数値で除して単位費用を求める。なお，基準財政需要額は，一般財源の所要額であるため，補助金，負担金等の特定財源は控除される。

例えば，都府県分についてある標準団体（170 万人）の小学校 360 校において教職員（校長 360 人，教頭 372 人，一般教員 5,158 人，事務職員等 505 人）が 6,398 人と想定しよう。これに関する歳出（給与費，旅費等）527 億 2,800 万円に対して歳入（国庫支出金）127 億 1,900 万円を差し引いて，一般財政所要額は 400 億 900 万円になる。そのとき，単位費用は，標準団体一般財源所要額を標準団体

第 11 － 4 表　標準団体

	都道府県	市町村
人口	1,700,000 人	100,000 人
面積	6,500km^2	210km^2
世帯数	710,000 世帯	42,000 世帯
道路の延長	3,900km	500km

出所：筆者作成。

教職員数で割るので400億900万円を6,398人で割ると625万3,000円になる。

測定単位は，それぞれの経費項目の財源必要額を測定するのに，最も適当と考えられる指標である。例えば，社会福祉費や下水道は人口，道路橋梁(りょう)費は道路の面積と延長，水産行政費は水産業者数，徴税費は世帯数などである。すなわち，測定単位は，その数値が行政項目に必要とされる経費と高い相関を示し，且つ公的な統計をもとに数値が得られるものが選択される。第11－5表には，市町村の個別算定経費のうち代表的経費について2018年度の測定単位と単位費用を示してある。

第11－5表　市町村の測定単位と単位費用（2018年度）

（単位：円）

<table>
<tr><th colspan="2">算定項目</th><th>測定単位</th><th>単位費用</th></tr>
<tr><td colspan="2">消防費</td><td>人口</td><td>11,300</td></tr>
<tr><td rowspan="5">土木費</td><td rowspan="2">道路橋梁費</td><td>道路の面積</td><td>71,700</td></tr>
<tr><td>道路の延長</td><td>194,000</td></tr>
<tr><td rowspan="2">公園費</td><td>人口</td><td>530</td></tr>
<tr><td>都市公園の面積</td><td>36,300</td></tr>
<tr><td>下水道費</td><td>人口</td><td>94</td></tr>
<tr><td rowspan="8">教育費</td><td rowspan="3">小学校費</td><td>児童数</td><td>43,000</td></tr>
<tr><td>学級数</td><td>890,000</td></tr>
<tr><td>学校数</td><td>9,479,000</td></tr>
<tr><td rowspan="3">中学校費</td><td>生徒数</td><td>40,600</td></tr>
<tr><td>学級数</td><td>1,097,000</td></tr>
<tr><td>学校数</td><td>8,691,000</td></tr>
<tr><td rowspan="2">高等学校費</td><td>教職員数</td><td>6,558,000</td></tr>
<tr><td>生徒数</td><td>70,330</td></tr>
<tr><td rowspan="2">厚生費</td><td>生活保護費</td><td>市部人口</td><td>9,440</td></tr>
<tr><td>社会福祉費</td><td>人口</td><td>23,400</td></tr>
<tr><td rowspan="2">産業経済費</td><td>農業行政費</td><td>農家数</td><td>84,300</td></tr>
<tr><td>商工行政費</td><td>人口</td><td>1,310</td></tr>
<tr><td rowspan="3">総務費</td><td>徴税費</td><td>世帯数</td><td>4,610</td></tr>
<tr><td rowspan="2">地域振興費</td><td>人口</td><td>1,830</td></tr>
<tr><td>面積</td><td>1,039,000</td></tr>
</table>

出所：地方交付税制度研究会編『平成30年度地方交付税のあらまし』2018年。

補正係数は，各公共団体ごとの規模，地理的条件，社会的条件，経済的条件等の差異を考慮し，それぞれの団体の財政需要額をより正確にとらえるために測定単位を割り増したり割り引くために使用されている。補正係数は，人口の大きさによる規模の経済を考慮する段階補正，人口密度や自動車交通量等を考慮する密度補正，都市化の度合いや行政権能の差を考慮した態容補正，寒冷・積雪地域の度合いを考慮する寒冷補正がある。その他に，数値急増（急減）補正，財政力補正，合併補正があり，きめ細かな対応を行っている。しかし，これによって基準財政需要額の算定は複雑かつ不透明なものになっている。

４．基準財政収入額

基準財政収入額は，基準財政需要額の算定に含まれている行政項目に対して地方公共団体が充当できる一般財源の額として計算される。法定普通税を主体とした地方税の標準的な地方税収入の額に75%を乗じた額に，地方譲与税，航空機燃料譲与税，交通安全対策特別交付金などの総額を加えたものである。

標準的な地方税収入　×　原則として75／100　＋　地方譲与税等

標準的な地方税収入の額は，それぞれの地方公共団体に存在する課税ベースに地方税法で定められた標準税率で課税した場合の収入見込み額である。超過課税分やほとんどの目的税，法定外地方税は含まない。具体的には，普通交付税の算定に当たって，各地方公共団体における法定普通税を中心とした税収入額を一定の方法により算定した額の75%相当額をいう。その算定は，①市町村民税や固定資産税などの税収入見込額の75%，②税交付金（利子割交付金・配当割交付金・株式等譲渡所得割交付金・地方消費税交付金・ゴルフ場利用税交付金・自動車取得税交付金・軽油引取税交付金・国有資産等所在市町村交付金）の収入見込額の75%，③地方譲与税の収入見込額，④交通安全対策特別交付金の収入見込額，⑤児童手当及び子ども手当特例交付金の交付額，⑥減収補てん特例交付金の交付額の75%を算定し，これらを合算したものになる。

なお，地方税などの収入の全額を基準財政収入額に算入しない（100%ではなく75%算入する）のは，基準財政収入額に算入されない残りの25%分が留保財源として手元に残される。それは地方公共団体の徴収努力を削ぐことなく，地域の特性に応じた独自の諸施策を展開していく財源として残しておく等の理由からである。

このように交付税算定の基礎となる基準財政需要額と基準財政収入額は，それぞれ個別に算定されるため，地方交付税財源の総額が両者の差である財源不足額の全地方公共団体の合計額に常に一致する保証はない。そのため，国税から決定される普通交付税総額が地方公共団体の財源不足額の総額を上回る場合には，その上回る額が総額に加算して配分される。逆に，普通交付税総額が財源不足額の総計を下回る場合には，財源が不足する各地方公共団体の基準財政需要額の規模に応じて普通交付税総額が減額されることになる。

5．地方交付税の構造的な問題

地方交付税は，構造的な問題が多い。その問題のいくつかについて検討しよう。

第1に，地方交付税の補助金化である。地方交付税は本来，財政力の弱い自治体に一般財源を保障して地方自治の本旨を実現するための役割がある。しかし，国が社会保障関係費や国債費に次ぐ大きな支出項目である地方交付税を利用して，地方行政を国の政策に従属させようとする危惧もある。すなわち，国は地方交付税を自らの政策実現のための手段とする一方，国の財政再建を優先して地方交付税の負担を減らそうとする。あるいは国の債務を地方に付け回すなどの手段をとることで，地方交付税制度は本来のあり方から大きく歪んでくる。これにより，過保護に慣れた地方財政の放漫化も発生した。

国は地方交付税を国の政策へ自治体を誘導するために活用し，いわば，地方交付税の補助金化が発生した。1990 年代には，景気対策や内需拡大策として，国の補助金のない自治体の事業である地方単独事業を拡張するため，地方交付税が大いに活用された。例えば，国指定のふるさとづくり事業などとして公共施設を建設すれば，所要額の 75％について地方債（地域総合整備事業債）の発行を認め，その元利償還費の 30 ～ 55％を後年度地方交付税で措置した上で，所要額の残り 25％のうち 15％を当年度の地方交付税で措置することにした。これにより，多くの自治体がハコモノ造りに腐心し，後に過大な財政負担に苦しむことになった。

1990年代末からの市町村合併政策にも，地方交付税が利用された。合併すると，地方交付税が割り増しされる合併補正や合併しても地方交付税が減らない合併算定替の措置があった。また，合併特例事業用の合併特例債が起債充当率95%で発行が認められ，元利償還費の70%が後年度地方交付税で措置することとされた。合併に伴うまちづくりのための地域総合整備事業債は，起債充当率が90%に高められ，元利償還費の30～55%が後年度地方交付税で措置することとされた。合併後の財政負担で多くの自治体が苦しんでいる。また，2008年のリーマン・ショック前後からは，基準財政需要額の個別算定経費で通常の行政項目とは別に，その時の内閣の意向を反映して，地域再生対策費，地域雇用創出推進費，雇用対策や地域資源活用臨時特例費，雇用対策や地域資源活用推進費，地域経済や雇用対策費，地域の元気づくり推進費，地域の元気創造事業費，人口減少等特別対策費が設けられ毎年増額されている。特別交付税を使った行政改革や公共施設の再編促進などと相まって，地方交付税は一般財源という本来の姿からは遠ざかっている。

第2に，高齢化社会における地域格差と地方交付税の関連である。地方交付税による財政調整は，大きな財源配分を行なうものであり，一定規模があるため国土の均衡発展という目的や地方公共団体のもとに居住する住民生活の向上に相当な成果をあげてきたのは事実である。しかし，他方で，地域格差は是正が難しいほどに拡大した。

日本の地域間の経済力格差は大きく，財政力が豊かな東京都もあるし，貧しい島根県や高知県のような地方公共団体もある。また，地方公共団体は，自主財源確保のための企業誘致も難しく地場産業も振興しないため，地方の若者は大都市圏に流入する。その結果，地方社会の高齢化が深化することになり，この高齢化はさらに深刻な問題を引き起こす。第11－6表「都道府県別高齢化率の推移」に示したように，2017年度における65歳以上の人口割合が30%に達しているのは，北海道を初め青森県，岩手県，秋田県など23都道府県である。さらに，2045年度には大部分の都道府県が40%近くに達すると予想される。

2017年度に高齢化率が高い都道府県は，地方税収が少なく，大規模な地方交付税が交付されている地域である。他方，東京都，神奈川県，千葉県，埼玉

第11－6表　都道府県別高齢化率の推移

（単位：%）

都道府県名	2017年	2045年	伸び率	都道府県名	2017年	2045年	伸び率	都道府県名	2017年	2045年	伸び率
北海道	30.7	42.8	12.1	石川県	28.8	37.2	8.4	岡山県	29.7	36.0	6.3
青森県	31.8	46.8	15.0	福井県	29.8	38.5	8.7	広島県	28.6	35.2	6.6
岩手県	31.9	43.2	11.3	山梨県	29.8	43.0	13.2	山口県	33.4	39.7	6.3
宮城県	27.2	40.3	13.1	長野県	31.1	41.7	10.6	徳島県	32.4	41.5	9.1
秋田県	35.6	50.1	14.5	岐阜県	29.3	38.7	9.4	香川県	31.1	38.3	7.2
山形県	32.2	43.0	10.8	静岡県	29.1	38.9	9.8	愛媛県	32.1	41.5	9.4
福島県	30.2	44.2	14.0	愛知県	24.6	33.1	8.5	高知県	34.2	42.7	8.5
茨城県	28.3	40.0	11.7	三重県	29.0	38.3	9.3	福岡県	27.1	35.2	8.1
栃木県	27.4	37.3	9.9	滋賀県	25.3	34.3	9.0	佐賀県	29.2	37.0	7.8
群馬県	28.9	39.4	10.5	京都府	28.6	37.8	9.2	長崎県	31.3	40.6	9.3
埼玉県	26.0	35.8	9.8	大阪府	27.2	36.2	9.0	熊本県	30.1	37.1	7.0
千葉県	27.1	36.4	9.3	兵庫県	28.3	38.9	10.6	大分県	31.8	39.3	7.5
東京都	23.0	30.7	7.7	奈良県	30.3	41.1	10.8	宮崎県	31.1	40.0	8.9
神奈川県	24.8	35.2	10.4	和歌山県	32.2	39.8	7.6	鹿児島県	30.8	40.8	10.0
新潟県	31.3	40.9	9.6	鳥取県	31.0	38.7	7.7	沖縄県	21.0	31.4	10.4
富山県	31.6	40.3	8.7	島根県	33.6	39.5	5.9	全国平均	29.3	40.4	11.2

出所：内閣府（https://www8.cao.go.jp）2019年8月により作成。

県など首都圏及び大都市圏を有する地域は，高齢化率が20%台に留まっている。このような人口高齢化の相違が更に拡大し，本格的な高齢社会になると，財政需要される新しいナショナル・ミニマムの充実は困難な課題になる。現在の地方交付税制度が十分に対応できない恐れがあり，新しいナショナル・ミニマムに基づいた地方交付税制度を再構築しなければならなくなる。

第3に，地方交付税の法定率の引き上げが問題である。地方交付税は，本来の役割である財源保障機能と財源調整機能を発揮できるようにするために総額を確保することが必要になる。近年，地方財政には巨額の財源不足が生じており，1996年度以降，毎年度分として交付すべき普通交付税交付金総額が連続的に各地方公共団体の財源不足額の合算額に比して著しく不足している。地方が標準的な行政サービスを行うための財源を保障することは，地方交付税上の国の責務であり，本来，地方交付税の法定率の引上げ等により，その全額について国が対処すべきものである。しかし，国の財政状況を踏まえ，次善の策として国と地方の折半により対処してきている。従来，地方の財源不足に対しては，交付税及び譲与税配付金特別会計（交付税特別会計）における借入金により対応し，その償還金を国と地方で折半して負担してきた。しかし，2001 年度からは，国と地方の責任の明確化や借り入れの透明化の観点から，国の特例加算及び地方の臨時財政対策債の発行により対処するようにしているが，その後，臨時財政対策債の発行残高が増加し，地方の借入金残高が約 200 兆円規模で推移しており，地方財政の健全化の観点から問題となっている。

地方交付税の安定性と地方自治体の予見可能性を高めるため，地方交付税の本来の姿に立ち戻り，地方交付税の法定率を引き上げ，臨時財政対策債の発行を抑制すべきである。また，地方交付税の原資である国税 4 税の法定率分は，本来，地方の税収とすべきものを国が代わって徴収するものであり，間接課徴形態の地方税と考えられる。地方の固有財源としての性格をより明確にするため，国税 4 税の法定率分を地方法人税と同様に国の一般会計を通さず，交付税特別会計に直接繰り入れることが望ましい。

第 4 に，地方交付税に対する国の負担減が問題である。地方交付税の財源は，地方交付税法で税目と交付税率が定められている。景気低迷などで法定の地方交付税総額が減少して，地方が必要とする財源総額を下回り，財源不足が続く場合，交付税率の引き上げや税目の追加が求められる。それは国の税収が減るので，第 1 次オイル・ショック後の 1975 年度から交付税及び譲与税配付金特別会計に借金させて対応してきた。交付税特別会計の借金が累積したため，2001 年度からは臨時財政対策債（臨財債）という赤字地方債を発行し，その元利償還費を後年度地方交付税で措置する方式に切り替えた。2016 年度地方財政計画で臨財債は 3.8 兆円が計上されている。特別会計借入も臨財債も借金で，負担の一部を地方に押しつけるつけ回しである。臨財債方式を行う一方で，国は地方交付税を減額している。地方自治体が独自に地域の発展に取り組む意欲を弱めているなどの理由によって（骨太方針 2001），地方交付税の財源保障機能の縮小，不交付団体の増加，地方財政計画の歳出の縮減，地方財政計画と決算額の乖離の是正などにより地方交付税の抑制に取り掛かった。特に，小泉内閣が 2004 ～ 06 年度に実施した三位一体改革は，①国から地方への税源移譲（所得税の一部を個人住民税へ移譲），②国庫補助負担金の廃止・縮減，③地方交付税・臨時財政対策債の削減を同時に進めた。その結果，国庫支出金は 4.7

兆円，地方交付税は5.1兆円，それぞれ減少したが，所得税から個人住民税への税源移譲は約3兆円にとどまり，地方財政にとっては差し引き6.8兆円が失われた。地方税の増収分を割り引いても削減幅は大きく，2004年度は多くの自治体が財政難に陥る状態になった。マクロの財源保障のベースとなる地方財政計画は，ピークの2001年度89.3兆円から2012年度81.9兆円（通常収支分）へ7.4兆円も減額した。

2015年度から税源偏在の是正を理由に地方法人税が創設され，地方交付税の原資に加えられたが，地方法人税は法人住民税の一部を国税にしたものであり，東京都などの不交付団体の税収を取り上げるものである。2016年度から基準財政需要額や基準財政収入額の算定にトップランナー方式が導入された。これは，単位費用や徴税率を標準団体でなく全国上位の団体の数値を用いることで，自治体に民間委託や徴税強化を半ば強要し，地方交付税を縮減しようとする措置であり，標準団体をベースにした地方交付税制度を根底からくつがえすものである。制度の変革は充分な相互理解の土壌を作って進めなければならない。

地方財政状況に明らかな改善が顕（あら）われてきた現在，これらの構造的諸問題を克服して未来を拓く地方交付税制度を設計する努力を惜しんではならない。

練習問題

1．令和時代に求められる地方交付税制度について議論しなさい。
2．留保財源比率を10%，20%，30%，などに設定して地方自治体の財政状況の変化を数字的に確認しなさい。

参考文献

〔1〕林宜嗣『地方財政』有斐閣，2013年。
〔2〕池宮城秀正編『財政学』ミネルヴァ書房，2019年。
〔3〕兼子良夫『地方財政』八千代出版，2013年。
〔4〕地方交付税制度研究会編『平成30年度地方交付税のあらまし』一般社団法人地方財務協会，2018年。
〔5〕総務省編『地方財政白書』各年度。
〔6〕自治労連・地方自治問題研究機構（http://www.jilg.jp）2019年9月閲覧。
〔7〕地方財政審議会『今後目指すべき地方財政の姿と平成31年度の地方財政への対応についての意見』2018年。

第12章　地方財政の健全化

1. 地方財政の破綻

世界的に度重なるデトロイト市の破産や夕張市の破産など，都市の破綻は地方財政の危うさや脆(もろ)さを印象付け，小規模な地方自治体の悲惨な赤字体質は容易に改善しない。都市の破産は地域住民の生活基盤を根こそぎ喪失させる。

平成21年（2009年）4月に地方公共団体の財政の健全化に関する法律（財政健全化法）が施行された。この種の自治体財政健全化に関する試みは，既に昭和30年（1955年）12月に成立した地方財政再建促進特別措置法（再建促進法）で始められていた。前年度に46都道府県（沖縄県は返還前）中36団体，4,745市町村のうち1,522団体が実質収支比率の赤字に転落し財政再建が焦眉の問題になったからである。旧法の再建促進法の適用を受けた自治体も夕張市である。その後，地方公共団体の財政運営は多様化し，地方公営企業の累積赤字や第三セクターの破綻，地方公社の解散が頻発している。このような一般会計以外のところで発生する財政悪化は抑制が効かず，一般会計を対象とする財政再建措置では地方自治体の財政的危機を回避できず，早期是正機能もなかった。

旧法の地方財政再建促進特別措置法は実質収支比率だけを基準とし，再建団体のみを対象にした。しかし，そのような防止措置では効果が乏しかったため，新しい財政健全化法では，すべての地方自治体が❶実質赤字比率，❷連結実質赤字比率，❸実質公債費比率，❹将来負担比率の4比率を判断基準として評価されることになった。各自治体は，毎年度決算のあと監査委員会の審査を受け，議会に報告し，公表することになっている。総務省ホームページは決算カードを掲載して各自治体の評価を示している。4比率のうち1比率でも基準を超えて財政悪化がみられると，イエロー・カードとして早期健全化団体になり，さらに悪化が激しい場合はレッド・カードとして財政再生団体になる。この2つ

第12－1図

地方公共団体の財政の健全化に関する法律について

（指標の公表は平成19年度決算から，財政健全化計画の策定の義務付け等は平成20年度決算から適用）

	健全段階	財政の早期健全化	財政の再生
現行法制	○指標の整備と情報開示の徹底 ・フロー指標：実質赤字比率，連結実質赤字比率，実質公債費比率 ・ストック指標：将来負担比率＝公社・三セク等を含めた実質的負債による指標 →監査委員の審査に付し議会に報告し公表	○自主的な改善努力による財政健全化 ・財政健全化計画の策定（議会の議決），外部監査の要求の義務付け ・実施状況を毎年度議会に報告し公表 ・早期健全化が著しく困難と認められるときは，総務大臣又は知事が必要な勧告	○国等の関与による確実な再生 ・財政再生計画の策定（議会の議決），外部監査の要求の義務付け ・財政再生計画は，総務大臣に協議し，同意を求めることができる 【同意無】 ・災害復旧事業等を除き，地方債の起債を制限 【同意有】 ・収支不足額を振り替えるため，償還年限が計画期間内である地方債（再生振替特例債）の起債可 ・財政運営が計画に適合しないと認められる場合等においては，予算の変更等を勧告
	公営企業の経営の健全化		

（健全財政）⟷（財政悪化）

	旧制度の課題	地方財政再建促進特別措置法
旧法制度	<旧制度の課題> ・分かりやすい財政情報の開示等が不十分 ・再建団体の基準しかなく，早期是正機能がない ・普通会計を中心にした収支の指標のみで，ストック（負債等）の財政状況に課題があっても対象とならない ・公営企業にも早期是正機能がない等の課題	○赤字団体が申出により，財政再建計画を策定（総務大臣の同意が必要） ※赤字比率が５％以上の都道府県，20％以上の市町村は，法に基づく財政再建を行わなければ建設地方債を発行できない ○公営企業もこれに準じた再建制度（地方公営企業法）

出所：総務省資料。

の早期健全化基準と財政再生基準との２段階基準のコンビネーションで地方財政の破綻をできる限り未然に食い止めようとする方策である。

現行の財政健全化法の多段階方式と旧制度の再建促進法の下での財政再建の手順は上の第12－1図でまとめている。資金収支や公債費などのフローに加えてストック指標も用いて財政状態の診断をする。再生団体になった場合は，財政再生計画を総務大臣と協議し同意を求めることができる。このような任意規定の手続きを踏まないときは，起債制限が厳しくなるので，事実上は同意を求めることになる。再生計画中は年度ごとの健全化への進捗目標をクリアーしていかなければならず，計画の見直しは認められない。

現行法の制度では，公営企業については資金不足比率のみで単独に再建計画を適用する。再生はなく早期健全化だけで再建に努め，立て直しができない場合は廃止や解散にする他ない。旧法の再建促進法の下で破産すると，夕張市のように準用再建団体になる。現行の財政健全化法のもとで破産すると再生団体になり，ともに再生計画は旧法下と大きな変化はないが，準用再建団体には認められなかった再生振替特例債を用いて赤字を長期債に振り替え，安定的な金利の下で再建計画が長期にわたって遂行できるようにしている。これは旧法の下でも本再建時には認められた。現行法下でも，債務軽減措置は一切取り入れられない。

2．財政力指数

各地方自治体の財政状態を総合的に捉える指標が財政力指数である。地方交付税法の規定にしたがって算定した基準財政収入額を基準財政需要額で割り，この数値の小数点以下第 3 位を四捨五入して得た数値の過去 3 ヵ年間の平均値が財政力指数である。統計的に諸変動が影響する 3 年間を平均して数値化する。

基準財政収入額は標準税率で算定した当該年度の収入見込額の 75％である。基準財政需要額は地方公共団体が合理的に平均水準の行政を実行するときに必要な財政経費総額である。

財政力指数が 1 を超える地方自治体は，普通交付税不交付団体になり，その超過分を標準水準以上の行政サービスに充てることができる。1 以下の地方自治体は普通交付税交付団体になるが 1 に近い場合は，留保財源が大きく，財源に余裕がある。

財政力指数は公共事業に係る経費について国の負担率の引上げを適用する団体かどうかの判定基準になる。最近の都道府県の財政力指数は第 12 － 2 表に示されるとおりである。都道府県の平均値は 0.516，市町村では 0.51 で，諸外国の州，県，郡，市の財政力の 60％程度しかなく，特に近年の弱体化は激しい。

第 2 章での財政力指数分類とは幾分異なる視点で分類した次表が参考になる。

最近 10 年間の地方団体の財政力指数がどのような推移を見せているかは第 12 － 3 図に示される。

地方団体の財政は一般的に 3 割自治と呼ばれるほど独自の税収割合が低く，

第12－2表　財政力指数（平成29年度）

グループ	財政力指数	都道府県名	団体数
B1	0.7　以上	愛知県　神奈川県　千葉県　大阪府　埼玉県　静岡県	6
B2	0.5　以上	栃木県　群馬県　茨城県　福岡県　兵庫県　宮城県 広島県　三重県　京都府　滋賀県　福島県　岐阜県 岡山県　長野県　石川県	15
C	0.4　以上	香川県　富山県　新潟県　山口県　北海道　愛媛県 奈良県　山梨県　熊本県　福井県	10
D	0.3　以上	大分県　岩手県　山形県　佐賀県　沖縄県　青森県 宮崎県　鹿児島県　長崎県　徳島県　和歌山県　秋田県	12
E	0.2　以上	鳥取県　高知県　島根県	3
F	1.0　以上	東京都	1

（注）左から右へ順に数値は低下

出所：総務省資料より筆者作成。

第12－3図　財政力指数の動向

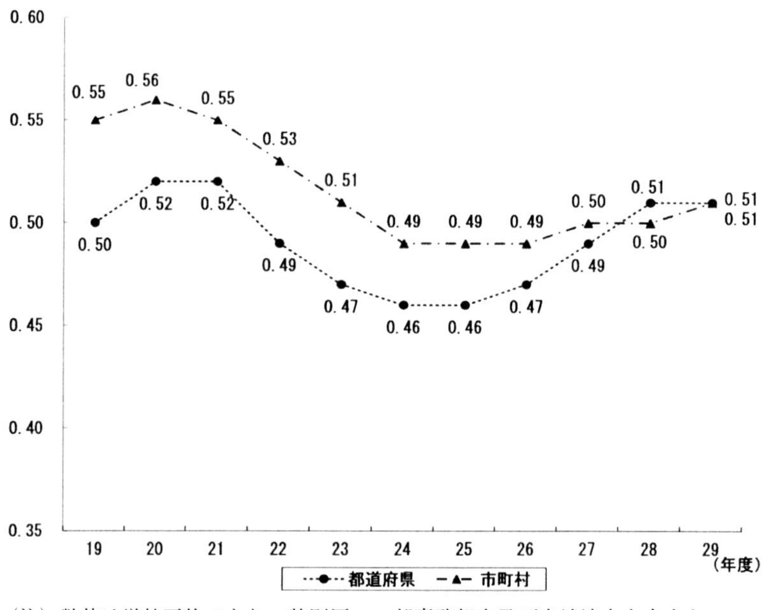

（注）数値は単純平均であり，特別区，一部事務組合及び広域連合を含まない。

出所：総務省資料。

国からの地方交付税や地方譲与税を加えてようやく6割自治が成り立つ状態であった。失われた20年の日本経済の不振の影響も強く，アベノミクスによる消費者物価上昇率が実質5％以上である反面，賃金の上昇率は3.7％という実体経済の弱体化が，税収不足を顕著にしている。このような財政力では住民福祉の後退は免れない。

3．財政健全化判断指標

財政健全化判断指標を詳論しよう。

❶ 実質赤字比率（財政健全化法第 2 条一）

標準財政規模に占める一般会計等の実質赤字額の割合が実質赤字比率である。

実質赤字額は，前年度の一般会計等の歳入が歳出を下回って不足するとき，当該年度の歳入を繰り上げて充当する額（繰上充用額），並びに前年度に支払うべき債務で歳入不足から当該年度に繰り延べた額（支払繰延額），及び前年度に執行しなければならない事業の予算額で当該年度に繰り越した額（事業繰越額），の合計額である。一般会計等は一般会計と特別会計の一部で，特別会計のうち，公営企業会計，国民健康保険事業，介護保険事業，後期高齢者医療保険事業，農業共済事業，老人保健医療事業，介護サービス事業，駐車場事業，交通災害共済事業，公営競技に関する事業，公立大学または公立大学の医学部若しくは歯学部に附属する病院に関する事業，有料道路事業による収入で事業に必要な費用を賄う事業に係る特別会計以外のものを含めた部分である。これは地方公共団体の財政の健全化に関する法律施行令第 2 条，地方公共団体の財政の健全化に関する法律施行規則第 1 条の規定である。

標準財政規模は，地方公共団体の一般財源の標準的な大きさを示す数値であり，次の算式で算定する。

{基準財政収入額 −（地方譲与税 + 交通安全対策特別交付金）} × 0.75 +
（地方譲与税 + 交通安全対策特別交付金）+ 普通交付税

あるいは，標準税収入額 + 普通地方交付税 + 地方譲与税，でも算定できる。

実質赤字比率は，旧法の再建促進法のもとで起債制限の基準として用いられた指標である実質収支比率と同様である。実質収支とは，歳入総額から歳出総額を引いた形式収支から継続費の執行残高などの繰越財源を引いた金額である。実質赤字比率は，地方債協議制度においても許可を要する団体への転落基準として使用される。地方公共団体の財政健全度を測る基礎的な指標である。

❷ 連結実質赤字比率（健全化法第２条二）

前年度の標準財政規模に占める連結実質赤字額の割合である。連結実質赤字額は，次の①と②の合計額が③と④の合計額を超過する額である。

①一般会計又は公営企業以外の特別会計の中で実質赤字になった会計の総実質赤字額，②公営企業の特別会計の中で資金不足額のある会計すべての総資金不足額，③一般会計又は公営企業以外の特別会計の中で実質黒字になった会計の総実質黒字額，④公営企業の特別会計の中で資金余剰額がある会計の総余剰額，を用いて算定する。

上下水道事業などの公営企業に対する一般会計の繰出金を削減すると普通会計の赤字は操作可能である。そこで，新しい財政健全化法の下で，普通会計と公営事業会計を連結させ，実質赤字額の対象を広げ，地方公共団体の実質的な資金不足状況を示す指標として新しく作成された指標である。各会計の赤字・黒字の要素を連結して把握し，当該地方公共団体全体の財政運営上の問題をつかめる指標になった。

❸ 実質公債費比率（健全化法第２条三）

地方債の制限は沿革的に，まず昭和27年度（1952年度）の地方債許可方針において，元利償還額が多額で団体の財政を圧迫する地方公共団体については一般単独事業の起債許可を抑制すると明示された。昭和52年度（1977年度）以降は起債制限比率による制限をしてきたが，平成18年度（2006年度）から地方債協議制度が導入され，実質公債費比率による制限に改定された。

実質公債費比率は次の算式で導出する。

$$\{(A + B) - (C + D)\} / (E - D)$$

Aは，地方債の元利償還金であるが，繰上償還分，借換債を財源とする償還分，満期一括償還地方債の元金償還分（積立不足額は除く），利払い金のうち減債基金の運用利子その他の収入金を財源に支払った分，を除く。Bは，準元利償還金で，年度割相当額，公営企業債の償還財源に充当する繰出金，地方公共団体の組合等に対する負担金・補助金のうち地方債の償還に充当された分，債務負担行為による支出のうち適債性のある経費の支出と利子補給費支出，及び一時借入金利子，である。Cは，元利償還金・準元利償還金に充当される特定財源である。Dは，元利償還金・準元利償還金に係る基準財政需要額算入額である。Eは，標準財政規模である。

この比率の過去3ヵ年の平均が18％以上25％未満の団体は公債費負担適正化計画の内容と実施状況に応じて一般的な許可基準によって許可される。平均35％以上になると財政再生団体となり，災害復旧事業費の財源とする地方債以外は地方債の起債が厳しく制限される。実質公債費比率は普通会計と公営企業会計，一部事務組合，広域連合を連結して公債費を監視する。

❹ 将来負担比率（健全化法第2条四）

将来負担比率は前年度または前年度末の数値で算定する。

{標準財政規模－(元利償還金・準元利償還金に係る基準財政需要額算入額)}に占める {将来負担額－(充当可能基金額＋特定財源見込額＋地方債現在高等に係る基準財政需要額算入見込額)} の割合である。

分子の将負担額は次の（1)～(8）までの合計額である。(1）一般会計等の前年度末の地方債現在高，(2）債務負担行為による支出予定額（地方財政法第5条各号の経費に係るもの)，(3）一般会計等以外の会計から地方債の元利償還金に充てる一般会計等からの繰入見込額，(4）当該団体が加入する組合等の地方債の元利償還に充てる当該団体からの負担等見込額，(5）退職手当支給予定額（全職員についての期末要支給額）のうち，一般会計等の負担見込額，(6）地方公共団体が設立した一定の法人の負債額，その者のために債務を負担している場合の当該債務額のうち当該法人等の財務・経営状況を勘案した一般会計等の負担見込額，(7）連結実質赤字額，(8）組合等の連結実質赤字額相当額のうち一般会計等の負担見込額，である。分子の充当可能基金額は，(1)～(6）までの償還額等に充当できる減債基金などの地方自治法第241条の基金である。

この比率は，分子がストックであり，分母が実質公債比率と同様のフローであるので，100％を超える数値になる。他の3つの実質赤字比率，連結実質赤字比率，実質公債費比率は，前年度に実際に発生した収支（資金）不足や公債費等の負担に関する状況を示すフローの指標である。将来の収支や実質的な負債への考慮はない。そこで，健全化法ではストック指標として新設された。

次の第12－4図は健全化判断指標の対象となる会計を示している。

なお，公営企業の経営健全化基準は旧法の不良債務から公営企業会計ごとの資金不足比率に改訂された。資金不足率は，事業規模に占める資金不足額の割合である。地方財政法を適用する法適用企業のばあいは，地方財政法施行令第19条Ⅰの規定により，（流動負債＋一時借入金又は未払金で，公営企業の建設改良費以外の経費の財源に充てるために本年度に起債した地方債現在高－流動資産－解消可能資金不足額）で算定する。

法非適用企業の場合は地方財政法施行令第20条Ⅰの規定により，A＋B－C＋D，で算定する。ただし，Aは前年度繰上充用額，Bは前年度支払繰延額及び事業繰越額の合計額，CはBに係る未収入特定財源，Dは前年度末の建

第12－4図　健全化判断指標の対象会計

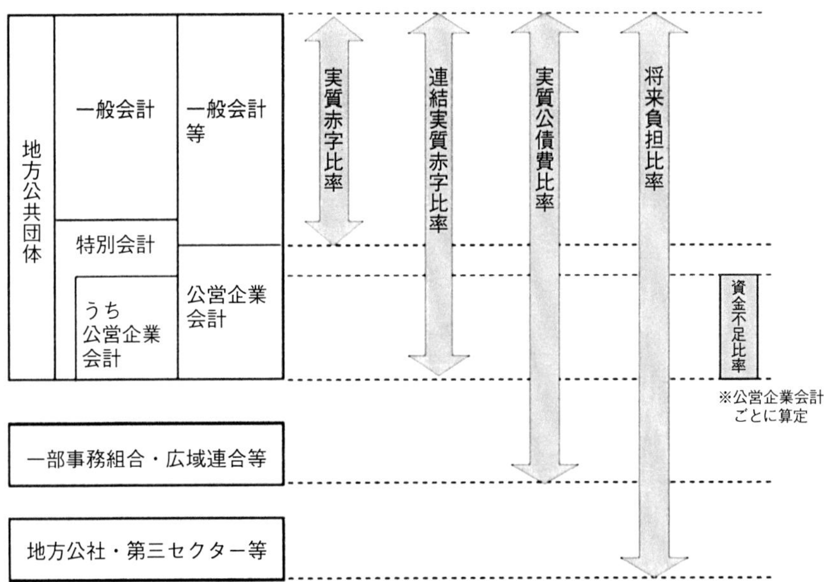

出所：総務省資料。

設改良等以外の経費に充てるために起債した地方債現在高，である。事業規模は，法適用企業の場合は，営業収益－受託工事収益，で得られる数値を用いる。法非適用企業の場合は，それぞれの相当額を用いて算定する数値である。

4．早期健全化基準と財政再生基準

第12－5表に2段階の臨界閾値基準値を列挙している。

将来負担比率は早期健全化基準だけが設定されている。他の実質赤字比率，連結実質赤字比率，実質公債費比率は悪化していない時点で，将来負担比率だけが悪化していても予算編成等に支障はなく，将来時点で単年度の公債費の増加等で収支悪化が起きやすいことを示しているにすぎない。そのために起債制限をされ財政上の自由度を束縛され上位政府の関与を大幅に増やされる財政再生団体への転落の基準比率としては不適切と考えられるからである。

各地方公共団体の①から④の健全化判断基準のいずれかが基準値を上回るとイエロー・カードを宣言され財政健全化団体になる。公表した年度末までに財政健全化計画を策定しなければならない。財政再生基準を超えると財政再生団体に転落し，レッド・カードが宣言される。公表した年度末までに財政再生計画を策定しなければならない。

早期健全化基準の市町村の部分に幅があるのは，財政規模の違いによるものである。また，地方債協議・許可制移行基準として，①実質赤字比率2.5％が設定されている。これも市町村については2.5～10％の幅がある。さらに③実

第12－5表　健全化法の基準設定値

指　　標	早期健全化基準		財政再生基準	
	都道府県	市町村	都道府県	市町村
①実質赤字比率	3.75％	11.25～15％	5％	20％
②連結実質赤字比率	8.75％	16.25～20％	15％	30％
③実質公債費比率	25％	25％	35％	35％
④将来負担率	400％*	350％	—	—
資金不足率（公営企業）	経営健全化基準	20％	—	—

＊政令指定都市も400％
出所：総務省資料・『地方財政白書』平成20年版。

第12－6図　財政の早期健全化・財政再生の計画目標

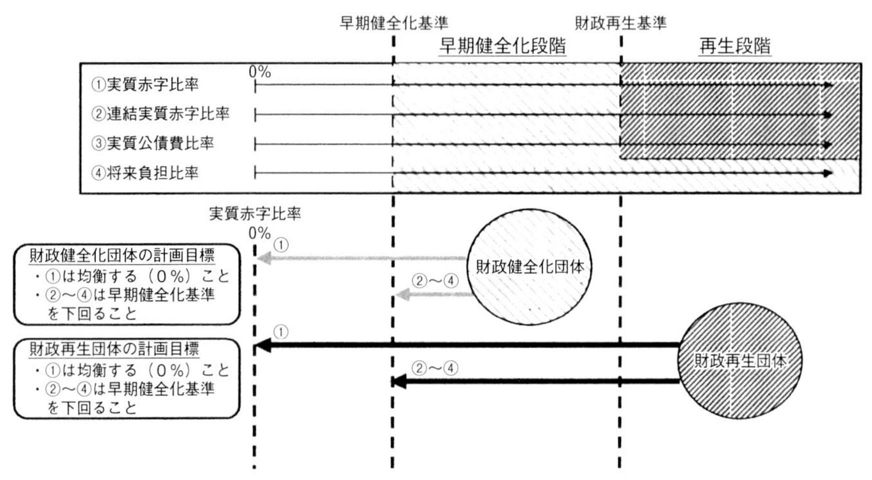

出所：総務省資料。

質公債費比率18%の制限も置いている。この両基準がともに基準値以上になる自治体は不同意債の起債はできない。地方債の起債には許可が必要になる。

都道府県の転落ケースでは，財政健全化計画や財政再生計画を国に報告し，市町村の場合は都道府県に報告しなければならない。これを受けて，総務大臣または都道府県知事は計画の実施状況を観察し，早期健全化が著しく遅滞していると判断するときは必要な勧告や関与を実行できる。地方公共団体は外部監査を受けなければならない。

財政再生団体に転落すると財政再生計画には国の同意が必要となる。実質的に国の管理下で財政再建を進めることになる。財政の立て直しは第12－6図に示したような手順と目標で進められる。

5．健全化判断比率と経常収支比率の相関

財政を悪化させる地方公共団体は，経常収支比率も高く，相当な相関関係がある。経常収支比率は財政構造の弾力性を測定する比率として用いられる。(経常一般財源総額Ⓑ＋減収補填債特例分＋臨時財政対策債）に占める（経費充当一般財源Ⓐ）の割合である。この関係は第12－7図に示すとおりである。

第 12 － 7 図　経常収支比率の算定に用いる部分

歳入	経常特定財源	経常一般財源Ⓑ	臨時特定財源	臨時一般財源
	経常経費充当一般財源Ⓐ		経常余剰財源	
	↓		↓	
歳出	経常的経費		臨時的経費	

出所：筆者作成。

この比率は，義務的経常経費である人件費，扶助費，公債費等に，経常的一般財源収入である地方税，普通交付税，地方譲与税がどの程度充当されているかを図る指標である。

経常的経費には経常特定財源が充てられるが，未充当部分には経常一般財源も充てられる。通常，経常一般財源は未充当部分を埋めてもなお残余がある。臨時的経費にはまず臨時特定財源が充当され，財源不足分は臨時一般財源と経常一般財源の残余を充てる。この意味で，経常一般財源の残余が大きいほど臨時の財政需要に対して柔軟な対応ができるので，財政構造の弾力性は高い。

第 12 － 8 図は，最近の経常収支比率の動向である。平成 22 年度（2010 年度）の改善は，東日本大震災の影響で災害復旧施策によるものであり，財政構造の改善ではない。地方公共団体の一般財源の収入は景気の影響を受けやすく，地域社会の変化に対する対応力は小さい。逆に，行政活動の多様化等により経費の予想外の膨張はしばしば発生する。このような状況では財政構造の弾力性が高くなければならない。公営企業会計にも経常収支比率があるが，普通会計の経常収支比率とは異なり，経常収益／経常費用，の割合である。

普通会計の経常収支比率が 92％を超えると，財政健全化指標の 4 つの比率も急速に悪化して上昇する傾向が確認されている。特に 96％近傍（きんぼう）では地方財政の硬直化も激しく，財政赤字が発生しやすくなり，将来負担比率が例外なく急上昇して，将来における財政の硬直化も約束される。この経常収支比率は一般に 80％程度が望ましいと考えられているが，平成 16 年度（2004 年度）以降すべての地方公共団体が 90％を超えている。

第12－8図　経常収支比率

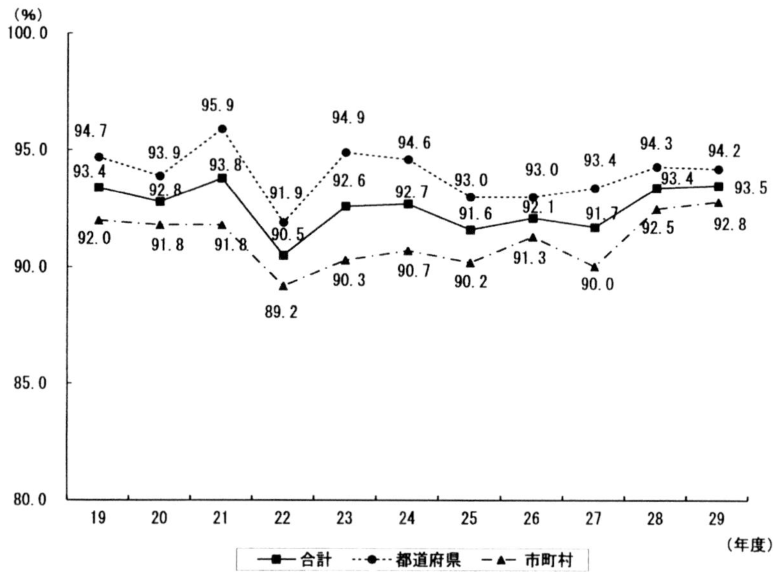

（注）数値は加重平均であり，特別区，一部事務組合及び広域連合を含まない。
出所：総務省資料。

6．地方財政の現在の健全度

平成31年度版の『地方財政白書』「地方財政の現状」によると，地方財政の健全度は一時の総崩れ状態を脱して，極めて良好である。詳論は『白書』に譲り，注目すべきいくつかの現状を示しておこう。

下図は，連結実質赤字比率の赤字団体数である。平成29年度（2017年度）決算において赤字額を抱える自治体は1団体で，健全化対象ではない赤字であった。平成19年度（2007年度）の健全化対象団体13，連結会計の赤字額のある団体が71の状態から，地方公共団体は10年で見違えるほどの財政再建を果たしたと言える。

地方財政悪化の元凶が地方公営企業や第三セクター，地方公社であるが，第12－10図で示されるように，資金不足会計は6,525事業のうち11事業である。これは特に病院事業に偏在している。地域の自治体病院事業の転換期に差しか

第 12 − 9 図

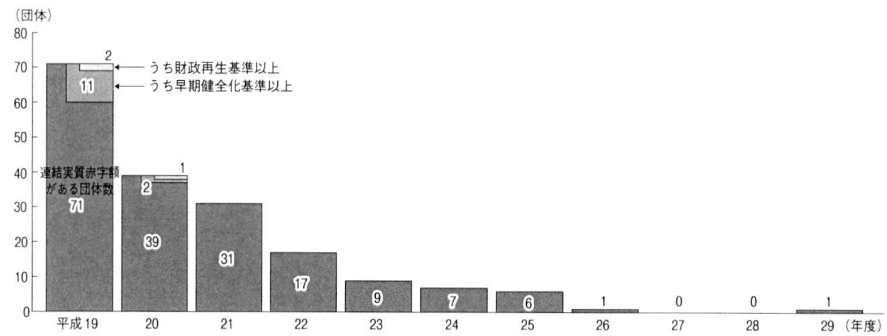

出所：『地方財政白書』平成 31 年度版。

第 12 − 10 図　資金不足比率の状況（事業別会計数）

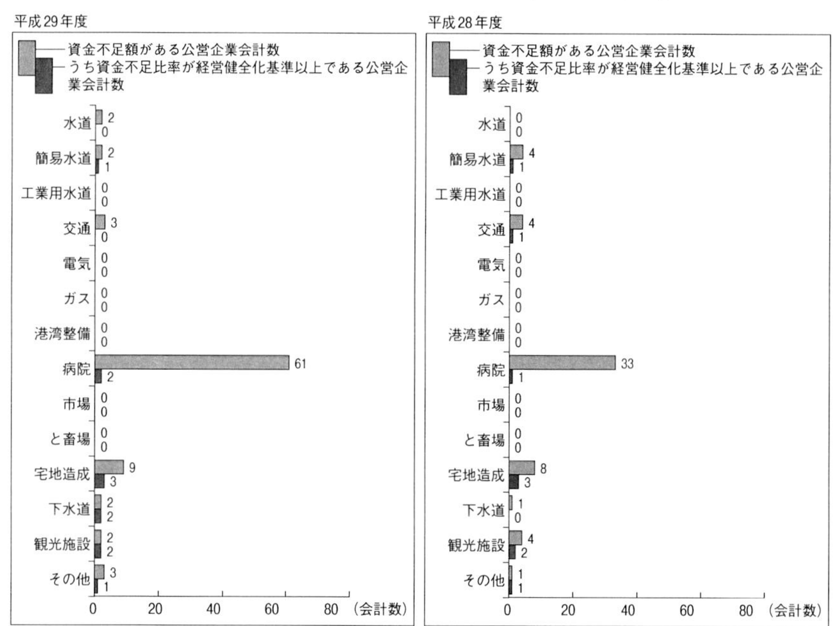

出所：『地方財政白書』平成 31 年度版。

かっている。遠隔治療やロボット化によって医療は大変革の渦中にある。また，全国 8,000 戸の空き家を抱える現在，宅地造成事業の空転は仕方がない。国は平成 30 年末 1,103 兆 3,543 億円の累積債務[1)] を抱え，地方は 199 兆円の累積債務がある。しかしながら，その財政悪化のスパイラルは脱して，健全化対応なしに財政運営がなされるようになっている。

7. 地方政府の限界財政責任

地方公共団体の単独事業の場合は，住民の租税負担で事業を実施することになるので，原則として税負担の追加的な1円の負担についてもその使途を明確にして公共支出の責任を取らなければならない。これが限界財政責任である。

例えば，全国平均よりも技術的に高い先進医療機器を備えた市民病院に住民ニーズがあれば，住民の税負担を増やして賄わなければならない。負担増も先進医療機関も地方財政上の選択であり，当然ながら，その選択についての説明責任を果たし，公正で社会的厚生極大化を実現できる公共支出でなければならない。これが地方財政当局の責務である。

住民の稼得所得は私的財消費に向かう部分と租税負担部分とで構成される。地方税を増税して公共支出の増加に充てるときには，第12 － 11図の事例が当

第12 － 11図

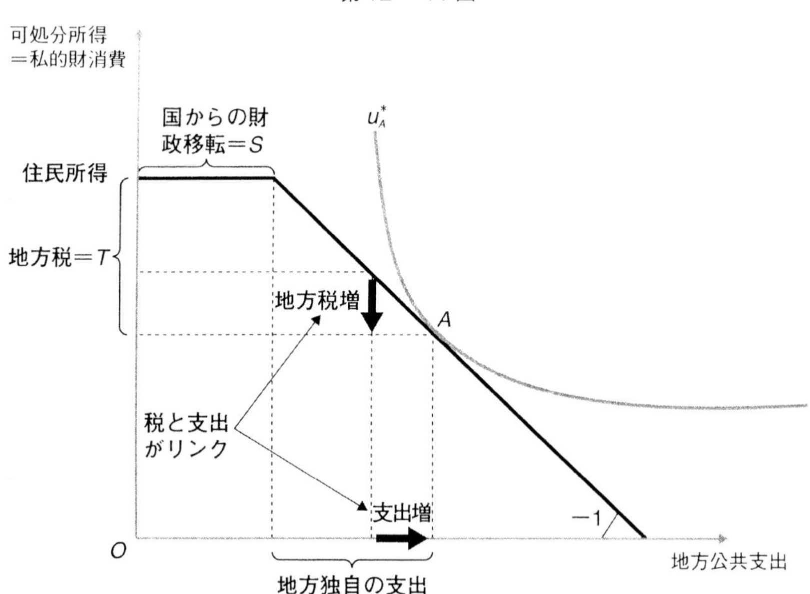

出所：佐藤主光『地方財政論入門』新世社，2009年，p.90。

てはまる。地域住民の厚生関数 u^*A は予算領域との接点 A で極大化する。

i 時点の地方公共支出 G_i は国からの補助金 S_i だけで完済できない単独事業部分を追加する場合に，地方税を増税あるいは独自課税を課して支出増加を賄う必要がある。住民の私的財購入は減り，税負担が増えて A の座標が均衡として確保される。増税後の税負担を T_i で示すならば次式が成立する。

$$G_i - T_i = S_i$$

地方自治が意味することは，究極的な地方主権のもとで S_i はゼロになるということである。住民も過度な行政ニーズを突き付けながらNIMBYに走るならば自助に徹する覚悟を持たなければならない。*noblesse oblige* の観点をもって資本主義的な強欲を諫めなければならない。

8．地方税の滞納対策

近年，地方財政の困窮の一因が地方税の滞納にある。20年以上の滞納も珍しくはなく，滞納利息も含めて数百万円に上る事例が頻発している。全国的な滞納額は2兆円を超える巨額に達している。

地方財政の困窮に対して，超過課税や独自課税など課税拡大に走る前に，既存の地方税をきちんと徴税し，滞納問題に毅然と対処する方策を考えなければならない。

いろいろな地方で，この滞納問題に本格的な対応が効果を挙げている。徴税事務の共同化によって，県と市町村の共同組織をつくり滞納地方税の徴収を平成22年（2010年）から取り組み始めた鳥取県は，県税徴収率がその後6年連続で全国1位になった。また滞納額に対して市町村が全く対応していない未処理率も約10%減少させる成果をおさめている。

広域連合などを組織し，個人住民税を中心に滞納案件を移管し滞納処分までを移管先組織が実行する方法もある。茨城県税債権管理機構や愛媛県地方税滞納整理機構など22組織がこれである。大阪府域地方税徴収機構など19組織は道府県税と市町村税をまとめて移管する組織であり，任意協議会で滞納処分を実行している。京都地方税機構や静岡地方税滞納整理機構は法人関係税や軽自動車税の税額算定なども行う。

「取るものは取る」「逃げ得は許さない」という脱漏対策が効果を挙げている。滞納税処理の差し押さえ執行は，国税徴収法第142条や地方税法第73条38等の規定により，裁判所の許可も令状も必要ではなく，執行官は強制的に徴取できる。執行時点で滞納税額すべての支払いを強制し，足りない部分は資産を差し押さえ，現地公売会やネットオークションなどで売却換金して滞納税の支払いに充てる。売却金が余れば，その金額は返金される。

このような納税義務の停滞は横暴で不謹慎な個人主義の風潮の下で平成20年（2008年）の世界金融不況リーマン・ショック後は第2の拡張期を迎え，2兆円を超えた。その後，徴税強化の取り組みで平成28年度（2016年）には半分にまで減少しているものの依然として1兆円を超える滞納に悩んでいる。第12－12図は総務省の資料から滞納残高の推移を示したものである。

税収不足を増税だけで穴埋めしようとする政策は「ダネイドの壷」のような

第12－12図　地方税滞納残高の推移

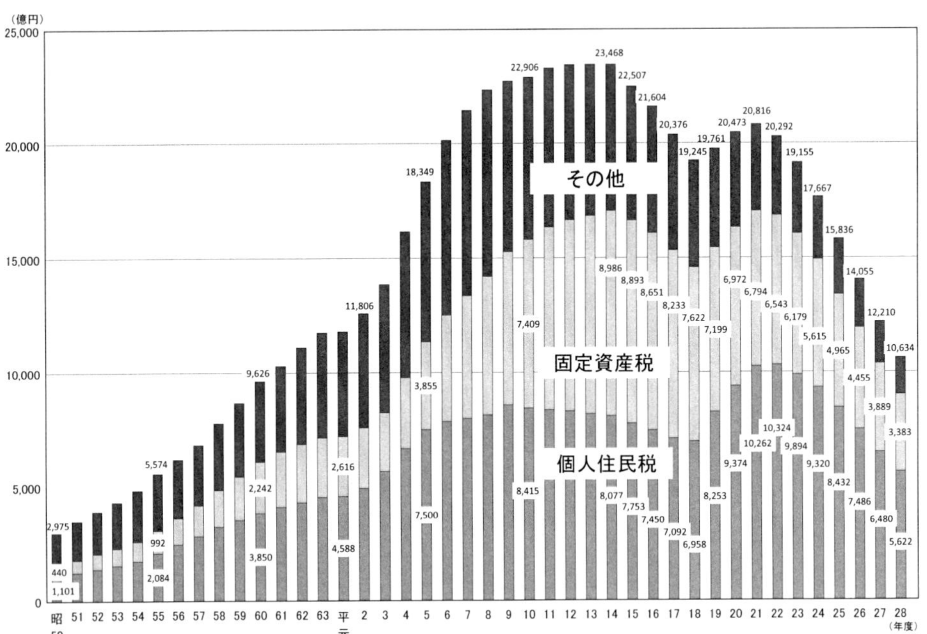

出所：総務省資料。

方策であり，脱税や滞納，未払いを放置しながら，取りやすいところに税源を果てしなく求めていく安易な税務行政である。このような政府はリバイアサン（利己的な税収極大化に腐心するだけの）政府である。

奈良モデルとして注目される滞納税徴収法は，奈良県が主導力を発揮し県と市町村が広域連携する方式である。職員派遣型協働徴収とネットワーク型協働徴収の 2 刀流で臨んでいる。収入未済額は平成 25 年からのわずか 1 年で 1 億 1,000 万円減少させ，徴収率を 1.1％改善して 93.3％まで高めた。

【注】

1）内訳は，国債 976 兆 8,035 億円，短期債券 73 兆 3,490 億円，借入金 53 兆 2,018 億円で，国民一人当たり 874 万円の借金に当たる。

練習問題

1．財政破綻した北海道夕張市の再生計画について調べなさい。
2．国民が納税義務を歓んで果たすようにする方策を論じなさい。

参考文献

〔1〕総務省『地方財政白書』平成 31 年度版。
〔2〕中井英雄・齊藤愼・堀場勇夫・戸谷裕之『新しい地方財政論』有斐閣，2010 年。
〔3〕中井英雄『地方財政学―公民連携の限界責任』有斐閣，2007 年。
〔4〕兼子良夫『地方財政』八千代出版，2012 年。

第13章　地方創生と行財政改革

1．地方創生

地方財政の現状は，地域創生を支持できる財政的基盤をもっていない。行政改革や地域活性化，ふるさとの魅力増強を通じて，自治体としての自己宣伝奨励を方向づけ，地域間格差を是正するとともに地域振興を積極的に推進しようとする施策が国の地域経営戦略として必要となった。この側面の地方財政支援として注目すべき施策は，2007年以降の自民党福田康夫政権の地域再生戦略からスタートし，民主党管直人政権の総合特区政策，自民党安倍晋三第2次政権の地方創生戦略の流れの中で踏襲され，平成26年（2014年）11月の「まち，ひと，しごと創生総合戦略」の策定へと連なっている。

人口急減，超高齢化という課題に一体的に取り組み，各地域がそれぞれの特徴を活かせる自律的で持続可能な社会を創生する戦略である。すべての地方公共団体が「地方版総合戦略」を策定し，国は情報，人材，財政の「地方創生版・三本の矢」で支援する。地域経済分析システム（RESAS）による政策立案，地方創生人材支援制度，1,000億円の地方創生推進交付金の支援である。その他に，地域産業創生交付金，先導的施設整備のための地方創生拠点整備交付金を確保している。

平成31年度（2019年度）税制改革により，企業版ふるさと納税が緩和され，平成27年度（2015年度）から継続して地方財政計画の歳出の枠計上経費としての「まち・ひと・しごと創生事業費」1兆円が確保されている。

具体的な施策として，❶ローカル10,000プロジェクト，❷分散型エネルギーインフラプロジェクト，❸マイナンバーカードによる消費活性化策，❹シェアリングエコノミー活用推進事業，がある。❶は地方の起業に対して地方公共団体が創業初期投資費用を助成する。地域資源活用と地域雇用吸収が実現できる。❷はバイオマス，廃棄物等の地域資源を活用する地域エネルギー事業を立ち上げるマスタープランの策定を支援する。❸は平成 29 年度からカード会社やマイレージを自治体ポイントと交換し，地域商店や特産品のネット販売に活用する「マイキープラットフォーム構想」が始まっているが，消費税増税後にこの自治体ポイントのプレミアムポイント付与を支援する。❹はシェアリングエコノミーを利用して地域の生活産業実証による経済活性化モデル事業を支援する。

地方創生の旗頭は，地方公共団体である。それは，財政連邦主義の主張からも明らかにされているが，「地方のことは地方の事情に長けた地方自身に任せる」という立場から発生している。いわゆる地方分権定理である。

2．MMT（Modern Money Theory）の観点

現代貨幣理論という新理論が注目を浴びている。日本の近年の財政状況を好例として，累積債務や地方債の借金は，問題視しなくても良いと主張する。この理論によれば，累積債務を解消するために緊縮財政に努め，行財政改革をする必要がないことになる。

主唱者のL. R. レイ[1)] によると，マネーとは債務（Debt）のことであり，MMT の理論では金融資産のことである。標準経済学で扱うマネーは，この中で一般的受容性の強い紙幣や銀行を通じた決済に使われる預金であると整理しておけば，MMT と標準経済学とを共通の枠組みで比較することができる。

この理論は不確実性を主軸として経済学を再構成するポスト・ケインズ派の一里塚的理論で，A. P. ラーナーの機能的財政論に立脚している。また古くはG. F. クナップの貨幣表券説の系譜を引いているので，新表券主義 Neo-Chartalism とも呼ばれる。

政府の累積債務が拡大すると，利子率が上昇して景気が後退を招くと考えられた。MMT はこの経絡を限定せず，景気後退が起こらない場合もあるとする。すなわち，自国通貨建ての国債ではインフレ圧力だけが問題で，インフレ率が安定的に沈静していれば対策は必要ない。政府は将来の支払いに無制限な支払い能力があり，債務不履行は発生しない。ただし，この事情は，アメリカのよ

うな基軸通貨国や日本のような外国人保有率が低く自国民が国債のほとんどを保有している国に当てはまるにすぎない。

ギリシャのようにEUユーロを用いて自国通貨を発行できない国ではこの理論が成り立たない。貨幣大権を保有する国は中央銀行がマネーストックを増加させて政府支出の膨張を賄うことは原理的に可能である。

貨幣が貴金属通貨である場合は，貨幣大権が貴金属保有量によって制限される。これは金属主義である。しかし，管理通貨体制下で，不換貨幣（紙幣）の独占的供給者である政府は，どのような形態の貨幣も，任意の貨幣単位の貨幣も発行できる。これが政府の無制限な資金提供能力である。そのため，政府の超過債務がデフォルトを引き起こすことはない。

国債発行と共に他方で増大するマネーストックは，国民経済の貨幣需要の増加によって吸収され，納税，ライセンス料，各種料金，罰金，などの貨幣需要が創出される。課税水準は政府の政策事項であり，活動資金である税収拡大の手段というよりも他の様々な政策のための手段である。公的な雇用保障プログラムなどを組み合わせて，インフレーションと失業率を操作していくことができる。L. R. レイは，MMT理論の適合範囲が狭いことを認めている。

G. F. クナップの貨幣表券説は，金属主義の考え方に異論を投じ，通貨は「法による創造物」であり，国家は単なる紙を通貨として創造でき，一般受容性がある限り，これが法定通貨として商品と交換可能となると説く。貨幣国定説あるいは貨幣表券説と呼ばれる。

3．FTPL（Fiscal Theory of Price level）物価の財政理論

近年の財政理論の展開の中で，もう一つ注目すべき理論がある。いわゆるC. A. Simsによる物価理論[2)]で，このFTPL理論によると，物価は貨幣関係のフィッシャー方程式で決定されるのではなく，財政状況を反映して決定される。デフレ経済からの脱却には，金融政策アプローチは効果がなく，累積債務や赤字国債などの財政状態が物価を決め，デフレを持続させていると説く。

中央政府と中央銀行が連結決算をすると，政府債務は国債発行残高になり，中央銀行のマネタリーベースが負債であるので，両者のバランスシートを加算

すれば，民間保有の国債残高とマネタリーベースとが残る。この負債と資産の均衡を取るのが物価水準である。

デフレに悩まされた日本経済が，デフレ脱却を図るには，金融政策ではなく，財政政策である。キャッシュレスの現代では，シニョレッジ（seigniorage 通貨発行差益）はゼロの場合もあるが，その場合でも，物価水準の調整で基礎的財政収支は実現することになる。

この理論の主張通りならば，財政赤字は何の問題もなく無視できる。財政再建の努力は要らない。人々はひたすら選出した政府を信任し，増税がないと思い込み，財政破綻やデフォルトの危険は無いと信頼し尽くしていれば，そして，国の借金など無関係に享楽的な消費に耽れば財政収支の均衡が図れると主張する。A. スミスが見えざる手の調整と述べたような世界が FTPL の世界であり，ノーベル賞まで与えられた。次節で数学的なモデルを用いて考えよう。

4．統合予算制約式

「物価の財政理論」が立脚する予算制約は，中央政府と中央銀行の予算を統合した統合予算制約であり，次式[3)]で示すことができる。

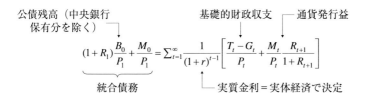

公債残高（中央銀行保有分を除く）　基礎的財政収支　通貨発行益

$$(1+R_1)\frac{B_0}{P_1}+\frac{M_0}{P_1}=\sum_{t=1}^{\infty}\frac{1}{(1+r)^{t-1}}\left[\frac{T_t-G_t}{P_t}+\frac{M_t}{P_t}\frac{R_{t+1}}{1+R_{t+1}}\right]$$

統合債務　実質金利＝実体経済で決定

ノーテーションは，次の通りである。P は物価水準，B は公債残高市中消化分，M はマネタリーベース（通貨供給量），R は名目利子率，T は租税，G は政府支出，r は一定の実質金利（時間割引率），$t+1$ 時点までの時間視野，脚添え字 0 は初期時点，1 は現在時点，である。初期時点及び現在時点の諸変数の値は既知である。

この統合予算制約式を見ると，現在時点の累積債務の実質額が左辺である。右辺は，将来時点 $t+1$ 時点までの実質プライマリーバランス（基礎的財政収支）と通貨発行差益（seigniorage シニョレッジ）の合計額である。実質金利を用いて右辺全体の累積債務総額の現在価値としている。通貨発行差益は中央銀行の利益の大部分を占めている。例えば，日本銀行は紙代と印刷費と透かし加工費などで1万円札1枚を製造コスト25.5円で作成する。これを1万円で流通させているので9,974.5円が1万円札1枚当たりの発行差益である。紙幣は管理通貨で無制限法貨・完全法貨であるが，補助貨幣で制限法貨・不完全法貨の鋳貨である硬貨の中には1円硬貨のように，シニョレッジ[4)]がマイナスになるものがある。

現在時点から $t+1$ 時点までの毎年の財政収支と通貨発行によって国債を買い入れることで節約できる国債利子の総累計の現在価値が，通貨流通量と政府保有の国債等の残高と均等するという意味である。

現行のようにゼロ金利政策をとっても，R はマイナスになることはなくゼロである。M は中央銀行が保有するマネタリーベースの裏付けとなる国債である。右辺はすべて将来時点の期待値である。

結局，物価水準だけが調整変数で変動し，将来時点の財政収支に関する期待が現在時点の物価を動かすことになる。将来期待には前提があり，増税はないという期待である。財政欠陥の責任はどこにも発生せず，累積債務で経済が活性化し，経済成長が増進すれば，消費も投資も増大し，財政欠陥は早晩解消されていく。

デフレ脱却には，緊縮財政よりも，増税はしないという公約が有効であり，また通貨膨張があってもインフレ期待には結びつかないという人々の確信がなければならない。理論はいつも厳しい前提条件に保護されている。

理論世界の楽観主義は別として，我々は悲観の中に光を求める行財政改革を議論しなければならない。

5．地方の課税自主権

地方自治体の行財政改革の議論として，日本の地方自治体制は脆弱な課税自主権に立脚していることが指摘される。そこで，課税権に関する財政改革が浮上している。まず，次の第13－1表で世界比較しておこう。

OECD加盟国中で，一般政府税収に占める地方政府税収の割合が最も高い

第 13 － 1 表

国　　名	地方自治体	税収シェア%	類型❶	類型❷	類型❸	類型❹	類型❺	類型❻
スイス	23 州	22		89	6	5		
	市町村	16	97			3		
スウェーデン	州	11	100					
	県	0	98	2				
	市町村	22	96	4				
デンマーク	県	9	93					7
	市町村	22	96			4		
ドイツ	州	22			100			
	市町村	7	52	1	47			
日本	都道府県	8	83					17
	市町村	16	94					6
ノルウェイ	県	6					100	
	市町村	13	5			1	94	
スペイン	州	5	7	15	78			
	市町村	9	51	33	16			
イギリス	州	4	100					

資料：OECD, "Taxing Powers of State and Local Government," *OECD Tax Policy Studies*, Paris, 1999.

国はスイスである。スイスの 23 cantons の税収は 89% で，この意味の地方分権は量的にも質的にも進んでいる。表中の数字はすべて％である。類型❶～❻の欄の数値は，地方税収総額に占めるその税型の割合である。例えば，イギリスの地方税収は社会保険料を含む全政府税収の 4% で，類型❶の税だけである。

類型❶の税は，地方政府が税率だけを選択できる税である。イギリスの課税自主権の程度は最も低く，州自治体の課税自主権はほとんどなく，中央集権色の極めて強い税制である。類型❷は，地方自治体が税率と課税標準（tax base）を選択できる税である。この税は最高ランクの課税自主権とみなせる。類型❸は国と地方とが税収を分割する税で，分割に地方の同意を要する税である。類型❹は税収分割税で分割割合は法令で規定されているが，国に一方的変更権がある。類型❺は，税収分割税であるが，分割割合は国が毎年，予算の一部として決定する。類型❻は，税収分割税で，地方の税率・課税標準を国が決定する。日本のたばこ税は全国一律の税率と課税標準であり，この❻に属す。

量的分権度は，税収シェアで測られる。表は地方税収の割合が高い順に並べている。スイスは38%，スウェーデン33%，デンマーク31%である。この税収シェアには法定外税を含んでいないので，現在の日本の分権度は24%よりも少し上昇していると予想される。スペインの量的分権度は14%で24%の日本よりも分権化が進んでいないが，類型❷の地方税割合が高いので，質的な分権化が進展していると判定できる。

6．地域活性化事業債

地域活性化に向けて，平成14年度（2002年度）から地方債計画上，一般単独事業債の1項目として計上された地方債が，地域活性化事業債である。平成22年度（2010年度）から緑の分権改革が進展し，地域の自給力と創富力を高める地域主権型社会の構築が目指されている。

地域活性化事業債の充当率は90%で，元利償還金の交付税算入率は30%である。この事業債を充当できる事業は，次の7種である。

❶循環型社会の形成事業。水，土地，森林の状態を維持し，豊かな自然環境を保全・再生し，クリーンエネルギーの活用により低炭素型社会を実現するために必要な基盤整備事業である。❷自給型地域経済の創造事業。地域で産出される安全豊富な食料等の地域資源，伝統的地場産業，科学技術・情報通信技術（ICT）を活用し自立型地域経済圏の創生のための基盤整備事業である。❸人材力活性化事業。地方定住者，移住者，地場産業後継者など地域を支える人材の育成と確保のための施設整備事業である。❹地域の歴史文化資産の活用事業。個性的な誇り高い地域社会の形成に資する歴史的文化資産を地域主導で保存・活用するための施設整備事業である。❺いのちと生活を守る安心の確保事業。少子高齢化対策，地域の移動手段の確保，集落の再編対策など地域住民の命と生活を守り安心を確保するための基盤整備事業である。❻定住自立圏構想の推進事業。定住自立圏共生ビジョンを策定した中心市と周辺市町村のビジョンにも取り入れられている基幹的施設，ネットワーク形成のための道路，交通，通信施設等で圏域全体の生活機能等を確保するための施設整備事業である。❼合併円滑化事業。平成22年4月1日以降に合併した市町村等が行う事業である。

低炭素型社会の実現は，地球温暖化対策としても，またエネルギー再編の観点からも重要である。再生可能エネルギー（太陽光発電，風力発電，波力発電）の割合を高め，EV 車等の普及には，電気充電設備や水素スタンドが必要である。定住自立圏構想はすでに中曽根内閣による第 4 次全国総合開発計画（1987 年）に盛り込まれた地方圏活性化方針であり，2000 年に目標実現とした年次を更に先送りして取り組もうとするもので，地域格差を是正し東京一極集中を解消するための施策でもある。

公営企業事業を太陽光発電事業に特化する自治体も多く，住民の光熱費負担を軽減するとともに，自治体の発電事業による収益で恒久的な財政再建を図ることができる。

平成の大合併が 1,000 自治体を目標にしていたが，1,714 自治体に留まっている。今後も合併が必要であり，限界集落化している小規模自治体の困窮も救済されなければならない。過疎と過密の問題も深刻化している。人口減少が進み大量の外国人労働力に頼らなければ，日本経済の維持と発展は困難である。合併円滑化事業は現在においてもなお重要案件である。

7．New Public Management（NPM）

New Public Management という新潮流が地方財政の一つの方向転換を促進させる考えとして導入された。一般的に公共経営と呼ばれる手法は，成果指向型行政経営と同義である。民営化，民間委託，外部化（執行代理人），PFI などの市場メカニズムを活用するシステムを使って，公共部門の減量とサービス向上を図る手法として注目されている。具体的には，民間企業の経営理念や手法，成功事例などを公共部門に取り入れて，行政の地域経営能力を強化し，行政のスリム化や見える化を図って効率化と活性化を高め，説明責任を透明に分かり易くしようとする方策である。

1980 年代にイギリスの M. サッチャー首相の改革が嚆矢となった行政改革施策の総称である。公共部門の執行権限を外部代理人に移譲し，顧客である国民の顧客満足度を高めることが基準となった。競争原理を導入し，政策の立案と実施を分離し，成果の事後評価を取り入れることなどが特徴である。改革当初，刑務所のケータリング・サービスをホテルに移譲して話題になった。

NPMの考え方として，ウェストミンスター・モデルと北欧型モデルとがある。Westminster systemは，議院内閣制と行政執行を行う政治的に中立な官僚機構とを組み合わせたシステムで，イギリス型議会政治モデルである。

P.オーコイン（Peter Aucoin）の研究[5)]によると，公共部門の経営には5つの条件が必要である。それらは，❶政策企画及び執行に係る責任の分離，❷閣僚と執行庁長との間の契約的関係，❸執行管理に係る権限の委譲，❹厳格な業績管理システム，❺強固な説明責任制度，である。

他方，スウェーデン，ノルウェーで採用されている北欧型モデルは，公共部門の変革に関して，組織文化の役割を重視するモデルで，内部組織改革が中心である。組織内での業績・成果に応じてマネジメント，エージェンシー，内部市場メカニズムなどを活用して「契約的取引」へ変革していく方向性を取る。内発的な発展・学習効果によって組織変革をする。また広範な地方分権化と権限の委譲を前提として業績・成果の改善を推進する。変革はボトム・アップ型で，改革テンポは緩慢である。組織の細分化と緩やかな統合で業務組織の変革を少しずつ進める。公共サービスに関して総合品質管理（TQC）を組織的に推進するが，課業の科学的管理法であるテイラー主義はとらず，行き過ぎる合理化を忌避する考え方が北欧型の公共管理法である。

NPMが目指すことは，行政管理から行政経営への転換である。第13－2表は，この対比をまとめて示している。

伝統的な行政管理の理論的背景は，M.ウェーバー（Max Weber）の官僚制論とW.ウィルソン（W. Wilson）の政治・行政二分論である。官僚制は，任命職の専門行政官が，選挙や弾劾などの民主責任を負うことなく政治指導を行う政治形態である。20世紀に入って普通選挙制を基礎にした民主政治を求める大衆デモクラシーの隆盛とともに，経済統制や社会保障の必要から，政策の専門化と規格化が深化し，政策決定の権限が次第に行政官に偏り始めた。M.ウェーバーはその原因として，貨幣経済の発達，行政機能の量的・質的拡大，行政における専門的要素の優位，物的経営手段の集中，経済的・社会的差別の均衡化を挙げている。官僚制に伴う官僚の特権性が拡大し，これに民主的責任を保障する手段がないことで，劣悪な官僚制の跋扈（ばっこ）が避けられなくなった。近年の日本の官僚達の暴走は，その顕著な特異例である。官僚制は高潔な公僕のもとで

第13－2表　行財政改革による転換

	行政管理システム	行政経営システム
理論的基礎	1．官僚制論 2．政治と行政の二分論	1．経済学（新しい制度派経済学など） 2．経営学（New Managerialism）
統制の手段	法令・規則	業績／評価
組織形態	明確なヒエラルキーシステム	自律的な業績評価の単位である小規模な組織での「契約によるマネジメント」
組織運営	単一の職務に特化した分業	サービス供給の効率化のための柔軟な組織運営
統制の基準	官治主義	顧客主義
市場メカニズムの活用	例外的な活用	広義の民営化・市場化テスト，内部市場化など契約型システムの広範な適用

出所：大住荘四郎『パブリック・マネジメント』日本評論社，2004年。

しか機能し得ない。

アメリカ行政学の創始者W.ウィルソンやF.J.グッドナウの政治・行政二分論は，政治を目的論でとらえ，自由や正義などの人類的視野の普遍的理念を体現し創造する活動とする。また行政は，近代民主制国家において統治形成の過程で，最大使命である国民の意思を反映する作業であるとし，その方法としての選挙，政党，議会などを管理し，統治による効果や方法の合理化が要求され，国民が行政を能率と節約の観点から監督しなければならないので，政府と地方団体の行政に科学的管理法が適用される必要があることを主張している。

こうして伝統的な行政管理システムが確立したが，公共部門のX非効率や放漫財政による累積債務問題が深刻化すると，このシステムの転換を執拗に迫る国民感情が生まれ，public administrationからpublic managementへの転換は現代の行政特色となった。

行政経営には，戦略，内部管理，外部経営の3種の経営的機能が必要である。組織の目標と優先順位を確立し，目標達成のための執行計画の策定が戦略として求められる。また，組織編制と職員配置，人事監督，人事管理システム，業績コントロールなどの内部管理が必要となる。外部の業務組織への対応，圧力団体，企業，代理業務者への対応，メディアや住民への対応などの外部経営も重要視される。

これらの機能は，旧来の行政管理には不必要である。戦略は考慮外であり，内部管理はプロセスのみが注目され，外部マネジメントは政治家の仕事で，官僚集団は中立であれば良かった。忖度やデータ改ざんなどの余地もなかった。リバイアサン政府が衆愚政治に堕するとこのシステムは綻びる。

行政経営は戦略が中枢機能となり，内部管理は業績志向型に転換され，外部経営は住民参画を推進する開放的行政運営を求めることになる[6)]。行政評価の指標としては，3E が基準で，すなわち economy，efficiency，effectiveness の観点から見直すことである。経済性は費用極小化原則，効率性は産出量極大化原則，有効性は産出による成果極大化原則にそれぞれ則って基準としている。投入は市場価格評価，産出は効果数値や指標であるので，費用対効果を基準とする費用便益分析は公共事業プロジェクト評価に限定される。効率性と有効性は便益の定量化が難しいので，業績指標によって業績測定や業績評価をする。

行政業務には主に 3 階層構造があり，政策（policy），施策（program），個別案件（project）という 3 層で構成されている。政策は行政の基本構想，施策は政策目標を達成するための具体的な計画であり，個別案件は施策を構成する項目で予算の単位でもある。施策と個別案件については効率性基準に照らして評価ができるし，達成手段の有効性評価もできる。この場合に用いられる評価法がベンチマーク法で，政策目標の達成度を現状と対比する方法で評価する。現代では，すべての地方団体が行政経営システムで自らの行政事務・事業を厳しく監督し，行財政改革が進展している。

8．主要な行財政改革

累積債務の深刻化と共に行政改革や財政改革の必要が叫ばれてきた。現代の様々な行財政改革の主要な内容を検討しよう。

行財政改革は平成時代に継続的に発生し続けた地方税収の減収に端を発している。1999 年バブル経済の崩壊と共に地方財政危機が一気に深刻化し地方税収の順調な伸長は突然減収になった。その後の景気対策を主因とする地方歳出の急増は止まらず，ようやく 5 年後に歳出減少が追跡し始める。地方財政法第 4 条の規定にも拘らず，最小限度の歳出制限は遵守されなかった。使い切りの「単年度主義」や一律シーリングでの歳出削減では追いつかなくなり，前年度実績主義も増分主義も予算作成上通らなくなった。行財政の効率化が最大の焦点になり，NPMによる構造改革が進展することになる。三重県が先鋒事例である。

単年度会計は発生主義会計に転換する必要があり，公会計改革が着手されている。また平成の大合併は地方公共団体の存在様式そのものを変更するという地方行政改革の究極の方策である。

NPMの行政経営は，民間活力の利用と経営管理手法の導入を特徴にしている。特に民間活力の利用には各種の方法が提唱され，❶市場化テストと民営化，❷強制競争入札制度の導入，❸PFI，等がある。順に詳説しよう。

❶　市場化テスト（market testing）

公共サービスの提供に関して官民が対等に競争入札する方法である。市場欠落財である公共財は排除費用が高いために利用対価の徴収に適する市場が存在しない。排除費用は取引費用の一種で低額であれば市場が成立し，市場欠落の非効率が防げる。取引費用理論によると，特殊性，不確実性，戦略的重要性の低い業務ほど市場での契約で調達しなければならない。この理論にしたがって市場メカニズムの導入が唱道された。

市場化テストは，官業を市場にさらすことで効率を高め，公共サービスの質的向上を図る狙いがある。官製市場的な教育，福祉，医療の分野でも検討が進められている。

政府の一部門を完全な民間企業にすることが民営化である。国立大学などの独立法人化は政府の干渉が強く残っているので民営化ではないが，政府規模の肥大化を是正し効率化される可能性がある。民営化は一方通行的な行政改革であり，一度解放されてしまうと取り戻すことができない。「公営の方が良かった」という住民感情が生まれても後の祭りである。国の赤字の元凶と言われた国鉄の民営化でJRが生まれ，赤字解消は順調に進んだ。さらに電信電話公社はNTTに煙草と塩の日本専売公社はJTに民営化され，成功事例をなしている。

道路公団や郵政の民営化で大きく揺れた日本的行政メカニズムの改変は，想定外の困難も発生させた。民営化の決断は，行政改革の視点だけではなく，広い視野の中で捉えなければならない。

❷ 強制競争入札制度

アメリカのカーター政権が1978年に制定したThe Civil Service Reform Act, 1992年イギリスのメジャー政権で導入されたが1997年のブレア政権で廃止されたCCT（Compulsory Competitive Tendering）がよく知られている。ブレア政権はBest Value原則により，官民連携型の「参画・協働」システム（Public Private Partnership）に転換させた。

この強制競争入札制度は，各種催事について行政側の供給部署もともに参加する方式である。強制競争入札制度の導入で，経費が半減した事例は多い。この方式は平成17年度（2005年度）から試行され，指定翌年6月公共サービス改革法が成立し，行政改革としての成果を挙げている。また，2003年9月から施行された「指定管理者制度」は公共施設の管理を民間企業も指定される枠組みを創設した。

❸ PFI（private finance initiative）

民間資金・経営能力・技術力を利用して公共施設の建設整備・維持管理・運営などを効率化させる手法がPFIである。この手法には様々な形態があり，また，第13－3図に示されるような領域に亘っている。道路，空港，橋梁，高齢者施設，病院，学校など公共部門が整備してきた社会インフラについて，設計，資金調達，建設，運営を可能な限り民間企業に任せようとする制度である。

第13－3図　PFI

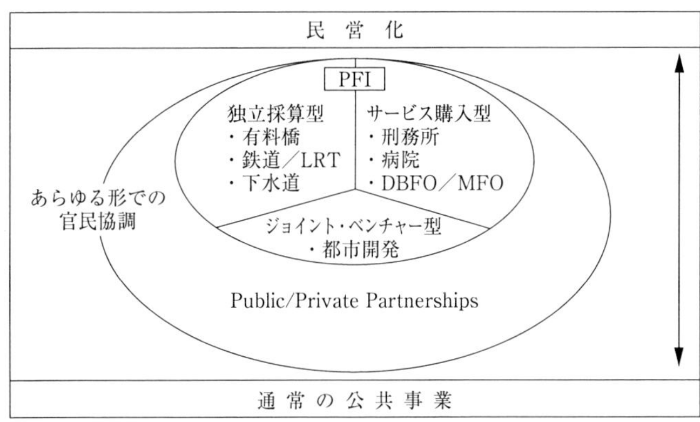

出所：大住莊四郎『パブリック・マネジメント』日本評論社，2004年。

概略的には，3種があり，Ⓐ独立採算型，Ⓑ公共サービス購入型，Ⓒジョイント・ベンチャー型，である。Ⓐ独立採算型は，施設利用者から民間企業が徴収する料金収益で建設費と運営費を回収する形態である。Ⓑ公共サービス購入型は，建設・運営費を民間企業に政府が支払う形態である。Ⓒジョイント・ベンチャー型は，事業費用の一部を政府が負担し，残余は他の収入源で賄う形態である。Ⓐは老人ホームや図書館，Ⓑは刑務所，ITシステム構築，Ⓒは交通インフラ整備や再開発事業の事例がある。1997年にメジャー政権下の「市民憲章」に倣って日本でも導入された。水道，図書館，病院，コンテナターミナル等の事例や美祢社会復帰促進センターのようなPFI刑務所もできたが成功は難しい。

PFIには多種の様態があり，Design（設計），Build（建設），Finance（資金調達），Operate（運営），Transfer（権限委譲），のどのような段階に民間活力を利用するかに応じて，DB方式，DBFO方式，BOT方式，BFOT方式など多彩である。海外の空港建設はBOT方式によることが多く，いわゆる「資金を出させて，造らせて，儲けさせて，政府所有に移転させる」ことで，公共部門はある程度の時間経過後に無償で空港施設を地域に整備することが可能となる。香港チェク・ラプ・コク空港はPFIの先進事例として注目された。

PFIの具体的効果として，民間事業者の経営能力や技術力を活用でき，事業の全域的リスク管理が効率化すること，設計，資金調達，建設，運営の一体的計画の中で事業コストが削減できること，民間事業者とのリスク分担を明確化して将来の財政負担を把握できること，民間の事業機会を創出して経済活性化の契機になること等が期待されている。

地方公共団体がPFI事業を実施するとき，自治省財務局長通知により相当に手厚い財政措置が約束される。主な内容は，当該施設の所有権が一定期間経過後に地方公共団体に移転すること，あるいはPFI契約期間が施設耐用年数間継続することを要件として満たす事業について，地方団体の施設整備に国庫補助負担制度がある事業の場合は，これをPFIで整備しても同等の措置が講じられ，その場合同等の地方債措置，地方交付税措置も講じられる。さらに，財政的措置がない地方単独PFI事業についても事業内容に準じて一定範囲の地方交付税措置が講じられることになっている。

行政経営システムへの転換は，より広範囲に拡延していかなければならない。小規模事業では民間事業者には不向きとされているが，都道府県単位で取りまとめ規模の利益が出るように大規模事業化する工夫も検討しなければならない。さらに，フランスが導入している社会資本の管理・監督・維持・保全業務の一体的契約であるアフェルマージュ契約（affermage contracté　請負契約）のような包括的委託方式等も導入する必要がある。

9．公会計改革

企業会計手法である発生主義会計は欧米に遅れて，ようやく1998年に三重県が導入し，東京都，宮城県，藤沢市，杵築市が取り組んできた。国政レベルでも1999年小渕恵三内閣が公会計改革の必要性を提言している。

公会計システムは，現金主義で現金取引発生時に記帳するフロー会計のみであったが，資産や負債の確認がなく財政運営の結果として累積債務が積みあがっていく時期には役に立たない。2007年問題と騒がれた団塊世代の大量退職に際し，退職金の資金確保が大問題になった。ほとんどの自治体は負債としての退職金引当金積み立てを認識せず，全国の地方公共団体の退職手当債は5,300億円も発行せざるを得なかった。行政コストを正確に把握できてこそ行政効率化になる。

現金通帳と支払領収書だけで公金の管理が十分であるはずがなく，職員による横領や虚偽記載事件は後を絶たない。公会計改革によって企業会計が導入され，負債管理や資産経営が，損益計算書，貸借対照表とともに透明化され，明示されるようにしなければならない。第13－4図は東京都による財務会計システムの改革を図示している。

公共部門の経済活動について，現金の流れで測定し記録し計算し報告することが公会計である。予算決算書（財務諸表）を作成して公表し，国民の知る権利を保障し財政責任及び会計責任を果たさなければならない。

公会計は3種である。①政府会計区分で，課税権と費用徴収権に基づいて給付サービスをする分野に係る会計は，会計年度独立の原則と事務事業非連続性がある。②公企業会計区分で公共料金による原価回収で給付サービスをする分野に係る会計は，資本拠出，継続事業，独立採算制が特徴である。③信託・公

第 13 － 4 図　新財務会計システムに係る会計事務の流れ

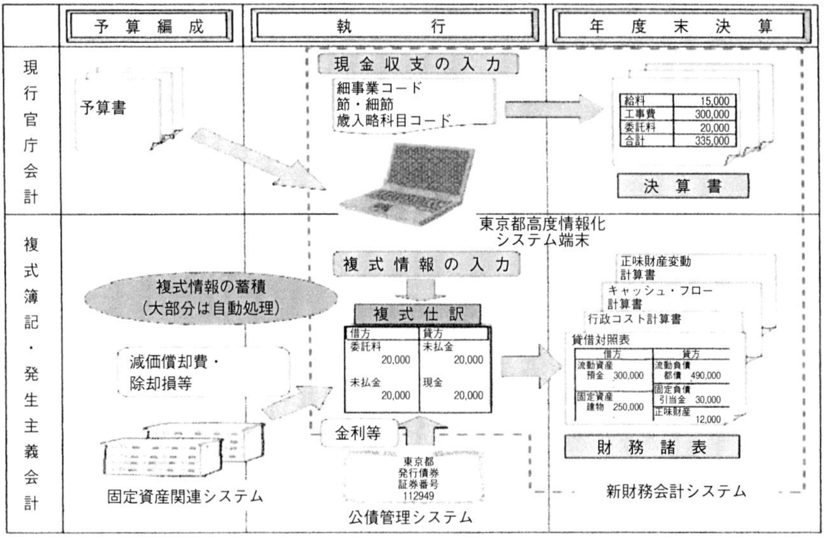

予算編成
執行
年度末決算
現行官庁会計
予算書
現金収支の入力
細事業コード
節・細節
歳入略科目コード
給料 15,000
工事費 300,000
委託料 20,000
合計 335,000
決算書
東京都高度情報化
システム端末
複式簿記・発生主義会計
複式情報の入力
複式情報の蓄積
(大部分は自動処理)
複式仕訳
借方
委託料 20,000
未払金 20,000
貸方
未払金 20,000
現金 20,000
正味財産変動
計算書
キャッシュ・フロー
計算書
行政コスト計算書
貸借対照表
借方
流動資産
預金 300,000
固定資産
建物 250,000
貸方
流動負債
都債 490,000
固定負債
引当金 30,000
正味財産 12,000
減価償却費・
除却損等
金利等
東京都
発行債券
証券番号
112949
財務諸表
固定資産関連システム
公債管理システム
新財務会計システム

出所：総務省資料。

第 13 － 5 表

国　　名	日本・ドイツ	日本・ドイツ＊	フランス	アメリカ カナダ オランダ スペイン	イギリス オーストラリア スウェーデン ニュージーランド
収支の 認識基準	現金主義	修正現金主義	修正発生主義	発生主義	完全発生主義
測定の焦点	貨幣性 資産・負債	貨幣性 資産・負債	財務資源	経済資源 固定資産は簿外	経済資源

出所：PHP 総合研究所『日本の政府部門の財務評価』表 2（＊改革後）。

保険会計区分で，特定地域・職域での特定階層を保険集団として保険原理によって給付サービスをする分野に係る会計は，受託会計である。

これらの 3 種の会計区分に基づいて会計処理をするには，収支計算書，または，損益計算書・貸借対照表を公共複式簿記によって作成し，行政社会会計としての行政目標達成表を添付する。各会計区分ごとの財務諸表は連結財務諸表にまとめ，公共部門の経営状況を示す情報となる。第 13 － 5 表は主要国の会計システムである。

公会計改革の目的は，政府の財務情報の開示と，公共部門の業績に関する説明責任の確保の2点である。行政経営の経済性と効率性とを測定する基礎情報になる。公共部門の保有資産とその取得に必要な経費（税収），また経費繰り延べ（公債債務）の状態についての情報開示のためにも完全発生主義に転換しなければならない。表にあるように世界の主要国は完全発生主義会計を用いている。

【注】

1） Wray, L. Randall, *Modern Money Theory: A Primer on Macroeconomics for Sovereign Monetary Systems*, Palgrave Macmillan. Kindle Edition, 2012.

2） Sims, C. A., "A Simple Model for Study of the Determination of the Price Level and the Interaction of Monetary and Fiscal Policy," *Economic Theory*, Vol.4, No.3, 1994, pp.381-399.

3） 佐藤主光「財政再建に奇策はあるか？ シムズ理論等の外観」『経済のプリズム』No.163, 2017年，p.31.

4） シニョレッジは推計原価で算出している。原価は5000円札19.5円，1000円札10.4円，1円硬貨1.8円，5円硬貨2.3円，10円硬貨3.6円，50円硬貨8.7円，500円硬貨64.5円程度である。

5） Aucoin, P., *The New Public Management: Canada in Comparative Perspective*, The Institute of Research on Public Policy, 1995.

6） Allison, G., *Essence of Decision: Explaining the Cuban Missile Crisis*, Little, Brown, 1971.（宮里政玄訳『決定の本質――キューバ・ミサイル危機の分析』中央公論社，1977年）

練習問題

1．地方創生の意義についてまとめなさい。

2．MMT理論の会計的関係の部門間バランスについて説明しなさい。

参考文献

〔1〕総務省『地方財政白書』平成31年版。

〔2〕小島照男・兼子良夫『地方財政と地域経営』八千代出版，2004年。

〔3〕長沼進一『地方財政論』勁草書房，2011年。

〔4〕佐藤主光『地方財政論入門』新世社，2009年。

〔5〕中井英雄・齊藤愼・堀場勇夫・戸谷裕之『新しい地方財政論』有斐閣，2010年。

〔6〕PHP総合研究所『日本の政府部門の財務評価』。

〔7〕『経済のプリズム』No.163，2017年12月。

〔8〕大住莊四郎『ニュー・パブリック・マネジメント』日本評論社，1999年。

第14章　地方分権改革

1．地方分権への取り組み

地方分権改革の要諦は，予算と権限を国から地方に配分することである。地方に権限を配分することにより，地方に行政責任をもって地方自治に取り組ませることを要請することである。

地方分権改革が日本の政治の大きな課題とされるようになったのは，1990年頃からである。その背景には，次のような事情があった。

1）それまで日本の経済成長過程にうまく機能してきた中央集権体制が，その様々な規制権限を背景に，政治腐敗等の温床と見られるようになったこと，

2）地方の経済力低下や東京と地方間の所得格差が顕在化し，地方経済発展のためには，地方の実態に応じた政策や事業が必要とされるようになったこと，である。

第二次世界大戦以前，地方政府は中央政府の管理下にあった。地方政府は中央政府の出先機関に過ぎなかった。1945年敗戦後，地方自治が憲法で保障される重要なシステムとなり，財政上も，政治上も地方分権の進展を目指すことになった。

1947年制定の地方自治法では知事公選が規定された。1949年にシャウプ勧告により，財政上の地方分権が追求され，地方政府は課税権をもって地域公共サービス供給の主体として最終責任を任されることになった。しかしながら，戦後復興期は地方分権の理想を追求できる環境にはなく，国税から地方税への税源移譲も不十分であったため，1954年には35県1,644市町村が財政赤字に転落した。画一的な全国一律の公共サービスさえ満たされなかった時代で，中央政府による規制・監督・統制による公共サービス供給方式が勝っていた。地方政府の財政赤字を背景に，中央政府の干渉強化の時期に突入する。

1960 ～ 70 年代前半の高度経済成長期はまた，地方行政監視拡大時代でもあった。地方政府の行政機能はほとんどが国の監視・監督・指導の下に展開された。地方財政の赤字体質は改善せず，歳出抑制は進まなかった。したがって地方政府による自律型財政運営はできなかった。中央政府は全ての都道府県に出先機関を確立し，二重行政・二重財政が制度化していった。

また，地方交付税制度によって地方政府の財源支援を可能にし，補助金による地方政府の監視・誘導を強化した。地方交付税とは，自治体間における地方税収入の偏在を是正し，自治体財源を保障する役割を担うもので，所得税・法人税および消費税等の一定割合を自治体の財源の不足額に応じて交付するもので，使途の制限がなく，自治体が自由に使える一般財源である。

政治的には首長公選が実現したが，財政上の健全化や基盤確立までには至らなかった。中央政府の規制は緩やかな範囲であったが，地方政府は中央政府の代理人として機能するようになる。機関委任事務を地方政府が代行し，行政活動は次第に管理色を強めた。機関委任事務とは，中央政府の指揮命令下で行う国の機関としての仕事（事務）であり，条例制定権が及ばず，地方が国に従属しながら進めていく業務である。

すべての地方政府の行政活動にガイドライン，基準，規制が設定され，補助金を配分して地方政府の行動を規制する効果を強めた。高度経済成長は地域間の経済格差を拡大し，環境汚染を深刻化させた。1973 年にオイル・ショックが発生し，経済成長の代価である農村部の疲弊と環境破壊が顕在化して，低成長時代を余儀なくし，財政危機が再燃するとともに，社会福祉関係支出の膨張により，地方財政は債務危機を発生させた。地方政府は自律的財政運営機能を急速に喪失した。

1980 年代，オイル・ショックやプラザ合意による円高不況を克服した日本は，バブル景気により税収は増加して，一時的ながら地方財政の危機は脱却できた。財政改革と地域経済振興政策に彩られて，公共事業や公的支援を梃に地域振興を図り，地域産業の活性化によって財政再建の課題を克服することになった。

行財政改革の主眼は地域経済の発展に転換された。第三セクター方式が活用されてブームになったが，1991 年のバブル景気の崩壊と共に地方政府の過大な財政負担が深刻化した。失われた20年の経済停滞とデフレ経済の浸透は，地方財政を再び圧迫した。

1990年代は地方分権の模索期間となった。総務省は政治家の圧力により基準財政需要額を抑制できなかったので，国の交付税特別会計の赤字は膨張し続けた。財政再建として，地方分権を進め，機関委任事務を見直して，行政を簡素化・効率化し，行政改革による赤字脱却が図られた。

1993年に衆参両院は「地方分権に関する決議」を全会一致で採択した後，1995年，村山内閣の下で地方分権推進法が制定され，首相の諮問機関として地方分権推進委員会が発足した。

ここでは，国庫支出金の縮小や機関委任事務の統廃合を目指した。国庫支出金とは，特定事務事業の財源として，一定の条件を付けられて国から自治体に交付される特定財源のことで，義務教育費や生活保護，道路や河川等の整備，災害復旧等に要する国庫負担金と，国勢調査や選挙等の国から委託を受けた事務に要する委託費，自治体の財政上，特別必要があると認められる時の国庫補助金の3種からなる[1)]。

こうして，2000年に地方分権推進委員会の勧告をもとに，475本の法律を一括して改正した地方分権一括法が制定・施行された。ここでの最大の成果と言える前進が，機関委任事務制度の廃止である。具体的には，従来の機関委任事務のうち，ごく例外的に事務そのものを廃止したものや国の直接執行事務としたものを除いてすべてを，自治体の事務である自治事務と法定受託事務とに振り分け，法定受託事務も条例制定の対象となった。

その後2003年から，小泉純一郎内閣のもとで三位一体改革が始まった。

三位一体改革とは，地方政府の自主的な自助努力を推奨し地方財政の自立運営を求めて，国庫補助金，地方交付税制度，税源移譲の一体的改革を推進する改革である。ところが，国の財政再建を重視する財務省派と地方交付税制度の維持を強調する総務省派に分裂し，関係閣僚らとの協議の結果，3兆円の税源移譲と4兆円の国庫補助負担金の廃止，5兆円の地方交付税削減という形で決着せざるを得なかった[2)]。

しかし，国庫支出金そのものは依然と残っており，かえって国庫負担金の負担率が1/2から1/3へと引き下げられ，教員の非正規化等の問題は拡大した。

これでは，自治体の自由度は一向に拡大しないばかりか，地方財政も圧迫されるという声が多くの自治体から起こり，国も自治体も厭戦（えんせん）気分になった。

さらに2006年に，国から自治体への権限移譲を進め，さらなる地方分権改革を推進することを目的として，地方分権改革推進法が制定され，2007年に地方分権改革推進委員会が内閣府に設置された。

分権改革推進委員会は，自治立法権，自治行政権，自治財政権を有する完全自治体としての地方政府の確立を提唱し，4次にわたる勧告と各種意見等を通じて，国から自治体への権限移譲，国による義務付け・枠付けの見直し，出先機関の整理統合，地方税財源の充実確保等の提言を行い，新しいステージの地方分権改革がまとめられた。義務付け・枠付けとは，国が自治体の自治事務について，国の法令でその実施や方法を縛っているもので，条例制定権の拡大とともにこの見直しが進められた。

新しいステージでは，個性を活かし自立した地方を創ることが目標であり，そのためには

① 行政の質と効率を上げること

② まちの特色・独自性を活かすこと

③ 地域ぐるみで協働すること

などが必要とされている。その地方創造過程で地方の責任ある判断を確立できるような規制緩和と権限委譲が，住民の幸福を増幅し地域社会の元気を育てることになる。

地方分権改革有識者会議がまとめた新しいステージの地方分権改革の総括は次の第14－1図に示される。地方分権改革は，まさにこれからの展開に大きな期待をもって臨むべき課題となった。

分権化改革を鳥瞰（ちょうかん）すると，地方の自立を促しながら，国と都道府県の従属的関係が対等の協力関係になったとは評価できない。特に沖縄県の米軍基地に関する住民の意向はことごとく無視され実現されていない。国家防衛という別の重要観点からの意思決定の難しさはあるが，地方分権改革の本旨から考えれば，日本の領海内の沖縄島近海に人工島を創り米軍用ヘリポート島にするぐらいの英断がなければならない。仮に，それが莫大な費用を要するとしても，住民自治の新時代を開闢するのに相応しい国と地方の対等関係を謳う以上は，そ

第 14 − 1 図

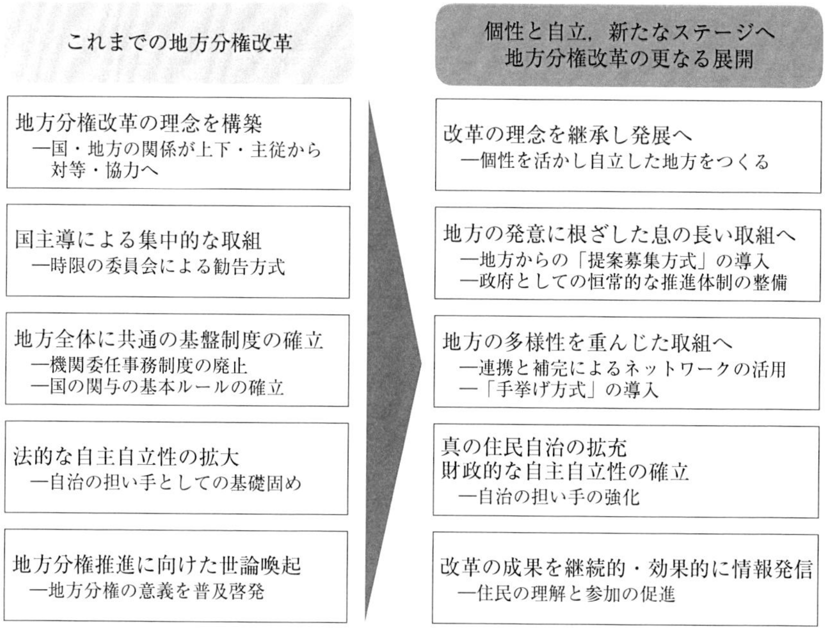

これまでの地方分権改革	個性と自立，新たなステージへ 地方分権改革の更なる展開
地方分権改革の理念を構築 —国・地方の関係が上下・主従から対等・協力へ	改革の理念を継承し発展へ —個性を活かし自立した地方をつくる
国主導による集中的な取組 —時限の委員会による勧告方式	地方の発意に根ざした息の長い取組へ —地方からの「提案募集方式」の導入 —政府としての恒常的な推進体制の整備
地方全体に共通の基盤制度の確立 —機関委任事務制度の廃止 —国の関与の基本ルールの確立	地方の多様性を重んじた取組へ —連携と補完によるネットワークの活用 —「手挙げ方式」の導入
法的な自主自立性の拡大 —自治の担い手としての基礎固め	真の住民自治の拡充 財政的な自主自立性の確立 —自治の担い手の強化
地方分権推進に向けた世論喚起 —地方分権の意義を普及啓発	改革の成果を継続的・効果的に情報発信 —住民の理解と参加の促進

出所：総務省資料，2014 年。

こまでの配慮が必要である。1996 年の普天間基地返還合意が 24 年もかかって未だに実現できない間に，ヘリポートはオスプレイ・ポートに変わった。

形式的な係争ルールを創設しても，結局，国の意思決定が優先されるのでは本末転倒である。辺野古埋め立てに時間がかかるならば空母 1 隻の提供で代用はできるかもしれない。それならば海洋環境問題もクリアーできる。どちらの費用も 2 兆円程度であるが，中国や北朝鮮の軍事的膨張に対処できるかどうかは分からない。防衛力は相対的な要素が多く，これで充分という臨界点は容易に見つからない。

また，本格的な地方制度の改変に臨みながら，地方分権化に舵を切ることは二重の手間暇をかけることで，優柔不断である。道州制への移行が迫りつつある中で現行の地方制度を改変することは，結局，無駄な時間稼ぎに過ぎない。

2. 地方分権定理

一般的にオーツ（W. E. Oates）の定理[3)]として知られている地方分権定理がある。

中央集権政府による画一的な地方政策は地方の実情と無縁に決定されることが多く，資源配分をゆがめ，地域住民の経済的厚生を損なうので，地方のことは地方に任せる方が良いという主張である。

第14－2図はA市とB市の公共財Xに関する需要曲線D_aとD_bを示している。縦軸に公共財価格P，横軸に公共財供給量Xをとる。いま，公共財の限界費用をP_0とすれば，A市の最適供給量はX_aとなり，B市のそれはX_bとなる。このとき中央政府が全国一律に公共財供給量をX_cに決めると，A市もB市もともに最適状態を実現できず，A市は$\triangle IHE$の，B市は$\triangle GEF$の消費者余剰で示される厚生損失を被ることになる。

オーツの定理として成立する命題は「連邦主義とは，中央と地方の両レベルの意思決定をもつ政治システムであり，そこでは公共サービスの供給に関して

第14－2図　地方分権定理

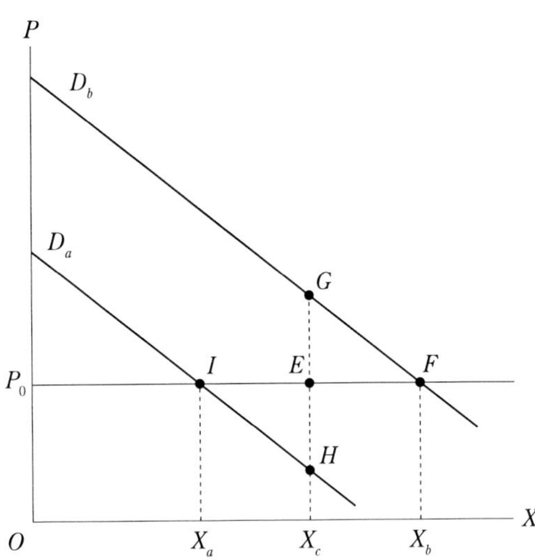

出所：筆者作成。

各レベルでなされる選択が各々の管轄区域の住民の公共サービスに対する需要によって主に決定される」ということである。これは財政連邦主義と呼ばれる主張であり，地方分権主義を提唱している。

地方分権化が望ましいと主張するオーツの定理は，中央政府と地方政府のもつ情報の非対称性によって非効率な資源配分が発生する可能性に言及している。このような図解法は多分に恣意的であるが，この事例の可能性が充分にあるという前提で，図は主張を肯定できるように描かれる。

3．中位投票者モデル

地方のことは地方に任せるとしても，地域住民の社会的意向を統合し，合意形成に至ることは，実は非常に難しい。民主主義の意思決定方式の不備は，まず K. アロー（K. Arrow）の「一般不可能性定理」で指摘され，第 1 章で論じた「オストロゴルスキー・パラドックス」でも例証されるが，さらに中位投票者モデルによって，その難しさが明確になっている。

中位投票者モデルは，多数決原理での意思決定ではなく，有権者が直接政策決定に係る直接民主制を前提とし，地方分権こそが中庸な市民に所望されることを政治的に説明する定理である。また，これを二大政党政治に適用したダウンズ・モデルは両政党のマニフェストや公約が似通って，投票者のうちの中位選好者にアピールするような傾向をもつことを説明している。

ある公共財の水準として高充足，中充足，低充足の選択肢があり，有権者は X，Y，Z の 3 人とする。3 人のそれぞれの純便益は，租税負担による負効用と公共財充足に関する効用としての便益から，（便益効用－負担負効用）で捉える。各有権者の選好は単峰型で推移律が成立するものとされる。単峰型の仮定は，各有権者の便益や負担に対する効用が，極大所望状態から遠ざかるにつれて効用逓減が発生するという意味である。有権者 X，Y，Z にとって極大所望状態はそれぞれ低充足，中充足，高充足であるとしよう。低充足を所望する有権者 X は，中充足 → 高充足と公共財供給水準が上昇するにつれて，純便益が逓減する。高充足を所望する有権者 Z は，中充足 → 低充足と公共財供給水準が低下するにつれて，純便益が逓減する。中充足を所望する有権者 Y は，低充足と高充足とが対称位置にあれば，社会の意思が低充足に向いても高充足に向いても同程度の効用の逓減を感得するが，低充足と高充足とが非対称位置にあるときは，自己の所望する水準に近い方に second best，遠い方に third best の選好を示すことになる。中位投票者に平均の意味合いがないことに注意しなければならない。

このような前提の下で，社会的意思決定は，どのような公共財充足状態を選ぶかは，明確である。すなわち，地方政党が低充足を公約すると，X の支持しか得られない。同様に中充足では Y，高充足では Z の支持だけしか得られない。

低充足と中充足のどちらが支持を集めやすいかを分析すると，X と Y の支持が得られる中充足になり，中充足と高充足との間では Z と Y の支持が得られる中充足になり，低充足と高充足の間では，中充足を選好する中位の意見次第で低充足か高充足かになる。つまりこの社会の意思決定はすべて中位有権者によって支配される。有権者数を増やしてもこの関係は覆されない。

第 14 － 3 図は，有権者 V_1 ～ V_5 の所望公共財便益を示している。単峰型で効用逓減は激しい。それぞれの所望充足度は相違する。このとき，5 種の公共財所望数量の中から 2 つずつ選択肢として投票をすると，中位投票者の所望水準 m が最も多い支持を得ることができる。その他の場合も中位投票者の意向次第で社会的な意思決定が定まる。

第 14 － 3 図

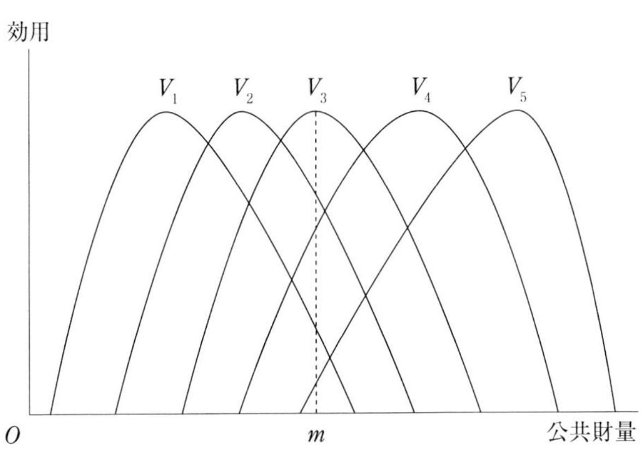

出所：長沼進一『テキスト地方財政論』新世社，2009 年，p.29。

4．足による投票

中位投票者モデルは，民主主義の多数決原理による投票で社会的な意思決定がなされることが，メディアン（中央値）に属する人々にとっては合理的な選択となることを示した。しかし，意思を実現できなかった個人にとっては，投票行動だけがすべてではない。地方自治体に対して首長のリコールや条例の制定などを直接請求できるし，そのような積極的な政治行動である「声による投票」の他，別の地域に移住するという行動もできる。これが「足による投票」と呼ばれる自己実現行動である。定年後に風光明媚（ふうこうめいび）な海浜都市に安住の地を求め，孟母三遷の教えなども「足による投票」の事例である。

このような選好が行き着くと，地域は同質化し，類似的な選好をもつ人々が一つの地方自治体に集まり，自己の効用極大化を図る現象が発生する。これがC. M. ティボー（C. M. Tiebout）命題である[4)]。人々が各地方政府間を自由に移動することで各地方政府が公共財供給について競争し，結果的に資源の最適配分（局部最適解）が達成されるメカニズムを解明した。公共サービスの供給についても住民選好を反映させる方策があることを示した地域選択論である。

ティボー命題は，所得格差がなく，嗜好だけが異なっている場合に限定される。所得格差があると高所得者層の高負担により，低所得者層の相対的低負担が可能となる。特に，福祉政策を充実しすぎると，低所得者層ばかりを引き付ける効果を持ち，高所得者層は流出する，というP. ピーターソン（P. Perterson）の「福祉の磁石」論などもあり，地域間人口移動だけでは局所最適解が実現することはない。また，遠隔地への移動は移動コストが高すぎて不可能であるし，国境を超えることも難しい。嗜好の違いだけで足による投票を説明することは，現実的には部分的解明の域を出ない。

5．各国の分権事情

代表的な海外諸国の地方分権や地方制度を参照しながら，地方分権の問題を比較検討しよう。

❶ 日　本

基礎自治体である市町村，都府県規模の広域自治体，道規模の大広域自治体，中央政府が存在し，自治体と中央政府との二層制分権体制である。道州制の導入は，この体制を連邦制に移行することである。

❷ アメリカ合衆国

Village, town, city（村，町，市）が基礎自治体で，county（郡）が広域自治体，state（州）は大広域自治体，連邦政府が存在し，三層制分権体制である。ルイジアナ州を除いてカウンティが州の下の最大行政区である。連邦政府の力は弱く州が大きな自治権をもつ。州は独自の立法権をもち，憲法や軍隊，警察を所持している。各州には高い自治権と決定権がある。地方制度は州が構築権限をもち，多様な地方自治制度がある。

❸ ドイツ

ゲマインデ（Gemeinde 市町村），クライス（Kreis 郡），ラント（Land 州），ブンデスレジールング（Bundes-regierung 連邦政府）の三層制分権体制である。16の州が強い自治権をもち，分権の進んだ国である。各州は独自の憲法と法体系をもち，独自の行政権のもと司法権も州権限が強い。地方自治体の組織や運営については各州の独自の制定法によって多様である。クライスは州政府の行政区（県）から基礎自治体の広域連合体（郡）まで色々ある。

❹ スペイン

都市，県，自治州，中央政府の三層制分権体制である。1978年12月に国民投票で承認された新憲法は王国スペインが州の集合体であることを規定し，地方の自治と団結を保障している。すべての州が大広域自治体規模の自治州であるが，複雑な手続きで強力な自治権をもつ，アラゴン州，ガリシア州，バスク州，バレンシア州，カタルーニャ州などと僅小な自治権しかもたないその他の州とで分権度が異なる。

❺ イタリア

コムーネ，ムニチーピオ，フランツィオーネ（村，町，市），広域自治体の県，大広域自治体の州，中央政府，の三層制体制である。自治州はシチリア，サルデーニャ，トレンティーノ＝アルト・アディジェ，ヴァッレ・ダオスタ，フリウリ＝ヴェネツィア・ジュリア州の5州である。自治権は弱く中央政府中心の集権的支配体制である。税収は国税として徴収し各自治体に再配分する。

❻ フランス

コンミューン（commune 自由都市），カントン（canton 小郡），アロンディスマン（arrondissement パリ行政区または郡），デパルトマン（départment 県），レジオン（région 地方圏），中央政府の三層制分権体制である。

カントンは数自由都市の集合体で小規模の郡であり，101の県と27の地方圏に分かれている。パリはIle-de-France 地方圏の中の県で，20のアロンディスマンがある。自治権は弱く中央集権国家である。

地方分権体制は，歴史的な形成過程の経緯を反映し，また政治的思想基盤に影響されることが多い。地方自治の自治権がどの程度まで必要であるかについて，明確な基準が見当たらない。地方分権が本当に必要であるかどうかについても議論がある。

【注】

1） 岩崎忠『自治体経営の新展開』一芸社，2017年，pp.43-44。
2） 磯崎・金井・伊藤『ホーンブック地方自治』北樹出版，2014年，pp.36-37。
3） Oates, W. E., *Fiscal Federalism*, Harcourt Brace Jovanovich, 1972.（米原淳七郎・岸昌三・長峰純一郎訳『地方分権の財政理論』第一法規出版，1997年）
4） Tiebout, C. M., "A Pure Theory of Local Expenditures," *Journal of Political Economy*, Vol.64, No.5, Oct. 1956, pp.416-424.

練習問題

1. 三位一体改革について論評しなさい。
2. 地方間格差の中で良い格差は何か説明しなさい。
3. 地方分権化定理が一義的に成立しない分野について考えなさい。

参考文献

〔1〕井堀利宏『ゼミナール公共経済学入門』日本経済新聞社，2006 年。
〔2〕佐藤主光『地方財政論入門』新世社，2009 年。
〔3〕長沼進一『テキスト地方財政論』勁草書房，2011 年。
〔4〕地方分権改革有識者会議「個性を活かし自立した地方をつくるために」平成 26 年 6 月。
〔5〕磯崎・金井・伊藤『ホーンブック地方自治』北樹出版，2014 年。
〔6〕岩崎忠『自治体経営の新展開』一藝社，2017 年。
〔7〕西垣泰幸『地方分権と政策評価』日本経済評論社，2017 年。
〔8〕木寺元『地方分権改革の政治学』有斐閣，2013 年。
〔9〕飯田泰之編『これからの地域再生』晶文社，2017 年。

第15章　最適自治体と市町村合併

1．限界集落の悲哀

地方分権の進展はようやく近年の地方分権一括法によってその途に就いた。

少子高齢化の影響で，現在における最小集落の1つは住民数400人の高知県大川村である。議員のなり手がなく村議会開催が危ぶまれるほどで，直接民主制にして，廃校小学校校庭で住民全体集会を検討するまでに追い込まれている。2060年には3,000万人の日本人が消滅し，現在の地方小規模町村の多くが限界集落化して存続できないと予測されている。限界集落とは，65歳以上の高齢者が住民の50％以上の集落である。高齢化と過疎化が地域コミュニティの存続を危うくしている。この問題は，都市圏の近郊都市においても危惧されている。

自治体の規模に関する研究は多い。その理論的な最適自治体の様態を検討し，人口減少期の令和時代のあるべき地方自治体について考えなければならない。

2．最適自治体

地方自治体の規模は様々であり，面積，人口数，人口密度，世帯数，公共施設充足度，地域平均賃金水準など，どの指標を用いても不均質で一律ではない。そこで，最適自治体の議論は，最適基準として何を置くかに応じて様々な最適都市像を描きだすことができる。平成31年度の『地方財政白書』も第1部第10節で，基礎自治体としての市町村の規模別財政状況について詳察している。この分析に沿って，多様な最適都市像を考察しよう。

平成の大合併を経て，多様な都市類型が生まれた。人口50万人以上を要件とする政令指定都市20市，人口30万人以上の中核市（41市），人口20万人以上の特例市（40市），人口10万人以上の中都市，人口10万人未満の小都市，人口1万人以上の中町村，人口1万人未満の小町村に分類される。

中核市は平成6年（1994年）の地方自治法改正により特例として設けられた都市で，面積100km^{2}以上の要件がある。都市計画や保健衛生などの事務を都道府県から移譲される。行政区の設置はできない。秋田市，横須賀市，倉敷市等41市が指定された。特例市は，平成11年（1999年）の地方分権一括法に盛り込まれた地方自治法改正により設けられた都市である。騒音・悪臭を規制する地域の指定，都市計画区域・土地区画整理区域の区域内建築許可など16法律の20項目の権限が都道府県から移譲されたが，中核市がもつ保健所設置権限などは委譲されなかった。山形市，所沢市，佐世保市等40市が指定されたが，平成27年（2015年）地方自治法改正により廃止された。また中核市の要件が人口20万人以上で必要な行政処理能力を有することに改正変更されたために，令和2年（2020年）までの経過措置で施行時特例市となったり，中核市の指定を受けたりして再編されている。令和元年（2019年）時点で，中核市58市，施行時特例市27市である。これらの都市の規模別の数値を検討しよう。

平成29年度の財政力指数でみると，政令指定都市0.87，施行時特例市0.86，中核市・中都市0.80，小都市0.56，中町村0.53，小町村0.27で，都市規模の利益が認められるが，効率的財政運営という点では20万人程度の施行時特例市のパフォーマンスの良さが指摘される。実質収支比率は規模の利益ですべてを説明できる。政令指定都市1.2%から都市規模が小さくなるにつれて漸増し，6.9%まで拡大する。

第15－1図は『地方財政白書』から引用した規模別歳入構成を示している。歳入構成は独自財源が多く，地方債が少なく，バランスよく受納できていることを評価すべきであり，そのような観点からは，施行時特例市の状態がベストである。

次に第15－2図によって経常収支比率を見よう。

中核市の中に比較的良好な都市が多い。70%～80%の自治体があり，100%以上の都市もあるが，相対的に低く抑えられている。

歳出については人口規模に比例的な部分が多いが，多くの歳出項目に網羅的

第 15 － 1 図

団体規模別歳入決算の状況（人口１人当たり額及び構成比）

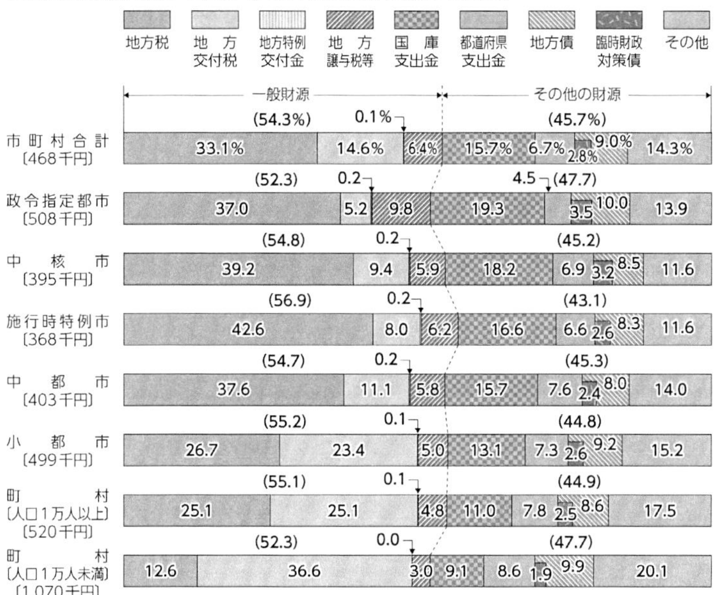

(注) 1 「市町村合計」とは、政令指定都市、中核市、施行時特例市、中都市、小都市及び町村の合計である。
2 「国庫支出金」には、国有提供施設等所在市町村助成交付金を含み、交通安全対策特別交付金を除く。
3 〔 〕内の数値は、人口１人当たりの歳入決算額である。

団体規模別地方税の歳入総額に占める割合の状況

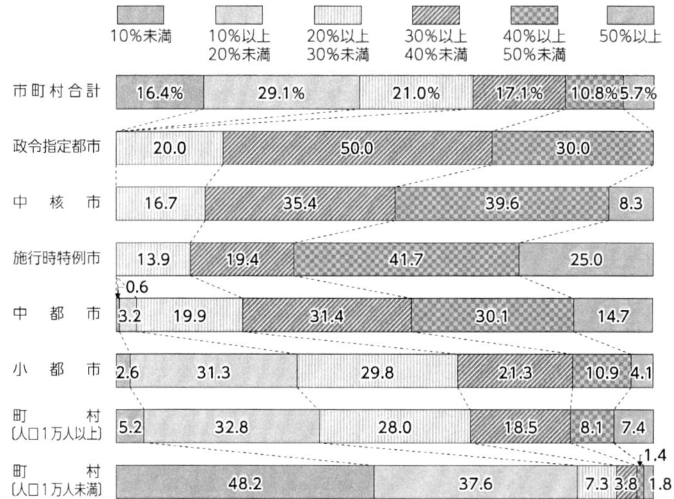

(注)「市町村合計」は、政令指定都市、中核市、施行時特例市、中都市、小都市及び町村の合計である。

出所：総務省『地方財政白書』。

第 15 − 2 図　団体規模別経常収支比率の状況（構成比）

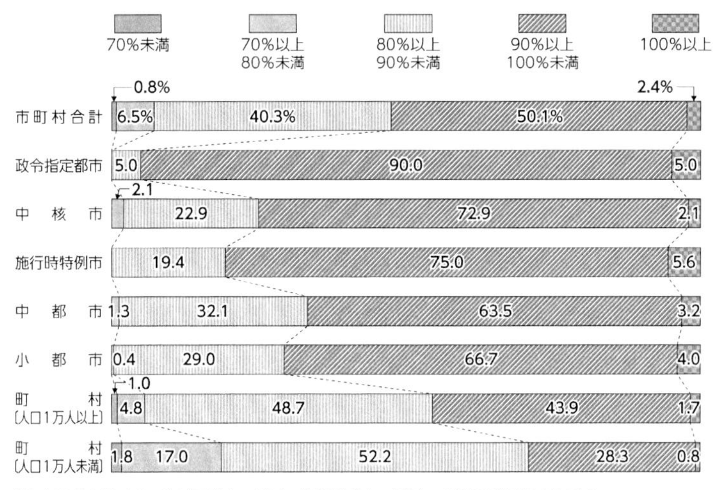

（注）「市町村合計」とは、政令指定都市、中核市、施行時特例市、中都市、小都市及び町村の合計である。

出所：総務省『地方財政白書』。

に支出できているのは施行時特例市である。

いくつかのデータに基づいて現状の最適都市を考えると，施行時特例市〜中核市のレベルが財政的な好状況を創出できている。20 万人都市〜 30 万人都市のあたりに，日本の現状の最適都市規模があると考えられる。30 万人以上の中核市は人口集積の過密が少しずつ出始めて，いわゆる混雑コストが顕在化し始めている。

概略的に，政令指定都市は県権限の 90％，中核市は政令指定都市権限の 70％，施行時特例市は中核市権限の 20％と言われる。県行政と政令指定都市行政は早急に二重行政の非効率部分を解消すべきである。

行政コストとして一人当たり歳出を測定すると，概ね下に凸型の人口規模との相関関係を確認できる。総務費，消防費，老人福祉費，災害復旧費，積立金などは第 15 − 3 図の形状のコスト変化をする。議会費などは二次関数ではなく人口規模と共に単調減少型で相関する。また，人口規模と相関関係がない児童福祉費のような経費もある。典型例は極小点をもつ下に凸型である。

このような経費分析から導出される最適自治体は人口規模が C の都市である。日本の場合は 22 万人程度と試算されている。人口規模が増大し，D のよ

第 15 − 3 図　一人当たりの行政費用と人口規模

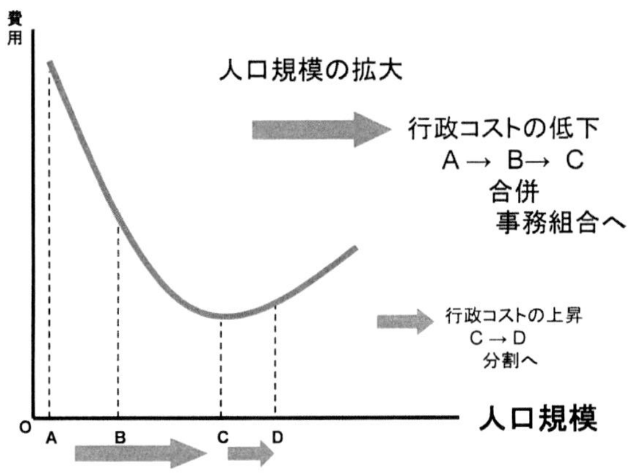

出所：筆者作成。

うな住民数を抱える自治体になると，集積の過密が発生し，混雑コストは上昇する。このような場合は，逆に都市分割によってＣの規模に戻す方策が有効である。他方，小規模町村に見られるようなＡやＢのような行政コストの高い自治体は合併によってＣを実現することが歳出削減につながる効率化策である。

東京の 23 区のような過密都市の場合，100m の上水道を供給すれば，60 人程度の利用が実現できるが，地方都市のように，まばらに住宅街が分散しスプロール化している地域は，11 人程度となり，一人当たりの水道事業コストについて比較できないほどの格差を確認できる。合併にこのような集積による規模の経済が作用することは当然である。

3．市町村合併

行政需要の変化に対応して，明治維新以降，市町村の統廃合は断続的に進められてきた。第 15 − 4 表は市町村数の変遷をたどっている。明治 4 年（1871 年）7 月に西郷隆盛，木戸孝允，板垣退助，大隈重信らの明治政府は廃藩置県を断行し，東京，大阪，京都の 3 府と 302 県を設置したが，その後 11 月には 3 府 72 県体制が成立した。以来，日本の市町村体制は次のように変遷した。

第15－4表　市町村数の変遷

年　月	市	町	村	計	備　考
明治21年	—	71,314		71,314	—
明治22年	39	15,820		15,859	市制町村制施行
大正11年	91	1,242	10,982	12,315	—
昭和22年	210	1,784	8,511	10,505	地方自治法施行
昭和28年	286	1,966	7,616	9,868	町村合併促進法施行
昭和31年	495	1,870	2,303	4,668	新市町村建設促進法施行
昭和37年	558	1,982	913	3,453	市の合併の特例に関する法施行
平成11年	671	1,990	568	3,229	地方分権の推進を図るための関係法律の整備に関する法律一部施行
平成16年	695	1,872	533	3,100	市町村の合併の特例に関する法律の一部を改正する法律施行
平成17年	739	1,317	339	2,395	市町村の合併の特例等に関する法律制定
平成18年	777	846	198	1,821	—
平成22年	786	757	184	1,727	市町村の合併の特例に関する法律に改正
平成26年	790	745	183	1,718	—

出所：総務省資料より作成。

江戸時代の自然集落を引き継いだ明治初期の町村体制は，近代的地方自治制度である市制町村制の施行に伴って，教育，徴税，土木，救済，戸籍の事務処理という行政目的に合った自治体規模としての町村単位と大きな隔たりを抱えていた。この離隔をなくすために，明治21年6月13日内務大臣訓令第352号の「町村合併標準提示」に基づいて，300～500戸を標準規模とする町村合併がなされ，町村数を78%減少させて71,314町村 → 15,859市町村への変化を実現した合併策が「明治の大合併」である。当時の総人口は約3,000万人である。

昭和20年8月15日，太平洋戦争終結後，新制中学校の設置管理，市町村消防，自治体警察の創設事務，社会福祉，保健衛生関連事務が市町村の事務となり，行政事務の能率的処理のために町村規模を拡大合理化する必要が発生した。昭和28年（1953年）の町村合併促進法の施行により，第3条では「町村はおおむね，8000人以上の住民を有するのを標準」と規定された。この住民数は新制中学校1校を効率的に設置管理するために必要な住民数である。昭和31年（1956年）新市町村建設促進法の施行により，昭和28年閣議決定の「町村合併促進基本計画」の達成に向かって全国的な合併活動が本格化し，昭和28年～36年（1953年～1961年）の期間に，556市1,935町981村の3,472地方自治体体制が確立し，市町村数は地方自治法施行時の 10,505 → 3,472 へ 1/3 になった。これが「昭和の大合併」である。

その後，地域の特性に応じて自主的に合併する場合の障害を除去する目的で市町村行政の広域化の必要による合併を支援する 10 年間の時限法「市町村の合併の特例に関する法律」が昭和 40 年に施行され，その後 3 回にわたり 10 年ごとの期間延長と改正を施して，平成 17 年にこの旧法は失効した。平成 17 年（2005 年）4 月の地方自治体数は 739 市 1,317 町 339 村の 2,395 である。

平成 11 年（1999 年）の改正では，地方分権一括法のもとで地方分権の推進が実行段階を迎え，地方分権推進計画（平成 10 年 5 月 29 日閣議決定）に基づいて市町村合併を積極的に進めるための各種の措置が定められた。改正の主なものは，地方債の特例措置の拡大，地方交付税の特例措置の拡大，地域審議会の設置，合併協議会設置請求制度の拡充などである。市になる要件は国勢調査人口 5 万人以上から 3 万人以上に特例措置として存置された。町から市になることによる権限の拡大は大きくはない。

このような合併推進措置や財政優遇措置により，平成 18 年（2006 年）3 月末まで合併特例期限が延長されると，全国で 582 の合併自治体が誕生し，市町村数は 3,229 → 1,821 に激減した。これが「平成の大合併」である。厳しい財政状況の中，人口減少に備えて効率的な自治体を創るための合併で，一定期間内に合併すれば，合併特例債の発行が認められ，合併補助金も合併前の自治体の年間予算総額並みの水準が用意された。合併は地方財政の危機を救うカンフル剤として認識された。「平成の大合併」は時期的に，1999 年～ 2010 年と見なされる。

平成 17 年の改正で，合併補助金は廃止され，合併特例債についても廃止され，地方債の配慮規定だけが残された。合併で財政再建をしようとする期限間際の「駆け込み合併ラッシュ」が市町村数 2,395 → 1,821 への激変であった。

平成 17 年（2005 年），市町村の自主的合併を推進し，市町村規模の適正化を図り均衡ある地方の発展を目指す観点から，「市町村の合併の特例等に関する法律」（新法・合併特例法）が制定され，合併に関する特例措置は大部分期限切れとされた。

新法は 5 年間の時限法で，総務大臣が基本指針を示し，都道府県が市町村合併の推進に関する構想（合併候補案）を示すことになった。しかし，頑迷固陋な地方公共団体の首長たちの本音は，選挙を経て勝ち取った権力の座にしがみついて保身することで，理想を追うことではなかった。合併を志向する振りをして最後の勇断を先送りし，都道府県の苦心の合併案は空中分解せざるを得なかった。J. M. ケインズのハーベイ・ロードの前提は夢のまた夢である。

平成 22 年（2010 年）の改正で，新法は「市町村の合併の特例法に関する法律」と名称変更され，合併推進については年度末で一区切りとされた。自主的合併については支援を残し，国と都道府県の合併推進措置は廃止され，10 年間の延長が定められた。市になるには再び住民人口 5 万人が必要になった。

改めて，あの頃の「平成の大合併」騒動を振り返ると，合併に走った市町村は令和時代に入って間もなく地方交付税の減額期を迎え，困窮への途を辿りそうであるし，保身に身を焦がして合併を回避した市町村の荒廃も激しい。合併は地域の未来を拓く特効薬にはなり得なかったが，合併により首長他三役と議員の離職者は 21,000 人に昇り，年 1,200 億円の歳出削減に貢献した。強制合併はふるさと喪失感を強く残し，住民と行政との距離は反って遠のいた。この間の旧法と新法の時間関係は第 15 － 5 図に示される。

第 15 － 5 図

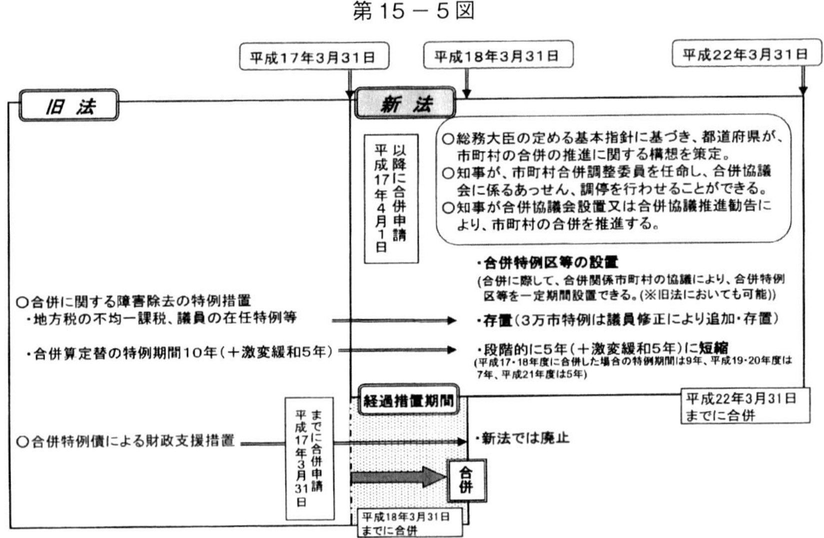

出所：総務省資料。

4．都区財政調整制度

東京都は一極集中で膨張し続けて，国家並みの地方公共団体となっている。年間予算はイタリアを凌いでいる。昭和18年（1943年）に都制を布き東京府は東京都となり，戦後，地方自治法による地方公共団体となって35特別区も22特別区に統合された。その後，練馬区が分離し，現在の23特別区体制になった。日本の首都であり，世界的に最重要都市の一つである。

特別区には，原則として市に関する規定が適用され「市と類似の性格を有する独立の地方公共団体」とみなされて，区議会を持ち，区長も公選，国会の説明でも「憲法上の地方公共団体」とされている。但し，都は特別区について条例で必要な規定を設けることができる。都制は地方財政制度として特異な都区財政調整制度を設けている。

財源が不足する特別区に対して都が不足額を特別区財政調整交付金として給付し，都と特別区全体との間の財源調整または特別区相互間の財源均衡化を図ることになっている。地方自治法第282条Iの規定である。

地方自治法施行令第210条の10に規定されているように，交付金総額は23区が本来，市として課税徴収すべき市町村税のうち，固定資産税，市町村民税法人分及び特別土地保有税の収入額に条例で定める一定割合（55%）を乗じて得る額である。

交付金は普通交付金と特別交付金の2種があり，その区分割合も条例で定める。国と地方団体との間の地方交付税制度のミニ版が，都と23特別区との間に設けられている。したがって，普通交付金は，特別区の処理に委ねられる事務の処理経費について基準財政需要額を算定し，基準財政収入額との差額を財源不足額として交付する交付金である。算定は概ね地方交付税の方式に準じているが，この場合の留保財源比率は85%である。

特別交付金は，普通交付金算定後に発生した災害等により特別の財政需要が発生し，あるいは財政収入の減少など特別な事情が認められる特別区に交付される。これも国の地方特別交付税に相当する。

地方自治法第281条の2第1項には，大都市地域における行政の一体性と統一性の確保の観点から当該区域を通じて一体的に処理することが必要である事務（上下水道，消防，都市計画業務の一部等）は，都が特別区を包括する広域の地方公共団体として処理する，と規定され，特別区財政調整交付金制度の根拠となっている。

このような都区財政調整制度の是非については論争中であるが，特別区協議会も東京商工会議所もともに反対であり，基礎自治体として，東京都の他の市町村と同様の地位を求めている。23 特別区の中の格差は，中央区銀座の土地価格と羽田周辺の埋め立て地の土地価格を比較しても歴然であり，市場メカニズムの調整では解消しない。制度が地方団体の自治の自由を過度に束縛することも避けなければならない。

5．道州制

平成の大合併議論は，都道府県の統廃合についても活発な再編案を喚起した。いわゆる道州制である。

平成 18 年（2006 年）に第 28 次地方制度調査会が「道州制のあり方に関する答申」によって都道府県を廃止し，9 道州・11 道州・13 道州の 3 案による道州制導入を提言した。平成 20 年（2008 年）には「道州制基本法（仮称）」を制定し，10 年後の導入を目指すことになった。

第 15 － 6 図は，道州制答申のポイントを示したものである。

経済活動の企業連携や行政領域の広域化が顕著になり，すでに単独の都道府県単位では対応できない事例も多くなっている。新しい国のあり方として国家的課題が地球規模で展開する事態に対応できなければならない。内政は強力な地方公共団体が担うという役割分担を考えれば，道州制が適切である。

不要な首長他 3 役と議員数で 1,500 人程度の削減が実現し，議会関係費だけで 97 億円の歳出削減になると試算される。第 15 － 7 図は，13 道州案として示されたものである。

最も細分化された道州案で，他にも多様な構想が提唱されているが，大規模災害の発生時にも機動的な対応ができる。風土的・文化的・生活慣習的な観点も含めて分割案を練っていかなければならない。

第 15 － 6 図　「道州制答申」のポイント

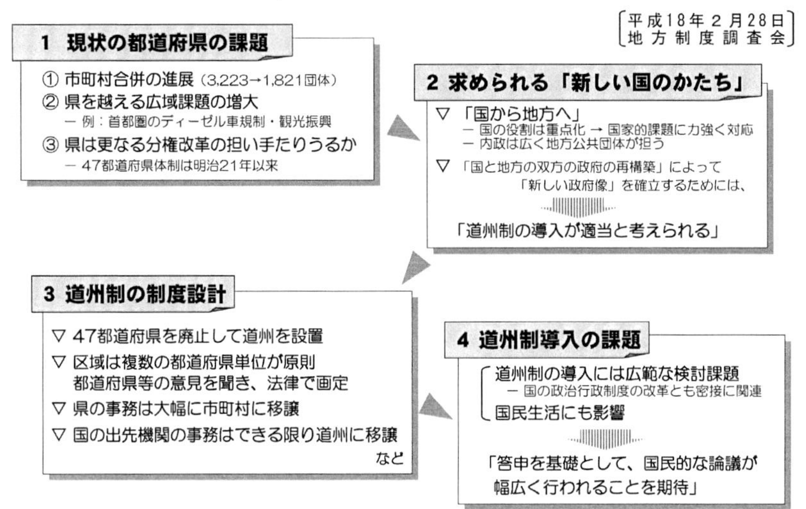

出所：総務省資料。

第 15 － 7 図　13 道州案

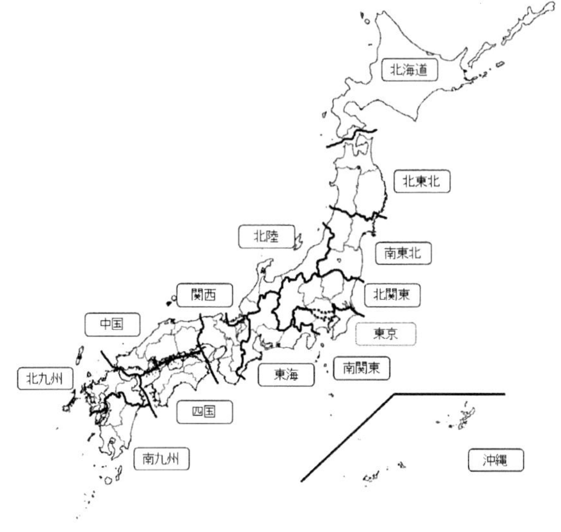

出所：総務省資料。

次の第 15 － 8 図は，道州の事務分担案である。

国からの権限委譲が進展すれば，国税と地方税の税源配分も事務分担に則し

第15－8図　道州制の下で道州が担う事務のイメージ

行政分野	道州が担う事務
社会資本整備	**・国道の管理** ・地方道の管理（広域） **・一級河川の管理** ・二級河川の管理（広域） ・特定重要港湾の管理 **・第二種空港の管理** ・第三種空港の管理 **・砂防設備の管理** **・保安林の指定**
環　境	**・有害化学物質対策** **・大気汚染防止対策** **・水質汚濁防止対策** ・産業廃棄物処理対策 ・国定公園の管理 ・野生生物の保護、狩猟監視（希少、広域）
産業・経済	**・中小企業対策** **・地域産業政策** **・観光振興政策** **・農業振興政策** **・農地転用の許可** **・指定漁業の許可**、漁業権免許

行政分野	道州が担う事務
交通・通信	**・自動車運送、内航海運業等の許可** **・自動車登録検査** **・旅行業、ホテル・旅館の登録**
雇用・労働	**・職業紹介** **・職業訓練** **・労働相談**
安全・防災	**・危険物規制** ・大規模災害対策 ・広域防災計画の作成 ・武力攻撃事態等における避難指示等
福祉・健康	・介護事業者の指定 ・重度障害者福祉施設の設置 ・高度医療 ・医療法人の設立認可 ・感染症対策
教育・文化	・学校法人の認可 ・高校の設置認可 ・文化財の保護
市町村間の調整	・市町村間の調整

（注）ゴシックは，原則として道州が担うこととなる事務で，国から権限移譲があるもの。
出所：総務省資料。

た適正配分になり，地方分権も飛躍的に推進される。人口7,500万人時代の将来日本の政治構造として累積債務問題に対する切り札的対策として期待できる。

2040年に消滅可能性のある都市は全国896町村にも及び，すべて住民数は1万人未満となる。限界集落化への高齢化自治体は相当な数になる。人口減少を甘く見ることはできない。

6．国と地方との役割分担

現在の地方公共団体と国との役割分担は，決算ベースでほぼ40対60である。国税と地方税の税源配分は逆に60対40であるので，差額保障の地方交付税が必要になる。生活密着型の行政事務が地方公共団体にほとんど委ねられている役割分担を踏まえて，税源移譲は早急に進めなければならない。第15－9図は平成27年度決算ベースの役割分担である。

このような役割分担は，道路行政については道路法，河川行政については河

第15－9図

○　国と地方の役割分担（平成27年度決算）
　＜歳出決算・最終支出ベース＞

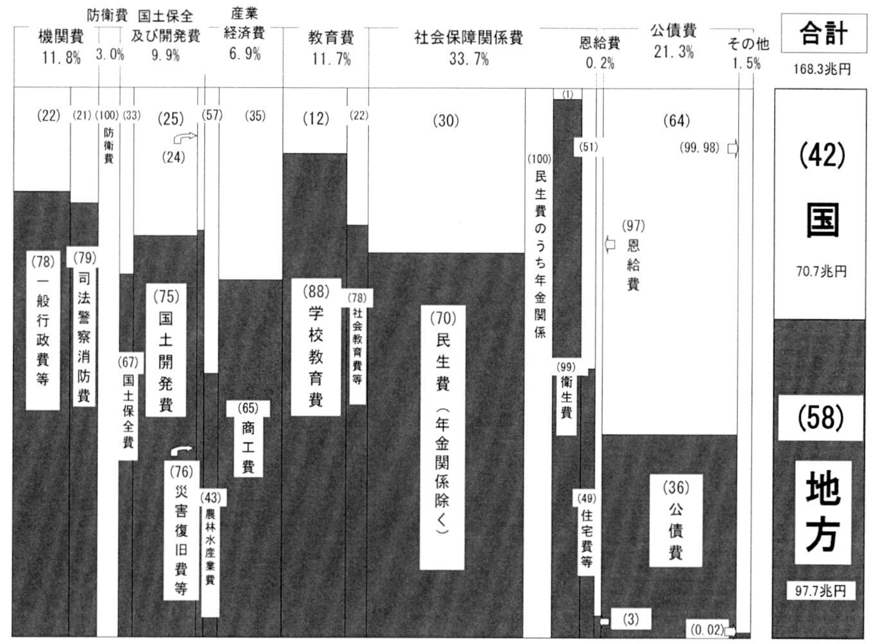

出所：総務省資料。

川法，都市計画行政については都市計画法という対応的根拠法が行政内容の分担を規定しているので，役割分担を任意に変更することは難しい。道州制のような枠組み全域を新設するような措置が手続上は最も時間がかからない。

地方自治法第２条第３項では都道府県と市町村の事務について，市町村優先の原則を規定している。住民生活に最も近いレベルの政府に優先させるには，それなりの裏付け的な財源保障が確立していなければならない。

より詳細な行政事務分担は第 15 － 10 表にまとめられている。この表は公共サービスの便益が及ぶ範囲に応じて，国，都道府県，市町村の担当役割が配分されている。

他方，このような役割分担は，国の財源保障と地方自治体の行政事務執行とを組み合わせた形態で，集権的分散システムと呼ばれる。このシステムは責任配分が曖昧になり，それぞれのレベルの政府が責任回避のためのもっともらし

第15－10表　国と地方との行政事務の分担

分野		公共資本	教育	福祉	その他
国		○高速自動車道 ○国道 ○一級河川	○大学 ○私学助成（大学）	○社会保険 ○医師等免許 ○医薬品許可免許	○防衛 ○外交 ○通貨
地方	都道府県	○国道（国管理以外） ○都道府県道 ○一級河川（国管理以外） ○二級河川 ○港湾 ○公営住宅 ○市街化区域、調整区域決定	○高等学校・特別支援学校 ○小・中学校教員の給与・人事 ○私学助成（幼～高） ○公立大学（特定の県）	○生活保護（町村の区域） ○児童福祉 ○保健所	○警察 ○職業訓練
	市町村	○都市計画等 （用途地域、都市施設） ○市町村道 ○準用河川 ○港湾 ○公営住宅 ○下水道	○小・中学校 ○幼稚園	○生活保護（市の区域） ○児童福祉 ○国民健康保険 ○介護保険 ○上水道 ○ごみ・し尿処理 ○保健所（特定の市）	○戸籍 ○住民基本台帳 ○消防

出所：総務省資料。

い弁解を主張できる。

責任の所在に着目すれば，このような日本の役割分担は融合型の責任関係であり，一方で地方自治体の責任でもあり，他方で国の責任でもあることになる。政策企画，財源確保，政策執行のすべてを重複なく一つのレベルの政府に帰属させる分離型システムでは，責任の配分が明確で曖昧にはならない。イギリスの財政制度が分離型である。

融合型であっても，ナショナル・ミニマムを明確に定義し，その定義水準に見合う財源保障は国が確約し，水準を超過して公共サービスを供給することについては地方に責任をもたせるという分離をすれば，責任回避はできなくなる。

7．大都市制度

住民人口50万人以上の政令指定都市が第1号の横浜市から第20号の熊本市まで，20市ある。地方自治法第252条の19第1項の規定により，政令で指定され，都道府県から一定の権限を譲り受けた大都市である。

法定条件で指定都市になった事例はなく，事実上の要件としては，人口が100万人を超え，人口密度は，2,000人／km^2以上，第1次産業人口／全就業人口の比率が1割未満であり，都市集積が広がる傾向があることなどを満たさなければならない。委譲される権限は，全行政の 8 割程度である。主なものは，都道府県道の管理，都市計画，県費負担教職員の任免と給与決定，飲食店の営業許可，福祉事務所・児童相談所の設置，宝くじの発売，譲与税などの増額措置，行政区（東京都の 23 特別区のような法人格はない）の設置などである。

指定順に 1956.9.1 横浜・名古屋・京都・大阪・神戸，1963.4.1 北九州，1972.4.1 札幌・川崎・福岡，1980.4.1 広島，1989.4.1 仙台，1992.4.1 千葉，2003.4.1 さいたま，2005.4.1 静岡，2006.4.1 堺，2007.4.1 新潟・浜松，2009.4.1 岡山，2010.4.1 相模原，2012.4.1 熊本，の 20 市である。

日本に諸外国のような特別自治権を認める大都市制度はない。ある民間シンクタンクの試算によると，ベルリン特別市のような権限と財源が認められる「特別自治市」を導入して，規制緩和，経済活性化，二重行政の解消などが実現すれば，経済効果は 4.3 兆円に昇る。

日本の地方制度は普遍主義と総合主義に基づいて，地域ごとの特異な制度を認めていない。画一的で全国一律の都道府県と市町村の二層制を原則としているので，大都市制度をこれに包摂することは木に竹を接（つ）ぐに等しい。大阪市の 2003 年の『新たな大都市制度のあり方について』で例示されている（第 15 − 11 図）大都市制度を道州制への再編と共に導入すれば軋轢（あつれき）は少ない。

大都市に州や県と同等の権限を持たせて州・県行政の競合と国・州の二重監

第 15 − 11 図

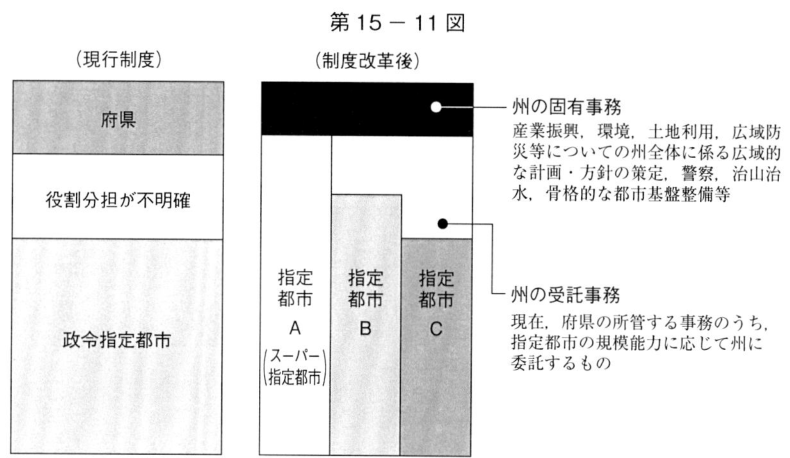

出所：冊子『新たな大都市制度のあり方について』大阪市，2003 年。

督を廃して自律性を高める制度類型が日本には適合的である。韓国の釜山市・仁川市，ドイツのベルリン市，オーストリアのウィーン市がこの型である。アメリカのワシントン市やオーストラリアの首都キャンベラ市，中国の北京市，上海市のような政府直轄地の類型も地方制度の哲学的基盤を維持しながら可能であるので，新7大都市（大阪市・横浜市・名古屋市・札幌市・京都市・川崎市・福岡市）の範囲で検討する価値がある。

昭和22年（1947年）の地方自治法改正では，直轄型の特別市が制定された。当時の5大市は，東京，大阪，名古屋，京都，横浜であったが，これを特別市とし，都道府県と市との行財政権限を特別市に集め，特別市長によって一元的統一的に運営する制度である。これに対して5大府県の激しい反対があり，特別市が分離・独立すると府県が維持できないと主張した。東京都が昭和18年（1943年）に実現し，他の4市の人口も京都市以外は所属府県内の50％に満たなかったため，時期尚早として特別市制度は廃止された。

ドイツの都市人口の分布状況は日本の状況に類似している。その中でドイツにはベルリン市，ハンブルク市，ブレーメン市の3都市州が存在している。ドイツの人口調査は平成23年（2011年）末のもので，日本の数値は平成22年度の国勢調査確定値のものである。ブレーメン市の数値には近接のブレーマーハーフェン市人口が含まれる。

次の第15－12図で両国の都市人口分布を提示しよう。ベルリン特別市だけでなく，都市計画や都市財政に独立した見地から核都市の裁量的な計画が実行され，都市は独自の発展過程の中で特色ある地域創生を果たしている。もう管轄権の主導権争いをしている余裕はない。

上の第15－13図は，諸外国の大都市制度をまとめたものである。

都市間競争の時代に入って，都市が世界経済の中心的主体になっている。国には国境を越えた諸問題が山積みされている。内政は道州と特別市と市町村に任せ，地方制度の大変革を実行すべき時になっている。

第 15 － 12 図

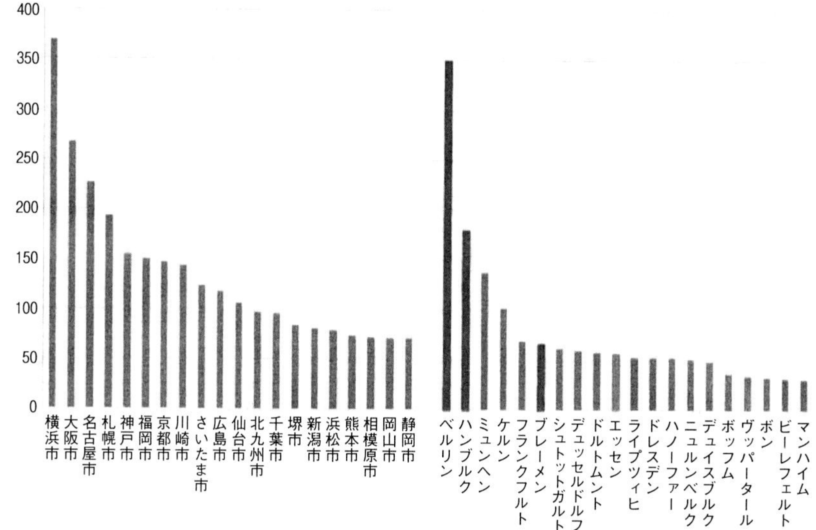

出所：増田知也「市町村の適正規模と財政効率性に関する研究動向」『自治総研通巻 396 号』2011 年 10 月号，pp.23-44。

第 15 － 13 図

	パリ市	ベルリン市（州）	ハンブルク市（州）	ブレーメン市（州）
人口	218万（2006年）	346万（2010年）	179万（2010年）	55万（2010年）
面積	105k㎡	892k㎡	755k㎡	325k㎡
位置付け	パリ・マルセイユ・リヨンに関する特別法（1982年）により、デパルトマン（県）・コミューンの地位を併有	基本法（憲法）前文に位置付けられた連邦を構成する州であり、州・郡・市の機能を併有	同左	同左
主な事務	県事務（中学校、県道、国道維持管理、公共交通、通学バス、漁港、社会扶助給付、保健福祉サービス等）及びコミューン事務（小学校、幼稚園、コミューン道、都市交通、社会住宅、都市計画、上下水道、電気・ガス、一般廃棄物収集等）を処理	全ての州・郡・市の事務を処理	同左	同左

	ニューヨーク市	ソウル特別市	仁川広域市
人口	818万（2010年）	979万人（2010年）	266万人（2010年）
面積	785k㎡	605k㎡	1，002k㎡
位置付け	シティとカウンティの機能を併有	基礎自治体の事務の一部を大都市の特殊性に鑑み、自治区でなく特別市が処理。「ソウル特別市行政特例に関する法律」により監査、計画策定等に関する国務総理（首相）の関与等の特例が有り。	基礎自治体の事務の一部を大都市の特殊性に鑑み、自治区ではなく広域市が処理
主な事務	カウンティ（保健、精神衛生、社会福祉、道路管理、刑務所管理、公園事業等）及び一般的な市（住宅、病院、廃棄物処理、消防、上下水道等）、学校区（初等・中等教育）の事務を処理	広域自治体の事務（概ね道路、河川、治山・治水、交通・輸送、社会福祉施設、試験・研究等）に加え、人事交流、任用試験、教育訓練、土地等級・財産税課税標準設定、墓地・火葬場・一般廃棄物処理施設、国民住宅建設、都市計画、幹線道路、上下水道、公園、地方軌道・都市鉄道・バス、工業団地・公設市場、信号機・安全表示等の基礎自治体の事務を処理	同左

出所：総務省資料。

練習問題

1．韓国のソウル特別市制のメリットをまとめなさい。
2．大都市制度による行政の効率化について考えなさい。
3．東京都23特別区はどのような大都市化することが望ましいか論じなさい。

参考文献

〔1〕総務省『地方財政白書』平成31年3月。
〔2〕佐藤主光『地方財政論入門』新世社，2009年。
〔3〕増田知也「市町村の適正規模と財政効率性に関する研究動向」『自治総研通巻396号』2011年10月号，pp.23-44。
〔4〕兼子良夫『地方財政』八千代出版，2012年。
〔5〕吉村弘『最適都市規模と市町村合併』東洋経済新報社，2002年。
〔6〕山本隆・難波利光・森裕亮『ローカルガバナンスと現代行政学』ミネルヴァ書房，2008年。

第16章　ふるさと納税

1．納税者の志

行政が乱脈で放漫財政を顧慮しないと，納税者は傍観を停止する。静かなtaxpayerの反攻が始まり，事業仕分けへの注目や政治不信は増幅する。さらに税収の地方間格差は拡大する一方で早急な是正が課題である。特に地方の過疎と荒廃は顕著になっている。このような観点から平成21年度（2009年度）には，地域振興に苦悩するふるさとを応援するためのふるさと納税制度が導入され，平成27年度（2015年度）の税制改正で，納税枠が2倍になり，さらに，ふるさと納税ワンストップ特例制度が始まった。

心情的なふるさと応援の寄附制度であるが，返礼品を巡る争奪戦に堕（だ）して制度の狙いからは程遠い結果を生み出している。現代人の強欲を悲しむ暇さえなく，鹿児島県志布志市の極上のウナギが2,000円で入手できる「ふるさと納税」に殺到している。もともと「御上（おかみ）への依存心が強く，求めて止まない気質」が横溢する日本人社会では寄附理念を育むことは難しかった。

gemeinschaft（血縁・縁故）的な共同体内部の寄附が主で，gesellschaft（社会）的な諸関係からの寄附は形式的なものにとどまっていた。寄附源泉は個人所得であり，その源泉へ各種の寄附が殺到するが，低賃金構造により寄附を考える余裕はなく，若者世代の貧困者数は世界的に類のない水準である。ここに寄附の公的ルートを設置して欧米型の寄附社会への転換を図ろうとする意図もある。

ふるさと納税が注目されるのは，ふるさと愛からではなく破格の返礼品の争奪に耽るゲーム感覚が後押ししている。令和元年には行き過ぎた返礼品を提供する4市町（静岡県小山町・大阪府泉佐野市・和歌山県高野町・佐賀県みやき町）はふるさと納税者の個人住民税と所得税を免税にしない措置が講じられた。東京都は地方交付税不交付団体として潤沢であり，また新制度に参加申請せずにふるさと納税を受け入れていないので，1都1市3町が対象外とされている。

納税者の志は高潔であるはずだが，ふるさと納税についてはそれだけでは説明できない不可解さがある。返礼品をなしにし，免税も所得階層に応じて低所得層に高くするなどの改善が必要であろう。寄附の慣習的な存在様式が希薄な日本社会では，納税者の志以前の問題がある。ふるさと納税は税を納めることではなく，寄附による減免税制度である。

2．ふるさと納税の意義

総務省の意図にしたがえば，ふるさと納税には三大意義がある。第一に，納税者の選択によって寄附先が決まり寄附金の使途が注目される制度であるので，税の意識を高揚し納税についての理解を増幅させる契機となることである。第二に，人生の越し方を振り返り，お世話になった地域や生まれ育った故郷のために，自然を守り地方環境を整備する支援になることである。第三に，地方自治体が自身をアピールし，自治体相互間の競争が激化することで，選ばれる地域として相応しい「地方のあり方」を熟慮する機会となることである。

ふるさと納税者の志に報いる施策の向上がなければならないし，寄附者は地方行政への関心を深め，参加意識を醸成できる。納税者と自治体が新しい支え合う関係を築き，ふるさと納税によって「地方創生」を後援し，日本を元気にする目的をもっている。

根拠法は地方税法第37条の2にある「寄附金税額控除」規定で，平成20年(2008年）の「地方税法等の一部を改正する法律」(平成20年法律第21号）により新規に追加された規定である。返礼品は制度設計時には想定していなかったが，大阪府枚方市が「A5ランク黒毛和牛」を寄附者122人に発送したことから始まった。当初は，地域の特産品を返礼品としたが，兵庫県尼崎市のように気仙沼産特産品を用意する自治体や京都府宮津市のように市有地の無償譲渡(行政指導により中止）まで発生し，ふるさと寄附の争奪戦は倫理無き乱戦状態になった。泉佐野市は1,000種の返礼品を用意し100億円以上を受け入れた。

返礼品に関する総務省の「平成29年通知」は自治体の良識ある対応を要請

したが，平成 30 年 4 月 1 日にはさらに，地場産品に限定するとともに返礼割合が 3 割を超える返礼品は自粛するように要請している。

しかしながら，この通知の強制力はなく，2018 年 9 月時点で，3 割を超える返礼品を提供している自治体は 13.8％に当たる 246 市町村で，その 70％の 174 市町村は見直しの意向もないとしている。2017 年度，返礼品を送付している自治体は 1,684 団体で前年から 66 団体増加し，送付なしは 104 団体で前年から 64 団体減少している。返礼品無しのふるさと納税は 5.8％しかない。

創設議論の契機は，平成 18 年（2006 年）3 月 16 日の日本経済新聞夕刊のコラム十字路の「地方見直す「ふるさと税制」案」であり，福井県知事の発案のような地方からの提言もあって実現した。権利の乱用は金額の多寡にかかわらず厳しく自制されなければならないし，寄附の本質をもう一度考え直す必要がある。見返りのない芳志（ほうし）こそが寄附である。

3．ふるさと納税の仕組み

ふるさと納税は，自分が選ぶ自治体に寄附する行為で，寄付額のうち 2,000 円を超える部分について，所得税と住民税が全額控除される制度である。平成 21 年（2009 年）分までについては適用下限額が 5,000 円であった。

2008 年中に寄附をすると 2008 年分の所得確定申告を経て所得控除がなされ，2009 年度分の個人住民税が税額控除される。平成 27 年（2015 年）の改正前では個人住民税所得割の 1 割，改正後の現行制度では，2 割を上限とする税額控除と所得税控除が合算してなされる。

個人住民税は道府県税及び市町村税であり，前年の給与収入とその家族構成とに応じて課税される。国税の所得税は前年 1 暦年の確定申告時に課税されるが寄附受領書の添付で適用下限を超える寄附額の所得税が控除される。

ふるさと納税の控除を受けられる上限があり，この限度を超える寄附は超過額分の自己負担が増える。寄附の対象は，住所地自治体[1)]でも生まれ故郷でも応援したい自治体でも構わない。被災地への寄附は別の問題を発生させる。

例えば，年収 700 万円（税引前支払所得分）の給与所得者で，扶養家族が配偶者と子供 2 人（大学生と高校生）の 4 人世帯の場合，全額控除されるふるさと納税額上限は66,000円であり，この給与所得者が30,000円を東京都渋谷区にふるさと納税すると，適用下限額2,000円を超える28,000円が所得税と住民税から控除される。第16－1図はこの控除関係を図示している。

第16－1図

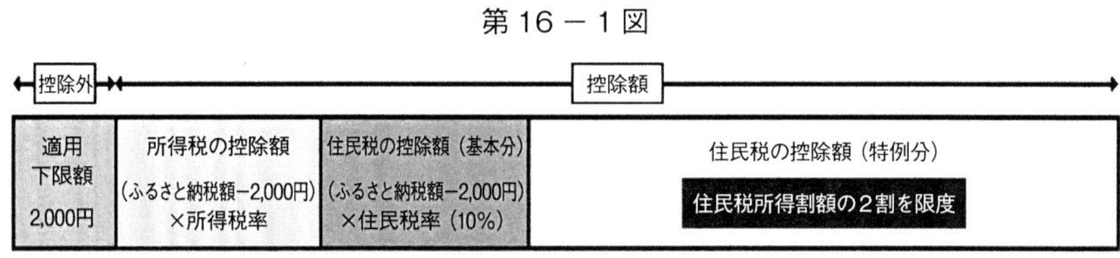

出所：総務省「ふるさと納税ポータルサイト」。

4．ワンストップ特例制度

控除を受けるには，ふるさと納税をした翌年の3月15日までの確定申告時期に住所地管轄の税務署に確定申告をしなければならない。会社勤めのサラリーマンは企業による税務処理がなされるので一般に確定申告をしないが，平成27年の改正後は，ふるさと納税に係る確定申告は不要となった。これがふるさと納税ワンストップ特例制度である。第16－2図で図解しよう。

但し，寄附先の自治体に特例に関する申請書を提出する必要があり，寄付先

第16－2図

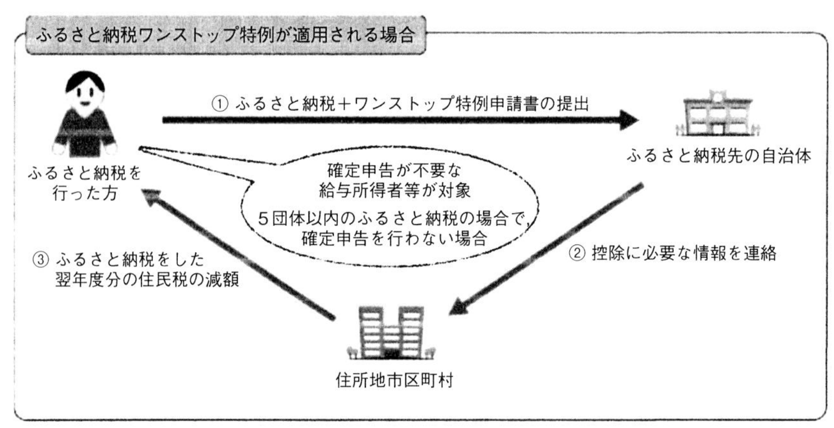

出所：総務省「ふるさと納税ポータルサイト」。

も５団体以内に限られる。５団体を超える場合には従来通り確定申告が必要になる。このワンストップ特例の適用を受ける場合は所得税からの控除は受けられないが，ふるさと納税を行った翌年の６月以降に負担する住民税の減額にはこの分が算入される。申請書は寄附先の自治体により異なるので注意しなければならない。次表は全額控除上限の目安額をまとめた表である。

第16－３表

（単位：円）

ふるさと納税をした者本人の給与収入	ふるさと納税をした者の家族構成						
	独身又は共働き	夫婦	共働き＋子１人（高校生）	共働き＋子１人（大学生）	夫婦＋子１人（高校生）	共働き＋子２人（大学生と高校生）	夫婦＋子２人（大学生と高校生）
300万円	28,000	19,000	19,000	15,000	11,000	7,000	－
325万円	31,000	23,000	23,000	18,000	14,000	10,000	3,000
350万円	34,000	26,000	26,000	22,000	18,000	13,000	5,000
375万円	38,000	29,000	29,000	25,000	21,000	17,000	8,000
400万円	42,000	33,000	33,000	29,000	25,000	21,000	12,000
425万円	45,000	37,000	37,000	33,000	29,000	24,000	16,000
450万円	52,000	41,000	41,000	37,000	33,000	28,000	20,000
475万円	56,000	45,000	45,000	40,000	36,000	32,000	24,000
500万円	61,000	49,000	49,000	44,000	40,000	36,000	28,000
525万円	65,000	56,000	56,000	49,000	44,000	40,000	31,000
550万円	69,000	60,000	60,000	57,000	48,000	44,000	35,000
575万円	73,000	64,000	64,000	61,000	56,000	48,000	39,000
600万円	77,000	69,000	69,000	66,000	60,000	57,000	43,000
625万円	81,000	73,000	73,000	70,000	64,000	61,000	48,000
650万円	97,000	77,000	77,000	74,000	68,000	65,000	53,000
675万円	102,000	81,000	81,000	78,000	73,000	70,000	62,000
700万円	108,000	86,000	86,000	83,000	78,000	75,000	66,000
725万円	113,000	104,000	104,000	88,000	82,000	79,000	71,000
750万円	118,000	109,000	109,000	106,000	87,000	84,000	76,000
775万円	124,000	114,000	114,000	111,000	105,000	89,000	80,000
800万円	129,000	120,000	120,000	116,000	110,000	107,000	85,000
825万円	135,000	125,000	125,000	122,000	116,000	112,000	90,000
850万円	140,000	131,000	131,000	127,000	121,000	118,000	108,000
875万円	145,000	136,000	136,000	132,000	126,000	123,000	113,000
900万円	151,000	141,000	141,000	138,000	132,000	128,000	119,000
925万円	157,000	148,000	148,000	144,000	138,000	135,000	125,000
950万円	163,000	154,000	154,000	150,000	144,000	141,000	131,000
975万円	170,000	160,000	160,000	157,000	151,000	147,000	138,000
1000万円	176,000	166,000	166,000	163,000	157,000	153,000	144,000
1100万円	213,000	194,000	194,000	191,000	185,000	181,000	172,000
1200万円	242,000	239,000	232,000	229,000	229,000	219,000	206,000
1300万円	271,000	271,000	261,000	258,000	261,000	248,000	248,000
1400万円	355,000	355,000	343,000	339,000	343,000	277,000	277,000
1500万円	389,000	389,000	377,000	373,000	377,000	361,000	361,000
1600万円	424,000	424,000	412,000	408,000	412,000	396,000	396,000
1700万円	458,000	458,000	446,000	442,000	446,000	430,000	430,000
1800万円	493,000	493,000	481,000	477,000	481,000	465,000	465,000
1900万円	528,000	528,000	516,000	512,000	516,000	500,000	500,000
2000万円	564,000	564,000	552,000	548,000	552,000	536,000	536,000
2100万円	599,000	599,000	587,000	583,000	587,000	571,000	571,000
2200万円	635,000	635,000	623,000	619,000	623,000	607,000	607,000
2300万円	767,000	767,000	754,000	749,000	754,000	642,000	642,000
2400万円	808,000	808,000	795,000	790,000	795,000	776,000	776,000
2500万円	849,000	849,000	835,000	830,000	835,000	817,000	817,000

出所：総務省ふるさと納税関連資料。

5. 被災地義援金としての「ふるさと納税」

平成23年(2011年)3月11日の東日本大震災に際し，同年5月までに岩手県・宮城県・福島県には，前年の6倍を超える400億円の寄附金がふるさと納税制度を通じて届けられた。現在では，ふるさと納税サイトに災害支援専門コーナーも特設されている。

この寄附システムが被災地支援の義援金窓口になり，多額の寄附について確定申告がなされると，控除額も還付金も膨大になり寄附者の居住地である自治体の出費は想定外の大きな負担になる。長野県軽井沢町の事例では，町民税の負担のない7億円の寄附をした人に4,700万円の還付が発生した。

株式譲渡益からのすでに1億円が源泉徴収されていたが，寄附をふるさと納税で実行し確定申告したことで，個人住民税である県民税と町民税の還付金が7,870万円になり，長野県の県民税徴収取扱費3,170万円を除いて4,700万円の負担が発生した。財政規模の小さい市町村にとって，このよう予想外の出費は財政欠陥に結び付く恐れがあり，特別交付税等による救済が必要になる事態となった。

近年の全国のふるさと納税受入額と受入件数の推移は次図の通りである。

平成28年度(2016年度)は前年の1.7倍に急増し件数も1.8倍になった。

第16－4図

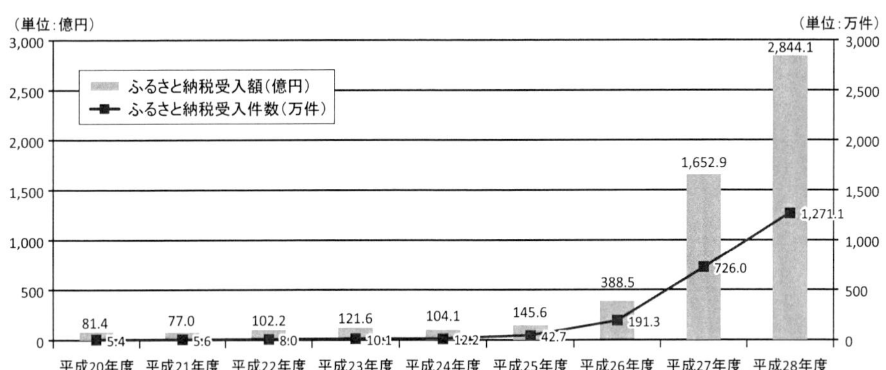

出所：総務省資料。

このような傾向は今後更に加速的に続くと予想される。寄附額が全額控除され，適用下限額 2,000 円で 20,000 円～ 400,000 円の各地の極上特産品が返礼品として入手できる「ふるさと納税」という寄附システムはマネー・ロンダリングに似た極悪システムであり，寄附の代価を住民税で支払うことは大きな過ちである。還元率ランキングさえ発表されている。

寄附者はどのような地域でも好きに選べるし，寄附の用途も特定して選ぶことができる。各自治体はふるさと納税を吸引するために，多くの政策案件を提示し使途を明確に打ち出している。本当に地域住民のためになる行政サービスか疑問を覚える政策や使途が並ぶ。5 か所以内であれば，複数の寄附も可能であり，一年に何度でも寄附することができる。

6．地域間格差の是正

ふるさと納税が地域間格差の是正に役立つかどうかについては，「効果がない」という結論に達している。制度設計に当たり都市と地方の財政力格差の是正ができるのではないかという淡い期待があったが，（寄附金－税金流出）の純収支で，プラスになっている自治体は一部に過ぎず，格差是正に役立っているとは言えない。特産物の乏しい自治体は，ふるさと納税の寄附吸引力が弱く，地域振興にも難渋しているし，流出する税収に悩む自治体も多い。最近では横浜市の 135 億円減収を筆頭に都市部の税収落ち込みが激しく，地方と都市部の間の格差是正には幾許かの効果が見られる。

他方，地域に工場立地がある茨城県日立市は HITACHI 製家電を返礼品として提供し，地域工場の雇用創出と地域経済活性化に好影響をもたらすことができた。地場産業や伝統産業への注目度も上がり，知名度も増大して意外の需要が喚起され地元の伝統工芸の復活例も観察されている。

ふるさと納税制度がなくても，将棋の第 15 世大山康晴名人は，東京都杉並区に在住しながらも郷里の倉敷市に住民税を納め続けた。名人の無言の晩節である。寄附とはそのようなものである。名人の「心身ともに姿勢を正せ」という名辞はふるさと納税に対する警鐘のように響き渡る。

7. 企業版ふるさと納税[2)]

法人企業が地方自治体に寄附をすると税負担が軽減される制度もある。正式には「地方創生応援税制」と呼び，平成28年（2016年）4月20日から令和2年度（2020年度）までの期間，地域再生法の規定による認定地方公共団体が実施する「まち・ひと・しごと創生寄附活用事業」に寄附すると，寄附金は損金算入ができる現行の措置に加えて，寄附額の3割が法人事業税，法人住民税，法人税の税額から控除される。

人口減少，超高齢社会の到来が認められる現代において，日本経済の国際競争力を弱めないために，社会全体の活力を維持するための地方創生が必要である。そのためには産官学金労言（産業界・行政機関・研究機関・金融機関・労働団体・メディア）の連携と参画・協力が必要であり，とりわけ民間企業からの寄附の役割が期待されるので，企業版ふるさと納税制度が創設された。

寄付の下限は10万円で，志のある企業が地方創生を応援できる。この寄附に対する税額控除は2倍の税負担軽減効果をもっている。例えばA社が地方公共団体に1,000万円の寄附をした場合，これまでの3割の軽減効果に加えて新たに寄付額の3割が税額控除され，2倍の600万円が控除される。これまでの300万円は損金算入による軽減であったが，税制改正後の地方創生応援税制の下では，さらに3割の税額控除がなされる。主な流れは次図の通りである。

税目ごとの特例措置の内容は，次の通りである。

❶法人住民税について，寄付額の2割を税額控除する。法人住民税法人税割額の20%が上限である。❷法人税については，寄付額の1割，法人税額の5%を上限とし，法人住民税の控除額が寄付額の2割に届かない場合は，寄付額の2割に相当する額を法人住民税の控除額と法人税額控除とで対応する。❸法人事業税については，寄付額の1割を税額控除し，法人事業税額の15%が上限である。但し，法人事業税に地方法人特別税を含めている間は20%が上限である。

税制措置のイメージを次図で示そう。

寄附者の法人企業の本店が所在する地方公共団体への寄附は対象外になる。対象外の都道府県，市町村も毎年度指定されるので，確認して寄附を実行しな

第16－5図

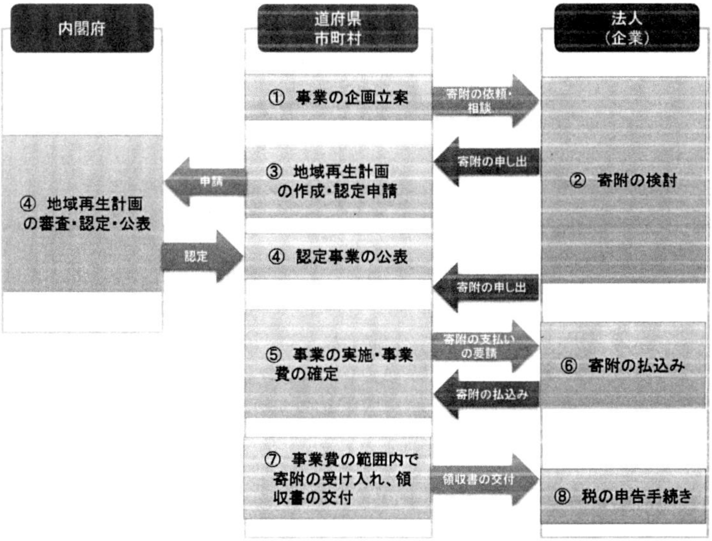

内閣府
道府県市町村
法人（企業）

内閣府		道府県市町村		法人（企業）
		① 事業の企画立案	寄附の依頼・相談 →	② 寄附の検討
④ 地域再生計画の審査・認定・公表	← 申請	③ 地域再生計画の作成・認定申請	← 寄附の申し出	
	認定 →	④ 認定事業の公表	← 寄附の申し出	
		⑤ 事業の実施・事業費の確定	寄附の支払いの要請 → / ← 寄附の払込み	⑥ 寄附の払込み
		⑦ 事業費の範囲内で寄附の受け入れ、領収書の交付	領収書の交付 →	⑧ 税の申告手続き

出所：内閣府地方創生推進事務局ポータルサイト。

第16－6図

[税制措置のイメージ]

← 寄附額 →

損金算入による軽減効果（約3割）※ 国税＋地方税	（2割）税額控除 法人住民税＋法人税	（1割） 法人事業税	企業負担（約4割）

※企業が地方公共団体に寄附する場合は，その全額が損金算入されるため，寄附額の約3割（法人実効税率）相当額の税の軽減効果がある。

出所：内閣府地方創生推進事務局ポータルサイト。

ければならない。地方団体が寄附活用事業を実施し事業費を確定した後に，確定した事業費の範囲内で寄附が払い込まれる。

2019年の改正により，税額控除は90%になり，企業版ふるさと納税を加速化する期待がもたれている。

8．具体的事例

寄附者は，年収650万円の勤労者で，家族構成は会社員の妻と3歳の息子の

3人家族である。豊かで美しい自然を次代に伝える環境事業，まちづくり事業，歴史遺産の保全と地域資源の活用に関する事業，に寄附することを選択した。

この場合，ふるさと納税の控除上限額は97,000円である。寄附者は総額8万円を群馬県榛東村と長崎県松浦町にふるさと納税した。実質的な自己負担額は適用下限額2,000円である。返礼品として，美味しい上州牛焼肉・すき焼きセット1.1kgを3セット，八州高原自慢のコシヒカリ100%の金芽米10kgを3セット，養殖本マグロ400gを2セット送付されて受領した。標準的な価格予想で，返礼品総額は35,000円程度になる。確定申告の必要もなく申請書を寄附先の2か所にふるさと納税寄付金とともに送るだけで，住所地の市町村の翌年分の住民税が78,000円減額される。

結局，住所地の市町村は税収を奪われ，負担分任の原則に基づいてナショナルミニマムの公共サービスを享受しているこの寄附者は，相応の負担を大部分軽減され，フリーライダー化した上に極上の返礼品さえも手に入れている。

非道な租税負担が横行してはいけないが，ふるさと納税によって日本経済特有の限界消費性向の低迷が改善され，投資乗数を高めるようなことが起こるならば，試行の価値は認められる。

【注】

1） 政治家が自身の選挙区にふるさと納税することは公職選挙法に抵触する可能性があるので慎まなければならない。

2） 内閣府地方創生推進事務局の企業版ふるさと納税ポータルサイト

練習問題

1．ふるさと納税の対象外になった自治体の財務分析をしなさい。

2．企業版ふるさと納税により企業経営にはどのような効果が出るか説明しなさい。

参考文献

〔1〕河口俊彦『大山康晴の晩節』飛鳥新社，2003年。

〔2〕内閣府地方創生推進事務局『地方創生応援税制活用の手引き』平成29年。

〔3〕総務省ふるさと納税ポータルサイト。

〔4〕佐藤主光『地方財政論入門』新世社，2009年。

索　引

サ

《著者紹介》

李　熙錫（いー・ひーそく）

明治大学大学院経済学研究科修了

城西大学教授・経済学部長／経済学博士

【主要著書】

『地域振興論』『財政学』

小島照男（こじま・てるお）

成城大学大学院経済学研究科修了

前　城西国際大学経営情報学部教授

【主要著書】

『地域振興論』『マクロ経済学』『景気』

別府俊行（べっぷ・としゆき）

慶応大学商学部卒業

成城大学大学院経済学研究科修了

北九州市立大学経営情報学部教授

【主要著書】

『グローバル・エコノミー』『マーケティング事情』

（検印省略）

2020年5月20日　初版発行　　略称―財政

地方財政

著　者　李　熙錫
小島照男
別府俊行

発行者　塚田尚寛

発行所　東京都文京区春日2-13-1　株式会社　創成社

電　話　03（3868）3867　FAX　03（5802）6802

出版部　03（3868）3857　FAX　03（5802）6801

http://www.books-sosei.com　振　替　00150-9-191261

定価はカバーに表示してあります。

ISBN978-4-7944-3209-4　C3033

Printed in Japan

組版：ワードトップ　印刷：エーヴィスシステムズ

製本：エーヴィスシステムズ

落丁・乱丁本はお取り替えいたします。